湘江青年法学

第七卷

主编 ◎ 吴虹静 芮心怡

郭道晖 题

LAW JOURNAL OF XIANGJIANG YOUTH

湘潭大學出版社

图书在版编目（CIP）数据

湘江青年法学．第七卷 / 吴虹静，芮心怡主编．--
湘潭：湘潭大学出版社，2022.11
ISBN 978-7-5687-0907-1

Ⅰ．①湘… Ⅱ．①吴… ②芮… Ⅲ．①法学－文集
Ⅳ．①D90-53

中国版本图书馆 CIP 数据核字（2022）第 189811 号

湘江青年法学·第七卷

XIANGJIANG QINGNIAN FAXUE DI-QI JUAN

吴虹静　芮心怡　主编

责任编辑：刘文情
装帧设计：彭佳颖
出版发行：湘潭大学出版社
社　　址：湖南省湘潭大学工程训练大楼
电　　话：0731-58298960 0731-58298966（传真）
邮　　编：411105
网　　址：http://press.xtu.edu.cn/
印　　刷：广东虎彩云印刷有限公司
经　　销：湖南省新华书店
开　　本：710 mm×1000 mm 1/16
印　　张：15.5
字　　数：372 千字
版　　次：2022 年 11 月第 1 版
印　　次：2023 年 1月第 1 次印刷
书　　号：ISBN 978-7-5687-0907-1
定　　价：55.00 元

— 特别鸣谢 —

（排名不分先后）

郭道晖、李步云、江平 —— 法治三老

（以下按首字母排名）

陈云良　广东外语外贸大学法学院院长

韩大元　中国人民大学法学院原院长

何勤华　华东政法大学原校长

何文燕　湘潭大学法学院教授

贾　宇　西北政法大学原校长

蒋大兴　北京大学法学院教授

姜明安　北京大学法学院教授

梁治平　中国艺术研究院高级研究员

单晓光　同济大学上海国际知识产权学院院长

吴汉东　中南财经政法大学原校长

徐阳光　中国人民大学法学院教授

张千帆　北京大学法学院教授

崇法以治世固本

尚道以济民维新

编者语 Editor's Notes

壬寅虎年秋，《湘江青年法学（第七卷）》付梓。承蒙师长厚爱，感念同仁关怀，新书顺利编定。在此，感谢湘潭大学党委副书记廖永安教授、法学院院长欧爱民教授、知识产权学院院长肖冬梅教授、信用风险管理学院院长顾敏康教授、法学院党委书记陈双喜老师、法学院副院长吴勇教授、分工会主席黄德华副教授、指导老师刘功奇老师以及学术委员会全体老师一直以来的大力支持和悉心关照，高谊厚爱，恭记在心！同时，衷心感谢编辑的专业把关、作者的惠赐稿件以及读者的持续关注。诸多感怀，难以具陈，再次感谢每一位慷慨助力的法律同仁！

经编委会斟酌审定，本卷收录了来自清华大学、中国人民大学、武汉大学、苏州大学、西北政法大学、哈尔滨工程大学、广西师范大学和湘潭大学等多所高校以及广东省江门市江海区人民法院、湖南岩铮律师事务所等多所实务机构的十二篇优秀论文及一篇课程侧记，分别纳入“韶峰名家论坛”“专题研讨”“前沿关注”“思想源流”“域外法治”五个栏目，以飨广大读者。

“韶峰名家论坛”栏目刊载湘潭大学名家访谈之精选，本卷刊载著名法律经济学家、浙江大学熊秉元教授的讲学记录。熊秉元教授巧妙地将经济学的分析方法引入法律适用过程，为大家揭示了经济分析所蕴含的朴实智慧结晶，讲学内容丰沛充实，案例清晰生动，令广大听众无不神往于经济学之精妙。承蒙熊秉元教授对学生自办刊物的鼓励和支持，《湘江青年法学》在熊秉元教授的建议与指导下，摘选了部分讲座内容，并结合部分学生的思考感悟，整理成文，一则弥补读者不能亲至现场听学之憾，二则启发读者感悟法律经济分析之逻辑。“专题研讨”栏目以“社会治理法治化创新路径”为主题，收录了清华大学博士研究生刘子赫、中国人民大学硕士研究生朱逸安、广东省江门市江海区人民法院法官助理陈慧虹、湘潭大学教授胡军辉及湖南岩铮律师事务所实习律师王钰五位作者的四篇文章，主题涵括人格权禁令、股东派生争议、法院调解员管理机制以及中国商事调解等问题。“前沿关注”栏目收录了武汉大学硕士研究生安笑齐、西北政法大学本科生张百川、西北政法大学讲师雷苗苗、苏州大学硕士研究生邹子铭、武汉大学硕士研究生陈敬立、广西师范大学硕士研究生梁嘉铭六位作者的五篇文章，主题涵括国有土地使用权出让合同性质、产品自损救济路径、死缓适用标准、见义勇为受益人补偿义务以及生物遗传资源惠益分享等新近法学热点。“思想源流”栏目收录了清华大学博士研究生高宇、哈尔滨工程大学硕士研究生樊卓昊有关阿基米德主义法哲学和司法调解社会学探讨的两篇文章。“域外法治”栏目收录了杜克大学布兰登·L·加勒特教授关于逐渐弱化的公司检控的佳作一篇，由中国人民大学硕士研究生汪君翻译。

一直以来，《湘江青年法学》秉承“崇法以治世固本，尚道以济民维新”的理念，旨在为中青年学者提供交流、探讨的平台。作为一本年轻的刊物，我们欣喜于诸位作者的关注与认可：第八届“湘江青年法治论坛”征文期间，共收到稿件一百四十余篇；本卷《湘江青年法学》组稿期间，共收到稿件一百八十余篇。如果说作者们的信任是我们不懈工作的动力源泉，那么刊物的质量则是我们锐意进取的目标取向。稿件处理过程中，我们严格落实“匿名审理”的流程、践行“来稿必复”的承诺、坚守“以质取稿”的初心。在审稿周期上，为减轻作者等待的焦灼，我们会根据审力情况尽力缩短周期；在审稿意见上，无论审定结果如何，我们均会提供意见以供作者参酌修改。每篇稿件审阅与修回的背后，是作者的潜心打磨和精心雕琢，是编辑的严谨求证和专业把关。此后，我们亦将初心不改，恭心践诺，愿采明珠，愿琢璞玉，捧赤诚之心做作者学术之路上的同行者。

夏秋更迭，薪火相传。自2015年创刊始，《湘江青年法学》这一艘小舟已经行过七载，历届接力，殊为可贵。作为研究生自办出版物，编辑部人员在稿件处理、部门活动开展及日常运行的同时亦有繁重的学业任务，个中滋味不必具言。可以说，在编辑部工作的第一年为“初识”，是作为法学研习者对学术刊物的向往与热情；第二年为“相知”，是作为“湘青人”不负嘱托、回报春晖的责任与担当，第三年为“期许”，是对“湘青”的热爱与寄望。一届又一届，“湘青人”或继续研习深造，或进入高校等事业单位，或进入实务机构，而新编辑、新助理也在培养和锻炼中逐渐成为中坚力量，岁序轮转、次第花开。期盼未来的“湘青”接力者一如既往守定初心、奋楫笃行，期盼未来的《湘江青年法学》行舟致远，实现新的突破。

落笔至此，《湘江青年法学》第七卷全体编委顺利完成了本届工作。谨申微意，再表谢忱，感谢一直以来给予我们大力支持的各位同仁，也愿诸友一如既往继续支持！再会！

《湘江青年法学》编辑委员会

二〇二二年九月

目录

韶峰名家论坛

法律背后的经济逻辑*

——熊秉元教授法律经济学微型课程侧记

法律的经济分析在“行为理论”基础上探讨如何“理性选择”，为法律规范的适用提供了全新视角。选择是基于条件式的判断，面对流变的案件事实，需要以建立在社会经验之上的动态分析工具——案件中“时间轴”——作为解释的基准点。在不同的时间点，通过“发现”案件事实中的决定性部分，“形塑”出具有规范意义的案件事实，以便更好地处理现实纠纷。下文将结合熊秉元教授讲座中的典型案例，运用经济学的解释工具，诠释法律背后的经济逻辑。

案例一：亲属“抢劫”案

宿迁地区有一对年轻的夫妇情感不和，经常吵架，后男方病死。男方亲属觉得女方克夫，遂带棍棒到女方家打砸泄愤，在打砸过程中，男方亲属发现一些金银细软，便带走了这些贵重物品。双方就男方亲属是否构成抢劫罪而展开诉争。

对于此案的处理，法官们存在不同意见，有观点认为打砸并带走贵重物品的行为符合抢劫罪的构成要件，应以抢劫罪论处；也有观点认为亲属之间产生的打砸行为不应当以抢劫罪论处。可见，仅对抢劫罪的构成要件进行解释并不足以实现法律规则的准确适用，还需要对案件事实作进一步的讨论和分析。

在本案中，我们利用时间轴中的“回到立法时”来观察案件事实。刑法学专家在拟定、起草抢劫罪时，会以一些标准的、典型的抢劫情形为蓝

---

* 本文为熊秉元教授在湘潭大学讲学时的课程侧记。承蒙熊秉元教授对《湘江青年法学》的鼓励和支持，在熊秉元教授的建议与指导下，本书摘选了部分讲座内容，并结合部分学生的思考感悟，一并整理成文，以飨读者。

本。彼时存在两种抢劫情形，一种是发生在陌生社会主体之间的暴力行为以及对财物的抢夺和侵占行为；另一种是发生在亲缘、地缘社会主体之间因某些纠纷而产生的财物的抢夺、侵占和移转行为。立法者在拟定抢劫罪之时，以第一种情形作为抢劫罪的标准情形，来归纳、提炼抢劫罪的构成要件。而两种情形的不同之处在于：其一，第一种抢劫情形发生在陌生人间，第二种“抢劫”情形发生在亲戚朋友间；其二，第一种抢劫中，被抢劫者面临紧迫的人身、财产危险，第二种“抢劫”中，“被抢劫者”的生命尚未有紧迫的危险。

通过回到立法当时，我们发现本案的事实与立法所依据的典型事实模型之间存在差异，我们找到了“形塑”案件事实的突破口——案件当事人之间的亲缘关系。从经济学分析视角来看，在本案中，男方家属的行为没有使女方遭受直接且紧迫的人身危险，通过故意损害财物罪等财产性质犯罪抑或民事侵权赔偿路径即可实现对该类行为的规制，若以“抢劫罪”论处，将不当扩展“抢劫罪”的适用情形。一方面，有损刑法内在体系的协调与价值实现，另一方面，不仅加大了亲属间交往的可能成本，还会进一步升级亲缘矛盾，造成难以弥合的后果，产生更大的风险。由此观之，在本案中，通过将亲缘关系认定为“形塑”案件事实的重要部分，可以寻找到更为适当的解决方案，有效避免社会负面效应的扩大。

案例二：罐头公司打广告案

某罐头公司希望扩充市场，扩大销路，对公司进行产品及形象宣传。为增强宣传性，罐头公司采取空中广告形式。罐头公司雇了一架小型飞机，在飞机尾部拉设横幅进行广告宣传。合同规定选取一个天气晴朗的日子起飞宣传，小飞机公司就在合同订立几周后选取了晴日进行空中广告宣传，在城区上空盘旋了数小时。然而，罐头公司马上收到了大量投诉，因为空中飞行宣传当日是国殇日，在这样的日子进行广告宣传伤害了人们的情感。因此，公司的口碑和商誉直线下滑。原本，罐头公司进行空中广告宣传是为了扩大市场，但最终不但未能如愿扩大市场，还流失了更多的市场份额。罐头公司找到小飞机公司讨要说法，认为小飞机公司在国殇日飞行，被大量民众投诉，给罐头公司带来巨大损失。小飞机公司认为自己按合同约定选取天气清朗的日子来履行合同，并没有错误。双方各执一词，难以达成一致。

本案的症结在于双方订立合同时存在漏洞。然而，在商事交往中，为了便利和效率，抑或因为威廉姆森的交易成本经济学中所提及的“有限理性”，合同常常呈现有意或无意的空白。不完备的契约不能准确地描述所有与交易有关的未来的可能性状态以及各种状态下契约各方的权利和义务。在实践中，我们可以结合相关条款、行为的性质和目的、习惯以及诚信原则来解释双方的权利义务，使得该解释符合订立合同的目的，符合行业习惯和惯例。

回到合同订立时，有以下两个问题需要考虑：第一，如果双方在签署合同时想到国殇日的情况，还会选择在当天进行空中广告宣传吗？第二，双方当事人中，谁会更容易掌握、注意到国殇日这个特殊的时间？对于第一个问题，若合同签署时考虑到国殇日的情况，双方能够考虑到国殇日进行广告宣传会产生负面影响，则不会进行飞行宣传。对于第二个问题，则需要分情况进行讨论，如果罐头公司经常进行广告宣传，根据以往的经验其将更有可能预见到广告宣传中的风险因素，因而在该案中具有更大的责任；如果罐头公司较少进行广告宣传，而小飞机公司专业从事广告宣传业务，那么小飞机公司应当承担更重的注意义务。

由此可见，通过回到合同订立时，我们可以轻松地梳理出问题的症结和处理的突破点——当事人应尽相应注意义务。从经济学分析视角来看，在本案中，应当考察的是施以较低程度的谨慎能否避免损失的发生，以及谁能够以更小的成本实现相应谨慎程度。正如前述，如果罐头公司经常进行广告宣传，根据经验其更加能够预见到广告宣传中的风险因素，以较小的谨慎成本就能够规避风险的发生。相应地，如果小飞机公司专业从事广告宣传业务，其亦能花费较小成本达到规避风险的效果。由此观之，在本案中，通过将注意义务“形塑”为案件事实的重要部分，可以厘清双方应当承担的责任，指引双方在后续的商事交往中以更小成本防范更大风险。

案例三：医生竞业案

某妇产科的老医生想要退休，于是把妇产科医院卖给了年轻的妇产科医生，此后便去国外享受退休生活。然而，一段时间后，老医生又回到国内。老医生又在之前的妇产科医院旁边开了一家新妇产科医院，原医院的一些患者看到老医生，由于更信任老医生的医术，便到新医院去看病，这样一来，年轻医生的营业就受到了影响。年轻医生认为，既然老医生将原来的医院卖出，就不应回到附近开办新的医院，影响老医院营业。老医生认为，合同并没有规定反竞业条款，开办新医院是他的自由。双方对此争执不下。

本案的冲突起点是双方所订立的合同存在漏洞，并未约定竞业禁止条款。那么，老医生能否开办新的妇产科医院并执业？法官应当如何处理？

本案应当回到合同订立时来重新解释案件事实，对于合同未约定的部分，应当如何作补充性解释？首先填补合同应当符合合同目的，考察合同文本并辅之以诚实信用原则和合同嗣后行为等综合认定。同时，应当认识到的是，补充性解释本质上就是对当事人订立合同时“真意”的“再模拟”，因此需要设身处地地立足当下的认识，并结合一般理性人的标准进行解释。由此可以发现，在合同约定价款较为低廉的情况下，年轻医生应当负有这样的注意义务，即“以如此少的价格不应当期望老医生负有禁止竞业的责任”，这是一般理性人容易认识到的。故而，因不当期望与误解产生的不利后果应当由年轻医生承担。同理，在合同约定价款较为高昂时，老医生也应当意识到，正常人不会以高于市场价购买自己的老妇产科医院，如果年轻医生知道老医生未来会在附近开设新的妇产科医院，那么年轻医生愿意支付的买受价格就会降低。

通过回到合同订立时，我们可以找到重新解释案件、“形塑”案件事实的突破口——合同中约定的对价，发现案件事实中隐藏的信息，继而通过这些信息填补合同漏洞。以最符合常人的判断分配当事人的认识义务，可以最大程度降低双方当事人的认识成本，符合法律经济学的规律。

案例四：北雁云依取名案

山东某吕、张夫妇生下一个女儿，因夫妻二人对国学颇有兴趣，便为女儿取名为北雁云依。然而，公安机关认为被登记人员的姓氏应该从父姓，或者从母姓，以北雁云依为名不符合办理出生登记条件，不予登记。夫妇认为孩子取名符合姓名权的有关规定，公安机关应予以登记，遂提起行政诉讼。在审理过程中，案件当事人对法律适用产生重大分歧，故层报至最高人民法院。最终，法院依照新司法解释和相关规定认定取名“北雁云依”违背公序良俗，驳回了原告的诉讼请求。

据原《民法通则》的规定，公民享有姓名权，有权决定、使用和依照规定改变自己的姓名，禁止他人干涉、盗用、假冒。原《婚姻法》规定，子女可以随父姓，可以随母姓。由此可见，对于子女以非父母姓氏为名的情形，立法并未作出明确规定。虽然存在立法空白，但我们仍然可以通过“回到当下”，根据案件发生时的社会现实对案件事实作出合理的解释，以试图弥补立法空白的漏洞。

根据波斯纳所主张的务实主义，我们应当对现实社会的理解采取务实的态度。如果孩子取名为北雁云依后，孩子的日常生活将存在以下几种情况：一是周围的小朋友对名为“北雁云依”的小朋友产生羡慕，觉得好似侠女；二是周围的小朋友对名为“北雁云依”的小朋友并未产生特殊的情感，觉得无特别之处；三是周围的小朋友嘲笑该小朋友取名为“北雁云依”，进行或轻或重的校园霸凌。由此可见，给孩子取名“北雁云依”，虽然父母获得了情绪价值，但现实生活中的潜在风险将由孩子承担。父母作为孩子的法定代理人，为孩子取名是行使代理权的行为，应当以孩子的最佳利益为考量，而不能以自己的情绪价值为优先导向给孩子取名为“北雁云依”。由此，我们能够发现取名为“北雁云依”可能对孩子的成长带来风险，父母并未以孩子的最佳利益为目标行使代理权，这显然不是适当的代理行为。

通过考量问题发生当时的社会现实，我们可以找到重新解释案件、“形塑”案件事实的突破口——被代理人的最佳利益。通过经济分析可以发现，为孩子取名“北雁云依”将对孩子成长带来诸多风险，为秉承最佳利益原则、规避潜在风险，成本最低的手段就是避免为小孩取这类姓名。

案例五：马戏团老虎伤人案

马戏团运输老虎的货车停靠于十字路口，马戏团工作人员于老虎笼子的醒目位置张贴了“老虎危险，请勿伸手入笼”的警示标语。尽管如此，一成年女士仍将手伸入笼中，最终被老虎咬伤，本案责任该如何划分？

从经济学的角度来看，责任制度功能性价值的实现，很大程度上依赖于不利益的分配增加行为成本以降低事故发生的可能性。运用“时间轴”的分析工具时，我们可以厘出老虎伤人案中存在的数个时间节点：T_1（马戏团进入市区前）、T_2（货车开到十字路口）、T_3（女士伸手时）、T_4（女士手少了一截）、T_5（双方打官司）。

在T_1时间节点，我们需要考虑两个问题，一是何种谨慎程度可以降低事故发生的风险；二是实施谨慎行为的成本。马戏团工作人员和老虎朝夕相处，相比于普通人更加了解老虎的习性，更应注意到老虎的危险性，马戏团将老虎这一高度危险动物引入市内，对于老虎可能对公众造成的伤害负有更强的谨慎义务。马戏团可以在事先装笼时加装一层网眼更密的防护网，或使用双层兽笼，或使用防护套，防止市民将手伸入铁笼，从而避免事故的发生；或是通过警告要求每一位市民都远离兽笼，以达到降低事故风险的目的。不难看出，与要求市民提高自身的谨慎程度相比，马戏团对老虎这一单一危险动物进行看管的成本更低。

此外，当我们聚焦纠纷处理后的时间点，也即T_5时间节点时，需要考虑个案判决对一般人行为的指导意义。行为成本是人行为的主要驱动力。为提高自己的生存概率，行为人往往需要提高谨慎程度，然而谨慎程度过高导致个人行为的成本将大幅增加，这不利于开展社会活动。谨慎程度过低则会增加矛盾发生的概率，不利于社会整体有序运行。在老虎伤人案中，由马戏团承担主要责任，势必能激励其他危险源的管理者，在将危险源引入市内时，需尽可能谨慎以降低事故发生的概率。因此通过回到不同的时间点，都可以发现本案中更为合理的事实是马戏团使用网眼更密的兽笼以防止市民将手伸入铁笼，避免事故发生。

回到法律条文，《侵权责任法》与《民法典》规定，宠物伤人的由饲养人负主要责任，除非有人故意挑衅。立法背后的意图是什么？最小防范成本能够有所回答，饲养人避免狼狗伤人只需要套个嘴套，仅需要很小的成本，而不应该要求所有的人都承担避免招惹狼狗的行为成本。

案例六：果实掉落邻地案

果树生长超出院墙，掉落到邻居家的果实，归谁所有？

对于“果落邻地”，从罗马法开始逐渐形成的做法是，当果实掉落到邻居院子里时，果实属于邻居所有。立法时的关键考量是，果实属于果树主人所有，或是属于邻居所有，各自会产生什么后果。

认定果实属于果树主人所有的后果：第一，因为落入邻地后仍拥有果实的所有权，果树主人不会及时取回果实，故存在资源空置的成本；第二，主人需去邻居家取回果实，这是一种行为上的成本；第三，可能存在踩坏邻居家东西的风险；第四，因为果实不属于邻居，邻居在一定时间内不能对果实进行处理；第五，果树主人将来仍不会及时修剪树枝，因为即使果实落入邻地，其仍得保有所有权。而认定果实属于邻居的后果：第一，主人不用去邻居家取回果实；第二，不存在进入邻居家踩坏的东西的风险；第三，邻居可以自主处理该果实；第四，激励果树主人将来及时修剪树枝。通过后果检视，可以发现两种处理方式的利与弊。原则上，天然孳息的产出当然归属果树所有权人，但正是考虑到这一规则带来的后续社会影响，立法对此作出了相反的选择。由此可以发现，法律容许例外，这使得法律更完备，也使其更符合经济要求。

综上，把握“时间轴”上不同的突破点，以经济学分析为指导，可以帮助我们深度理解法律背后的意旨、找到解决问题的关键切入点。

学生感悟：法教义学与法律经济学的思维差异

——以对“照相馆损坏底片案”的分析为例

1915 年，一位纽约摄影师花费大量时间、金钱前往喜马拉雅山采风，拍摄了许多雪景照片，成本不菲。回国后，摄影师去照相馆冲印底片，想要通过向杂志社出售雪景照片以获得收益。照相馆以 5 美金一卷的价格收费，共收取摄像师 100 美金。结果，照相馆在冲印底片时不慎损坏了底片。摄影师认为其千里迢迢去往喜马拉雅山拍摄雪景，耗费大量时间、金钱，要求照相馆赔偿 5 万美金。照相馆表示愿意赔偿，但只愿意赔偿冲印费用。双方争执不下。

法教义学分析

从传统法教义学的思路分析该案，首先关注的是法律规范的解释和适用。依据我国现行法律，考虑适用违约责任条款或适用侵权责任条款：第一，违约责任。本案中，照相馆与该摄影师就照片冲印达成“承揽合同”，在合同履行过程中，一方面，照相馆未能完成工作成果“成片”的交付；另一方面，还附带损坏了摄影师的珍贵底片，其行为违反了《民法典》第

784 条规定的承揽人的保管义务，应当承担违约责任，赔偿毁损的底片价值、本能获得的成片价值，以及如果承揽合同正常履行后续合同所能获得的收益（需已和杂志社达成交易或至少已获明确要约）。但同时亦受《民法典》第 584 条可预见性规则的限定。换言之，只要摄影师对照片的珍贵程度和后续出售计划均已先行告知，对此发生的“所受损失”及“所失利益”就都属于照相馆的赔偿范围。

第二，侵权责任。依《民法典》第 1165 条之规定，照相馆因过错导致摄影师的底片损毁，侵害了其财产权益，应当承担侵权责任，赔偿其造成的“直接损失”和“间接损失”。“间接损失”为未来的可得利益，需具备一定的现实性，即遵循常理如果没有发生此侵权行为就可以获得收益。本案中，摄影师拍摄照片虽然可能可以通过照片的出售获得，但并非一定可以实现，只有存在确定的后续交易或杂志社的明确要约，方能将之纳入间接损失之中，但同时亦受“责任范围上因果关系”的限定。

法律经济学分析

从法律经济学出发处理此案，熊秉元教授也为大家作出了解答。经济学往往从后果检视的角度出发，选取最有利于社会效益的处理方案：

第一种判决，法院判决照相馆赔偿摄影师全部差旅费共计 5 万美金。这一判决将对人们的行为产生如下影响：对于摄影师，其日后购买冲印照片服务时，仍不会事先说明照片的珍贵程度，因为这不会影响其所能获得的赔偿范围。对于照相馆，其或因支付 5 万美金的赔偿不堪重负，难以为继；或思索如何规避风险，开拓“双轨化”业务模式。在后续业务中，照相馆事先区分照片重要程度，对照片进行“双轨化”处理：对重要底片增收冲洗费用，用于为底片购买保险，转移风险；对普通底片仍按既往标准收费。然而，在将重要底片误判为普通底片时，仍然将承担不慎毁损的高额赔偿；此外，因增设底片重要性的区分流程，照片冲洗的效率将显著降低。由此观之，此种判决下，两人损失总量不变，却伴生着社会整体的外部负效应。

第二种判决，法院判决照相馆赔偿冲印费的合理倍数的金额，共计 200 美金。通过回顾“时间轴”，回到行为发生时点下“形塑”案件事实——以何种方式才能有效降低风险。本案中，由于照相馆无法事先看到底片所载的画面，只能在显影时仔细甄别照片才能识别出是否为珍贵底片，不难看出，与要求每一家照相馆提高谨慎程度，在显影过程中仔细审查每一张底片并特别留心珍贵底片的行为成本相比，摄影师对重要底片进行事先说明的行为成本明显更低，由此照相馆就可以提前拒绝为其冲洗，或收取更高昂的价格、购买保险。而由此可见，摄影师以极低成本就能实现相当程度的注意义务，就能有效防范珍贵底片的毁损。故而，这一判决两人的损失总量仍然不变，却能够对当事人将来的行为进行合理矫正，伴生着社会整体效应的正向增长，实现经济学所欲求的正向激励。

因此，第二种判决更有利于实现法律经济学所欲求的社会效益最大化。

思维差异

对比以上两种处理思路，我们可以发现法教义学和法律经济学在处理问题时的视角存在显著的区别：传统法教义学处理此类案件，更多立足损害发生当下，考量的是行为人之行为与全部损害之间的关系，以及纠纷内部各方当事人的责任划分；相较之下，经济学则要求以未来为导向，通过合理的判决实现正向激励，实现社会总效益的正向增长。

具体而言，法教义学以形式理性为指引，运用法学的概念体系，从合体系、合逻辑角度出发，其视角在双方当事人之间逡巡，通过方法、规则和程序，推衍利益与不利益在双方当事人之间应如何分配。作为方法的法教义学是主体间可信赖的概念工具，通过逻辑推演，可以实现评价、控制和规制。但更为显著的是，法教义学所秉承的规范及解释方法，恰恰并非来源于自身之逻辑，而是受多元价值体系共同冲击下形成的，故而并非公理性的恒定准则。单纯语词结构的逻辑推演不足以回答多元的社会现实问题，立法者也并非凭空创造法律体系。随着社会的动态变化，新的社会关系、新的利益格局需要旧有规范的调适或变革，因此法教义学必然为价值衡量留下空间，价值衡量后的社会共识亦能发展形成规范。

经济学视角下，损害造成的社会负效应即时产生，对于个人而言，责任承担的多寡具有重要意义；但对于社会整体来说，损害产生的负效应并不因责任划分的不同而存在总量上的区别。因此，经济学的意义在于，通过激励来矫正资源配置和行为模式，引导人们通过较小的成本规避较人的风险，获得更大的收益，最终实现社会总效益正向增长，避免资源错配所造成的空转和消耗。不论是立法还是司法，社会善治的实现离不开法律经济学的分析思维。只有着眼于现实世界，以社会资源的合理分配及高效利用为重要的考量因素，这样才能使法律分析避免沦为脱离社会现实的思辨活动，从而真正展现法学学科的实践特性，回应实践中存在的问题，使法律成为实现社会正义最为关键的制度要素。

（文字整理：吴虹静、芮心怡、高帆、甘卉）

专题研讨

人格权禁令的实践反思、程序定位和诉讼实施*

刘子赫**

摘　要：人格权禁令的适用受《中华人民共和国民法典》（以下简称《民法典》）第997条规范功能重复、裁判标准模糊等多重因素阻碍，对此，程序定位是解题关键。从“禁令”制度引入我国的发展历程和英美法上禁令体系来看，人格权禁令应对应保全程序。禁令定位保全的问题，主要在二者既有规则的冲突以及适用保全程序无需实体法特别规定两方面，但可分别自参考比较法改变保全规则以及赋予新条文宣示立法、唤醒保全作用两个视角解决，不构成定位障碍。基于行为保全的定位，可对《民法典》第997条规范内容作出合理解释和必要补充。

关键词：人格权禁令；人格权请求权；行为保全；中间禁令；程序定位

《民法典》第997条规定的人格权禁令，是为及时制止侵害人格权行为而新设的救济途径。《民法典》实施前后，实体法和诉讼法学者破除部门法区隔，对人格权禁令的程序定位与诉讼实施进一步展开研究，但就禁令究竟应当定位保全、非讼抑或准司法程序仍有争议。①《民法典》生效已逾两年，

---

* **基金项目：**本文系2021年国家社科基金年度项目“民法典人格权侵害禁令制度研究”（21BFX091）阶段性成果。

** **作者简介：**刘子赫，清华大学法学院博士研究生。本文的写作过程中得到杨秀清、郭小冬、任重、毕潇潇、杨嘉祺、刘冲、高旭、朱禹臣、张世超、冯祝恒等师友的帮助，当然文责自负。

① 例如，王利明教授分析了草案中人格权禁令在实体法上的损害预防功能和诉讼法上的临时救济地位，王利明：《论侵害人格权的诉前禁令制度》，载《财经法学》2019年第4期。张卫平教授则就独立于诉讼的禁令程序性质作出回应，张卫平：《民法典的实施与民事诉讼法的协调和对接》，载《中外法学》2020年第4期。

禁令规定已有适用。因此，本文首先从实务案例出发，以司法中具体问题反思人格权禁令的适用障碍。其次，本文结合“禁令”制度的引入历程与英美法上禁令体系，确定其恰当的程序定位，并回应既有讨论中定位保全的障碍。最后，本文将立足行为保全定位，补充禁令在诉讼实施中必要的规则。

一、人格权禁令的实践反思

经笔者检索，在提及或适用人格权禁令规范的全部 9 份公开裁判文书中②，仅有 2 份支持裁定。如此稀少的文书数量，既不与同期人格权纠纷案件量相符③，也远远少于同期人身安全保护令数量。④ 由此可以管窥阻碍人格权禁令制度运行的一些因素。

（一）规范功能不明

两起案件中⑤，原告在诉讼请求中同时列出《民法典》第 995 条人格权请求权和第 997 条人格权禁令两项依据，但法官均未区分处理。其中一起因“停止侵害”的责任形式适用《民法典》第 995 条和第 997 条无明显差异，判决中并未具体指明基础规范，也未明确两条文是否分属不同程序。另一起案件中，因原告事实理由表述不清晰，各审级法官可能认为其在任意列举法律依据，未对援引法条回应。⑥

---

② 笔者使用北大法宝司法案例数据库，对“九百九十七条”进行全文检索，得到裁判文书共 9 份。同时，笔者在进行标题检索时发现，不少在标题中包含“禁令”的裁判文书，如“人格权保护禁令”或“人格权侵害禁令”，仅援引《中华人民共和国反家暴法》，实为“人身安全保护令”。本文案例检索时间均为 2022 年 5 月 30 日，后文不赘述。

③ 笔者选择“人格权纠纷”案由进行检索，其中 2021 年共有文书 76212 份，判决书 35498 份，2022 年共有文书 6901 份，判决书 1901 份。

④ 最高人民法院 2022 年工作报告显示，2021 年全国共签发人身安全保护令 3356 份。

⑤ 赵某诉危某、姜某名誉权纠纷案，广东省珠海市金湾区人民法院民事判决书（2021）粤 0404 民初 299 号；贾某诉某宾馆服务合同纠纷案，北京市高级人民法院民事裁定书（2021）京民申 3984 号。

⑥ 依“法官知法”原则，即使当事人对法律依据表达不明，法官也应通过释明明确其诉讼请求，并对应就构成要件适当与否作出回应。正是因为实务缺少严谨适用请求权分析方法的习惯，该案虽然最后经由高级法院审理，仍未能明确区分人格权请求权和禁令的功能。从当前四级法院职能改革寄予较高层级法院统一法律适用的视角来看，该案不得不说是一个遗憾。

实务中，也有法官主动释明当事人可另行主张《民法典》第997条。在“章某、王某与冯某名誉权纠纷案”[⑦] 中，法官认定被告采取的不和平、不善意的索债手段侵犯了原告的名誉权，但就原告停止侵害的主张，又认为其“并未举证证明被告的侵害行为一直在持续发生”，故不予支持，而是释明其可依据《民法典》第997条另行主张维护自己的合法权利。该裁判说理区分了一般意义的停止侵害请求权与人格权禁令请求，《民法典》第997条的特殊似在于能覆盖侵害行为并未持续发生的情况。

若将此处停止侵害请求权规范基础对应为第995条前句，看似可以呼应第995条（“人格权受到侵害”）和第997条（“行为人……即将实施侵害其人格权的违法行为”）二者在侵害业已发生和即将发生侵害间的区别，由此凸显第997条的预防功能。但这一解释有两点不妥：第一，将《民法典》第995条的构成要件限于侵害业已发生不符合立法者本义，也与认可第995条具有预防性功能的权威司法观点相悖。[⑧] 第二，预防性请求权不能限定于仅可在诉讼或仲裁中行使，否则将“剥夺”权利人在司法程序外直接向行为人主张预防性请求权的正当性。《民法典》侵权编第1167条规定的一般预防性保护请求权即未作限定，在人格权编作此限定不合体系亦无必要。

从前述案例对人格权请求权和人格权禁令功能的有意模糊中可以看出，在实体法上划分二者的尝试是无益的，关键在于适用程序上的差异。

（二）裁判标准不明

由于诉讼程序中主张禁令可能会与人格权请求权功能重合，也有法官依循立法者观点尝试分别从行为保全或保护令的视角理解《民法典》第997条，并援引《中华人民共和国民事诉讼法》（以下简称《民诉法》）以及《最高人民法院关于适用〈中华人民共和国民事诉讼法〉的解释》（以下简称《民诉法解释》）等相关规定。

和普通审判程序一样，禁令申请也有立案受理和支持请求两层标准。立案登记制改革以降低立案门槛、促进实体审理为目标，在普通审判程序中取

---

⑦ 章某、王某诉冯某名誉权纠纷案，四川省南充市顺庆区人民法院民事判决书（2021）川1302民初305号。

⑧ 黄薇：《中华人民共和国民法典人格权编解读》，中国法制出版社2020年版，第35页；最高人民法院民法典贯彻实施工作领导小组：《中华人民共和国民法典人格权编理解与适用》，人民法院出版社2020年版，第71—72页。

得成效的同时，诉前行为保全领域的“立案难”障碍仍持续存在⑨，类似问题也会进入禁令申请程序中。因此，本文对人格权禁令裁判标准的分析也分为申请标准和受理标准两个层面。

1. 申请标准不明

《民法典》第997条规定人格权禁令需要“有证据证明”，根据人大释义书解释，该标准对应诉讼法上对保全等程序性事项的疏明标准，即“有关事实存在的可能性较大”⑩，并就此与《民诉法解释》第108条第1款针对普通审判程序的证明标准“高度可能性”有别。降低证明标准正是为了缩短裁判程序、及时提供救济。但是却有裁判法官不仅未降低证明难度，还认为禁令保护可通过已经提起的诉讼程序实现。⑪ 尽管《民法典》第997条创设了新的规则，却未能使法官认识到其与已有实体法请求权的功能差异，在证明事项和证明标准上未对二者作出实质区分。

与之相对，有法官在裁判中具体列出了人格权侵害可能性、当事人利益平衡、社会公共利益等多项申请裁判应予考量的因素。⑫ 这些因素并非人格权请求权的构成要件，也无法从《民法典》第997条或《民诉法》保全规则中直接找到，而是受英美法系签发中间禁令标准的影响，转化为我国知识产权行为保全的裁量因素。⑬ 在人格权禁令审查中适用该标准，是否意味着该禁令属于中间禁令，而非永久禁令？又由于该标准已被置入知识产权行为保全，人格权禁令是否也应适用行为保全程序？

---

⑨ 保全由于通过裁定作出，并不存在针对审判程序的“裁定不予受理”“裁定驳回起诉”和“判决驳回诉讼请求”三重结构，而仅存在“裁定不予受理”“裁定驳回申请”两种方式，这更加剧了以诉讼要件甚至部分实体要件作为受理立案门槛的状况，参见任重：《我国诉前行为保全申请的实践难题：成因与出路》，载《环球法律评论》2016年第4期。

⑩ 黄薇：《中华人民共和国民法典人格权编解读》，中国法制出版社2020年版，第43页。

⑪ 周某诉徐某、朱某名誉权纠纷案，江苏省南京市鼓楼区人民法院民事裁定书（2021）苏0106民初1106号；陶某诉陶某停止侵害人格权禁令案，北京市昌平区人民法院民事裁定书（2021）京0114民保令16号。

⑫ 本案由广州互联网法院审理，入选广东法院贯彻实施民法典典型案例（第二批）。

⑬ 杨良宜、杨大明：《禁令》，中国政法大学出版社2000年版，第248—264页。相应标准已被纳入《最高人民法院关于审查知识产权纠纷行为保全案件适用法律若干问题的规定》第7条。

2．受理标准不明

在“杨某人格权纠纷案”[⑭]中，法院以入党外调材料非属平等主体间法律关系、不在民诉主管范围为由裁定不予受理。不同于其他边界清晰的绝对权，人格权保护范围本身就具有不确定性，例如，任何主体间的虚假负面评价和描述都可能构成名誉权侵权。因此，《民法典》在人格权保护中还特别强调以动态系统标准辅助判断[⑮]，程序上即需要法院实质审理、双方充分辩论后才能辨明民事诉讼是否适于特定法律关系或给予当事人救济。本案中法院或许不能直接要求变更证明材料内容[⑯]，但若事实调查发现确实有误且由被申请人造成的，至少可考虑要求其对申请人赔礼道歉并作出补偿。

受规范供给不足、保护表达自由、避免利益失衡、防止裁判错误等多方因素影响，法院在实践中要求“审慎审查”。因此，如果人格权利预期受威胁不大，法官自然倾向于不作出禁令。但由于因素表述的个案化、生活化、非规范化和非体系化，有必要基于既有规范和程序定位对其系统梳理、归纳，明确合理与不合理的部分。

（三）禁令与保护令关系不明

在人格权禁令设置之前，《中华人民共和国反家暴法》（以下简称《反家暴法》）已设置了可独立于审判程序申请的人身安全保护令。二者在裁判标准、措施内容和程序独立性上都有相似性，人大释义书也认为禁令程序应参考保护令程序。[⑰]但就保护范围而言，保护令主要限于家庭关系中的物质

⑭ 杨某诉刘某人格权纠纷案，河北省石家庄市鹿泉区人民法院民事裁定书（2021）冀0110民初126号。

⑮ 《民法典》第998条规定：“认定行为人承担侵害除生命权、身体权和健康权外的人格权的民事责任，应当考虑行为人和受害人的职业、影响范围、过错程度，以及行为的目的、方式、后果等因素。”

⑯ 至于后续党政机关内部是否决定以及如何更正内部文件，可另行通过内部程序解决。类似的逻辑可见于物权判决和变更物权登记之间的关系，《民法典》第229条（原《中华人民共和国物权法》第28条）规定的可以产生物权变动效力的法律文书限于形成判决，而对于以给付标的物或者确认标的物所有权为内容的判决，并不能直接产生物权变动效果，但是可以以此为依据通过登记机关程序变更登记，参见程啸：《因法律文书导致的物权变动》，载《法学》2013年第1期；任重：《形成判决的效力——兼论我国物权法第28条》，载《政法论坛》2014年第1期。

⑰ 黄薇：《中华人民共和国民法典人格权编解读》，中国法制出版社2020年版，第44—45页。

性人格权，而人格权禁令是《民法典》人格权编的通行救济规则，广泛适用于所有人格权利，就此而言二者应属特别规则与一般规则的关系。[18] 实务中，由于人身安全保护令立法时间长、实践经验丰富、法官更好把握，故不仅其数量远多于人格权禁令，部分“人格权禁令”的实际内容也是保护令，笔者检索到仅有的2件“人格权禁令”支持裁定亦属此列。

在这两起案件中[19]，申请人与被申请人存在或曾经存在夫妻关系，所涉人格权侵权行为也包含于人身安全保护令所覆盖的家庭暴力范畴。其中一起申请人并未主动提及《民法典》规范，法院仅在依《反家暴法》作出人身安全保护令裁定时，附带援引说明本案也构成名誉权侵权。但法院在审查作出裁定的法定条件及裁定具体措施时，均依据更具体的《反家暴法》，《民法典》第997条未起到实际效果。另一起法院并未援引《反家暴法》，可能因该法限定保护令仅得在当事人双方属于同一家庭，或者双方处在共同生活之中适用。[20] 对于离婚后分居的当事人，从规范文义看无法囊括于保护范围内。由此，《民法典》规定的人格权禁令在本案中发挥了特别法不能适用时，作为一般法填补漏洞的作用。但是，这种解释方案并不利于全面遏制家庭暴力，有家事法学者建议拓宽人身安全保护令适用范围，不拘泥于法定亲属关系，使共同生活的广泛亲密关系间发生的暴力都可受到特别保护。[21]

从上述两案的适用理念来看，以特别法和一般法理解人身安全保护令和人格权禁令的关系并无疑义，该种定位既可在保护令保护不足时以人格权禁令补位，也可阻止申请人重复开启同质程序。但是，人格权禁令毕竟与专用

---

⑱ 程啸：《论我国民法典中的人格权禁令制度》，载《比较法研究》2021年第3期。

⑲ 郑某诉吴某申请人身安全保护令案，广东省廉江市人民法院民事裁定书（2022）粤0881民保令1号；李某诉何某申请人格权侵害禁令案，重庆市永川区人民法院民事裁定书（2021）渝0118民保令3号。

⑳ 《反家暴法》第2条：“本法所称家庭暴力，是指家庭成员之间以殴打……等方式实施的身体、精神等侵害行为。”第37条：“家庭成员以外共同生活的人之间实施的暴力行为，参照本法规定执行。”

㉑ 家事法学者普遍认为，家庭暴力不能限于民事法律从人身关系意义上认可的家庭关系（夫妻关系），还应包括现在或曾经存在的婚前、婚外、同性恋同居等亲密关系。薛宁兰、胥丽：《论家庭暴力防治法中的民事保护令制度》，载《中华女子学院学报》2012年第4期；周安平：《〈反家庭暴力法〉亟须解决的几个问题——对〈反家庭暴力法（草案）〉的分析》，载《妇女研究论丛》2015年第2期。

于家庭暴力的人身安全保护令存在差异：其一，在人身安全保护令中保护的主要是权利边界相对清晰的物质性人格权，行为违法性更易判断，而人格权禁令是针对全部人格权的保全程序，判断繁简有别；其二，家庭暴力出现在家庭成员内部，申请人可能期望继续维系家庭关系而不提起侵权或离婚诉讼，但人格权禁令案件中的申请人与被申请人之间并不存在上述特定密切关系。因此，人格权禁令在参照学习的同时也要考虑自身特点。

诉讼中的人格权禁令与人格权请求权功能重复、易于混淆，但这并不能单纯通过将禁令程序独立于诉讼程序解决，因为其后同样会因程序定位模糊导致裁判标准不清。两者都面临程序独立后的定性困惑，保护令的丰富实践或许有助于在防治家庭暴力领域摸索出实用经验，但普适性更强的禁令则迫切需要宏观定位。

二、人格权禁令的程序定位

人格权禁令的程序定位问题，源于我国民诉法研究对“禁令”概念的陌生以及既有规范体系安置禁令程序的困惑。“禁令”的表述在学术讨论和裁判文书中均不鲜见，“人格权禁令”或“人格权侵害禁令”已成共识，但其仍非现行法明文规定的法律概念。[22]“禁令”概念只能自我循环解释，缺少系统的法条。

同时，我国法律上的“禁令”概念还有日渐缩减的迹象。一直被认为属于典型禁令的知识产权申请诉前停止侵权制度，已在《最高人民法院关于审查知识产权纠纷行为保全案件适用法律若干问题的规定》（以下简称《知识产权行为保全规定》）发布后在规范层面被纳入行为保全范畴。《最高人民法院关于审理使用人脸识别技术处理个人信息相关民事案件适用法律若干问题的规定》第 9 条中使用了“人格权侵害禁令”的表述，但该条文“母本”《民法典》第 997 条中却没有使用“禁令”一词。讨论丰富而立法稀疏间的落差不禁令人生疑。

[22] 笔者在北大法宝全文检索“禁令”发现，《民法典》和《民诉法》等现行民事法律中不存在“禁令”，过往法律中曾使用“禁令”一词的仅有《消防法》（1998 年，已修订）和《治安管理处罚条例》（1994 年，已失效），且其内涵均为禁止性法律规定；在相关司法解释中，“禁令”仅是诉前临时禁令、人身安全保护令或人格权禁令的代称。

（一）补缺的“禁令”

我国民事实体法与程序法具有鲜明的大陆法系特征，禁令却是典型的英美法系制度，这与初期禁令适用的特定实体法领域有关。我国禁令制度起点是知识产权法中的申请诉前停止侵权制度以及海商法中的海事强制令，英美法系在此领域丰富的实践经验使其成为更有价值的学习对象。在加入世贸组织的谈判中，为符合 TRIPS 协定内容，我国对知识产权法相关法律进行修改。其中，针对第 50 条临时措施的要求，《专利法》《著作权法》《商标法》相继修改增设权利人“可以在起诉前依法向人民法院申请……责令作出一定行为或者禁止作出一定行为的措施”，最高人民法院随后出台司法解释具体落实了审查要点与实施程序，此即为申请诉前停止侵权制度。与此不同，海事强制令的形成更多源于我国实践需要。因《民诉法》此时仅有财产保全制度，无针对侵害行为的强制措施，故海事法院不得不勉强适用财产保全和先予执行的规则。[23] 因此，《海事诉讼特别程序法》（以下简称《海事诉讼法》）特设第四章“海事强制令”。两者的立法共性背景是彼时《民诉法》在财产保全外缺少必要的行为保全，因而在部门法领域特设。但 2012 年《民诉法》增设行为保全后，为补缺引入的两种禁令就面临与行为保全关系的疑问。

一种观点认为，禁令即是行为保全。建立行为保全制度的倡议早在两禁令立法前就存在[24]，并实质影响理论及实务界对两种禁令的理解。[25] 相关司法解释中已然暗含定位诉前禁令为行为保全之义，《知识产权行为保全规定》则是该种观点直接的规范表现。另一种观点认为，禁令不同于行为保全。一部分海商法学者认为海事强制令的审理、执行均独立于诉讼进行，其

---

[23] 金正佳、翁子明：《海事请求保全专论》，大连海事大学出版社 1996 年版，第 220—223 页。

[24] 江伟、肖建国：《民事诉讼中的行为保全初探》，载《政法论坛》1994 年第 3 期。

[25] 认同知识产权诉前停止侵权属于行为保全的观点如潘伟：《关于知识产权诉前行为保全的法律思考》，载《法律适用》2004 年第 4 期；胡充寒：《我国知识产权诉前禁令制度的现实考察及正当性构建》，载《法学》2011 年第 10 期。认同海事强制令属于行为保全的观点如金正佳：《海事诉讼法论》，大连海事大学出版社 2001 年版，第 209—210 页；屈广清：《海事诉讼与海事仲裁法》，法律出版社 2007 年版，第 54—55 页。

程序具有终局性[26]，故另有“执行令”“独立属性”“紧急审理程序”等观点。[27] 但“执行令”并非我国民诉法规范中法定概念[28]，且海事强制令本身就是作为执行依据的裁判结果而非经转化形成的“执行令”。因此，“执行令”的说法并不准确，禁令只能视为一种强调速审速裁的特别审判程序。尽管两种观点都可以作为强制执行依据对权利及时保护，但在裁判效力等方面存在鲜明区别，为此需对我国规范体系和英美法禁令原生属性作进一步分析。

（二）实体权利的法律保护形式

诉讼程序是实体权利实现的方式之一，实体权利也不限于对应一种诉讼程序。[29] 罗马法上并不区分实体法和诉讼法规范，权利必然需要通过诉讼来实现。实体法与诉讼法的分离一方面形成了独立于诉讼的实体权利（特别是请求权）[30]，另一方面使诉讼法上程序的开启不仰赖实体权利的事先证成[31]，为化解“起诉难”“立案难”提供了理论支持[32]，但却忽视了法律保护请求权在诉讼程序上的多重指向。国家在排除私力救济的同时，要求司法机关提供三种形式的法律保护，一是判定法律关系存在与否的终局裁判；二是强制力辅助下权利的实现；三是临时性的法律保全，三者分别指向法律保

---

[26] 关正义、王琳：《论海事强制令的独立属性和功能》，载《法学杂志》2015年第4期。

[27] 彭阳：《论海事强制令的法律性质及其适用条件的司法续造》，载《中国海商法研究》2017年第1期。

[28] 美国法上的执行令功能与大陆法系国家的执行文具有相似性，其指审执分离原则下，由权利判定机关（审判部门等）的判定结果（生效判决、保全裁定等）转化形成的具体指导权利实现机关（执行部门）执行的依据，参见张晓冰：《美国强制执行制度中的执行令程序及其借鉴意义》，载《陕西师范大学学报（哲学社会科学版）》2015年第3期；大陆法系执行文制度介绍参见刘颖：《执行文的历史源流、制度模式与中国图景》，载《中外法学》2020年第1期。

[29] 这里的诉讼程序是广义上的诉讼程序，是司法保护程序的总称，狭义上的诉讼程序则是非讼程序的对称。

[30] 金可可：《论温德沙伊德的请求权概念》，载《比较法研究》2005年第3期；梅夏英、邹启钊：《请求权：概念结构及理论困境》，载《法学家》2009年第2期。

[31] ［德］康拉德·赫尔维格：《诉权与诉的可能性：当代民事诉讼基本问题研究》，任重译，法律出版社2018年版，第14—20页。

[32] 张卫平：《起诉条件与实体判决要件》，载《法学研究》2004年第6期。

护请求权、强制执行请求权和保全请求权。[33] 这是诉讼法的一般规律。因此，任何实体法权利主张应视主观需求、客观情况，依法选择保全程序或审判程序。我国对引入禁令程序构建的两种猜测方向并未脱离该框架。

英美法系的禁令制度也在该框架之中。禁令是法院要求个人作为或不作为的命令[34]，可分为永久禁令和中间禁令。永久禁令指经过完整程序、法官实质裁判时作出的禁令，目的指向实体权利的实现，措施可不附时限；中间禁令则指在实质裁判作出前，仅用于保持现状避免不可弥补的损失，或保全法院将来执行判决的条件，一般具有特定时限，最长仅至终局判决前。[35] 从我国法律视角来看，永久禁令和中间禁令实际上分别是实体法和程序法上不同的类型，前者指向实体法特定责任承担形式（例如知识产权侵权案件中即可对应停止侵害判决[36]），后者所代表的临时措施则属于诉讼法上的保全程序。

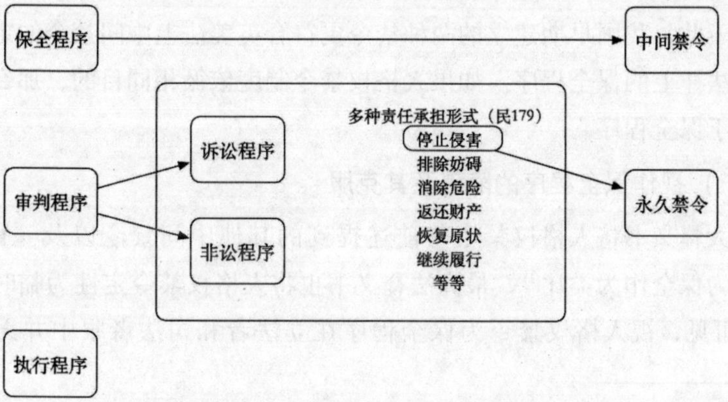

图1　大陆法法律保护形式和英美法禁令对应关系

从我国知识产权诉前禁令和海事强制令程序的设计规则来看，其更应视

㉝ ［德］康拉德·赫尔维格：《诉权与诉的可能性：当代民事诉讼基本问题研究》，任重译，法律出版社2018年版，第26页、第38—39页。

㉞ Injunction, Black's Law Dictionary (11th ed. 2019).

㉟ John F. Dobbyn, Injunctions in a Nut Shell, West Publishing Co., 1974, p.150.

㊱ 李扬、许清：《知识产权人停止侵害请求权的限制》，载《法学家》2012年第6期。由此，人格权诉讼的停止侵害判决就是人格权永久禁令，相同观点参见严仁群：《人格权禁令之程序法路径》，载《法学评论》2021年第6期。关于停止侵害判决与禁令的比较，亦可参见曹志勋：《停止侵害判决及其强制执行：以规制重复侵权的解释论为核心》，载《中外法学》2018年第4期。

为中间禁令，主要体现在较短的审限和申请人须附加担保两个方面。其一，法官作出永久禁令时须经实体审理，而两禁令要求48小时内作出。[37] 显然，不考虑案件繁简情况，一刀切地要求强迫法官在如此短的审限作出实质裁判，有违客观司法规律。我国虽然在普通程序外设计了审限较短的简易程序，但其适用尚需考虑纠纷的具体情况。相反，中间禁令能够避免永久禁令实体审理程序冗长、救济滞后的弊端，可尽快作出并使申请人通过强制执行得到保护。其二，两禁令都要求申请人提供担保并在裁定错误后赔偿损失。[38] 时至今日，英美法系允许在同一法院请求衡平法和普通法两种救济[39]，因此，永久禁令只是正常提起诉讼中原告主张的特定衡平法请求。要求原告提供担保将不当地设置权利实现的障碍，且担保义务也无适用诉讼费用减免的空间，永久禁令观点显然不符合诉权保障的基本理念。相反，法官可在必要时方要求中间禁令的申请人提供担保。[40]

基于此，我国早期建立的两种禁令更符合英美法上中间禁令的定位，对应我国法律上的保全程序。如果人格权禁令制度依循相同目的，那么理论上就应归于保全程序。

（三）视作保全程序的障碍及其克服

人大释义书将人格权禁令与前述提到的其他中间禁令以及《民诉法》中的行为保全作为类比[41]，最高法释义书也将人格权禁令定性为临时救济措施[42]，可见，视人格权禁令为保全程序在立法者和司法者眼中并无明显问

---

[37] 《最高人民法院关于对诉前停止侵犯专利权行为适用法律问题的若干规定》（已失效）第9条第1款与《最高人民法院关于诉前停止侵犯注册商标专用权行为和保全证据适用法律问题的解释》（已失效）第9条第1款均规定在48小时内裁定，后改适用《民诉法》第101条第3款。《海事诉讼法》第57条前句规定应在48小时内裁定。

[38] 《海事诉讼法》第55条、第60条，《民诉法》第101条第1款、第105条。

[39] ［美］斯蒂文·苏本等：《民事诉讼法——原理、实务与运作环境》，傅郁林等译，中国政法大学出版社2004年版，第85—86页；沈达明：《衡平法初论》，对外经贸大学出版社2015年版，第4—5页。

[40] Federal Rules of Civil Procedure，Rule 65（c）；Civil Procedure Rules，Rule 25.12.

[41] 黄薇：《中华人民共和国民法典人格权编解读》，中国法制出版社2020年版，第41—42页。

[42] 最高人民法院民法典贯彻实施工作领导小组：《中华人民共和国民法典人格权编理解与适用》，人民法院出版社2020年版，第90页。

题。然而，将人格权禁令作为权利人申请保全程序的授权规定，还有两点障碍。

第一，将人格权禁令对应保全程序，会使禁令受《民诉法》中保全制度既有规则的限制，其中影响最大的是申请诉前保全后申请人须及时提起诉讼。《民诉法》第104条对诉前行为保全的审限、保全以及获支持裁定后的起诉义务都作了限制性规定，其中第3款最受争议。对保全申请人设置起诉期间，源于保全程序的辅助性定位，保全并非独立的救济方式，而仅是诉讼或仲裁中的辅助措施，其判断具有临时性，申请人如不及时启动正式救济程序，不能使被申请人的权利处于长期限制状况。同理，中间禁令也并非实体裁判，英美法上作出中间禁令后也有促使双方当事人继续进行实体审理的制度设计。㊸

在人格权禁令之前，类似行为保全的海事强制令和人身安全保护令，也都有意地作出了无须提起后续诉讼的安排，对此早有海商法和家事法学者认为应当将其与诉前行为保全制度相区分。㊹ 人格权禁令创设后，主张禁令属于非讼程序和准诉讼程序的学者均认为，提起诉讼的义务与《民法典》第997条独立于诉讼程序向法院申请禁令的规定相左。㊺ 禁令相对诉讼的独立性同保全的辅助性存在强烈冲突。

但是，前述性质冲突的观点存在两个预设：其一，为了减轻权利人诉讼负担，可设置一种程序简易且能作出终局裁判的途径；其二，保全程序的辅助性使其必须令申请人自动负担起诉义务，诉前行为保全的申请人如不提起诉讼或申请仲裁，法院必将依职权解除保全。就前项预设而言，民事诉讼在

㊸ 美国《联邦民事诉讼规则》规定，法院可以将禁令听证程序与实体审判程序合并；当禁令在未经告知被申请人的情况下作出时，申请人应当尽快申请进行听证，否则法院可经被申请人申请或依职权解除之前的禁令。英国《民事诉讼规则》规定，在诉前禁令作出后，法院可以要求申请人起诉；当诉讼非因双方当事人协议中止时，禁令也应当停止执行。

㊹ 关正义、王琳：《论海事强制令的独立属性和功能》，载《法学杂志》2015年第4期，第85—88页；李瀚琰：《人身安全保护令独立性的制度价值及其实现》，载《安徽大学学报（哲学社会科学版）》2017年第2期。

㊺ 程啸：《论我国民法典中的人格权禁令制度》，载《比较法研究》2021年第3期；徐伟：《〈民法典〉人格权侵害禁令的法律适用》，载《法制与社会发展》2021年第6期；朱虎：《人格权侵害禁令的程序实现》，载《现代法学》2022年第1期；吴英姿：《民事禁令程序构建原理》，载《中国法学》2022年第2期。

强调权利保护、实体正义的同时，也应为纠纷解决设置程序保障、确保程序正义。当前我国仅就简单案件、小额案件或者无实质性争议的担保物权实现案件分别设置了简化程序，但对于存在争议且涉及人格权这种权利范围尤其需要界定的特殊绝对权的案件，规范上缺少简化程序的正当理据。基于终局裁判实施的强制执行仰赖明确的权利界分，这在简短的程序中难以做到。对于后项预设，虽保全程序仅具辅助性，但支持裁定是对被申请人的权利进行限制，后续诉讼程序主要是为被申请人提供程序保障，则是否需要这种保障的决定权应当在其手中，且履行起诉义务付出的时间、金钱成本最终仍会通过诉讼费用的形式部分转嫁于败诉当事人，故作为起诉义务保障的“权利人”被申请人应当有权参与决定是否需要继续后续诉讼。

作为人身安全保护令立法中的重要参考对象，美国《家庭暴力示范法》规定，民事保护令在作出或调整后，直到新的调整或解除前将一直有效。这一特殊设计旨在减少申请人申请重新签发或延长保护令的程序负担，使被申请人承担相应证明责任。[46] 类似地，诉前保全的申请人也并非必须提起后续诉讼。在同属大陆法系的德国、日本和我国台湾地区，虽然起诉义务存在，但并非依职权自动设定，而是由法院依申请作出[47]，当被申请人基于案件情况不欲要求解除保全时，禁令及其他保全裁定当然可以得到维持，这种救济机制无疑更符合当事人主义理念。

除起诉期间外，《民诉法》对诉前保全设置的事前担保、错误保全的损害赔偿等制度也被认为可能打击人格权禁令申请的积极性。对此，一方面应正视该规则在程序保障缺省时对被申请人利益的保护，防止禁令沦为申请人伪造证据损害被申请人利益的工具；另一方面也应放宽等额必要担保等条件，避免负担过重阻碍申请人行使诉权。

保全程序是区别于审判程序的临时救济措施，具体包括保全制度与先予执行制度。但除既有规范文本外，应涵盖具有同样功能的更多制度。保全制度的完善有待未来实践多样化后重新提炼一般规则。当前在体系解释上，可

---

[46] Model Code on Domestic and Family Violence, Section 306. 5.

[47] 《德国民事诉讼法》第926条（起诉命令）、《日本民事保全法》第37条（被申请人可申请法院命令申请人于一定期间内提起诉讼）、我国台湾地区“民事诉讼法”第529条（被申请人可申请假扣押法院命令申请人于一定期间内提起诉讼）。译文参见《德国民事诉讼法》，丁启明译，厦门大学出版社2016年版，第220页；《日本民事诉讼法典》，曹云吉译，厦门大学出版社2017年版，第296页。

以选择绕过或修改保全制度的一般规定。具体就强制令、保护令以及人格权禁令而言，可将其不同于一般规定的规则视为具有优先性的特殊规定，由此既具特殊规定的便利，又无需直接适用保全制度的其他一般规定，而在出现规范漏洞时，仍可参考保全程序的规范与实践进行填补。

第二，《民法典》上普遍不存在基于实体权利申请保全程序的授权规定，特设人格权禁令似乎存在冗余。《民法典》中的请求权规范经由诉讼审判程序作出给付判决，即可作为强制执行的执行依据。这种跨实体、程序的体系解释当然成立，并不需要对各个实体法规范逐一强调“可以向人民法院提起诉讼”。[48] 循此逻辑，同样亦无必要特别强调基于何种实体权利可以申请保全程序。从体系解释来看，仅需将人格权请求权与保全程序相关规则结合适用即可实现授权效果。

这种立法逻辑固然有其优势，但单独立法却未必冗余。正如《民法典》特设的人格权请求权与“大侵权模式”下的侵权请求权也具有一定程度的重合，突出强调的立法不仅能宣示当前适用的迫切，也能便利法官检索援引。在诉权理论尚未覆盖临时保护请求权，实体权利可对应多种司法保护手段的体系解释成果尚未成为实务明确共识前，人格权禁令能够以独立条文唤醒沉睡的保全规则，鼓励且要求法官向权利人提供临时保护。类似地，在物权编已经对各种法定物权利益作出明确规定的情况下，《民法典》仍然在“物权的保护”一章保留了物权确认请求权一条（第234条），以确保当物权归属存在争议时司法机关不会拒绝受理。

反之，过于宽松地将实体法规范认定为新的程序类型并不妥当。与实体法因评价方式差异而具有请求权竞合不同[49]，程序法上并不为权利实现专设规则，而是以统一的程序应用。过去存在实体法权利逐一对应诉讼程序的罗马法定诉讼、程式诉讼时期，历经漫长的历史演变和程序改革才形成统一诉

---

[48] 主张绝对权、普通形成权所形成的确认判决同理，当然也存在略有注明的例外（如《民法典》第388条第2款、第565条第1款）。仅有形成诉权主张因为只能经由人民法院裁判改变实体法律关系，所以在法条上一般均有注明“请求人民法院”（如《民法典》第147—151条规定的法律行为撤销权）。

[49] 例如，人格权请求权和侵权损害赔偿请求权作为不同的评价方法，构成请求权竞合，应当允许当事人自行主张，王利明：《论人格权请求权与侵权损害赔偿请求权的分离》，载《中国法学》2019年第1期。

讼法。[50] 叠床架屋、分门别类的救济途径对法院和当事人都将是沉重的适用与选择负担。

三、人格权禁令的诉讼实施

从诉讼实施的角度观察，《民法典》第 997 条“有证据证明”体现了禁令的证明标准，“违法行为”固定了禁令审查的实体要件，“难以弥补的损害”明确了程序条件。在保全程序的定位下，这些内容分别对应程序事项的疏明标准、请求权的实体要件[51]以及保全程序要求的保全必要。因此，禁令申请的裁判标准问题就可通过适用保全程序的既有研究得到解决。但前述几项规定仍不足以顺畅支持程序运作，与《民诉法》上保全制度相比，《民法典》第 997 条缺少关于管辖、担保、审限及禁令时限的具体规定。

（一）诉前和诉中禁令的管辖

确定案件的管辖是任何程序都需具备的基本规则。作为附随性程序的诉中保全或者先予执行可由诉讼程序确定的管辖法院管辖，但是相对独立于诉讼程序存在的诉前保全则需要独立的管辖规则。《民诉法》第 101 条第 1 款规定了“保全财产所在地、被申请人住所地或者对案件有管辖权的人民法院”三种管辖地，人格权禁令属于行为保全，可以适用后两种管辖地。“对案件有管辖权”的法院是指对将要提起的诉讼具有管辖权的法院，可根据禁令申请人主张的具体请求权类型进行判断。《民诉法》尚未为人格权请求权创设特殊地域管辖，但由于其本身可能同时涉及侵权或合同法律关系，在实际主张侵权或合同责任时可相应适用特殊地域管辖；涉互联网的人格权案件，也可适用相关司法解释方便权利人。此外，申请临时救济措施并不需要遵循双方事前的管辖或仲裁协议。[52]

保全的管辖地可以不遵循级别管辖，特别是对于诉前保全和情况紧急时的诉中保全。前述保全管辖规则仅确定了地域管辖，在诉前保全中关联的诉

---

[50] 德国自罗马法定诉讼、程式诉讼转变至统一诉讼法的历程，参见［德］罗森贝克等：《德国民事诉讼法》，李大雪译，中国法制出版社 2007 年版，第 18—31 页。

[51] 实体法请求权除作用于审判程序外，也同样是保全程序的实体法基础，参见郭小冬：《诉讼保全的实体法视角及其展开》，载《北方法学》2021 年第 1 期。

[52] 刘学在：《财产保全之管辖制度的缺陷与完善》，载《中南民族学院学报（人文社会科学版）》2001 年第 5 期。

讼标的额超出基层法院管辖或诉中保全案件正由中级人民法院及以上审理，则保全申请也应同时向对应级别法院提出。保全与诉讼审理法院的一致能便于协调二者，但紧急情况时法院需得尽快掌握信息作出判断并将结果尽快送达执行机关。当审理法院并非最临近时，给予申请人选择更靠近行为发生地的基层法院管辖具有现实意义。人身安全保护令的管辖制度设计就突出了基层法院的作用。[53] 大陆法系对诉中保全程序也允许情况紧急时由当事人选择管辖。[54] 在未来设计人格权禁令，特别是诉中禁令的管辖制度时，可以考虑给予当事人选择权。

（二）担保必要性及数额

在保全错误致损时，申请人需承担损害赔偿责任，此时，申请人的担保可以更快地保障救济。同时，担保体现其赔偿能力并侧面反映其主张真实性。当前在不同保全程序中对担保的要求具有差异。诉前保全要求申请人应当提供担保，具体数额由法院根据案件情况决定；人身安全保护令中则完全不要求提供担保；诉中保全中则允许法官结合证据情况、胜诉可能性和当事人经济情况裁量。[55]

为保障被申请人保全错误时充分获偿，要求提供担保是保全程序中证明标准降低、程序保障不足时的平衡措施。[56] 对担保必要性及具体数额的审查，本应根据申请人提供证据以及法官职权调查情况动态裁量。但在当前保全实践中，申请保全的要件审查却与担保提供责任间存在倒置，提供担保成为支持保全裁定的强制、唯一要件。[57] 由此，经济能力有限的申请人因费用无法减免将实际丧失保全机会。

恢复保全要件审查和担保提供责任间的判断顺序，对保障保全程序功能

---

[53] 《反家暴法》第 25 条：“人身安全保护令案件由申请人或者被申请人居住地、家庭暴力发生地的基层人民法院管辖。”

[54] 李仕春：《民事保全程序基本问题研究》，载《中外法学》2005 年第 1 期。

[55] 全国人大常委会法工委民法室：《中华人民共和国民事诉讼法释解与适用》，人民法院出版社 2012 年版，第 159 页。

[56] 郭小冬：《论保全诉讼中被申请人利益的保障》，载《法学家》2010 年第 2 期。

[57] 李仕春：《民事保全程序基本问题研究》，载《中外法学》2005 年第 1 期；刘君博：《保全程序中担保的提供与担保数额的确定——〈民事诉讼法〉司法解释第 152 条的意义及其解释适用》，载《法律适用》2015 年第 8 期；任重：《我国诉前行为保全申请的实践难题：成因与出路》，载《环球法律评论》2016 年第 4 期。

畅通具有重要意义。人格权权利保护的边界和责任形式在法律上不具有绝对性，对于非物质性人格权，保护时需采取动态系统的方式具体判断权利冲突中受侵害的人格权是否具有优先性，进而确定责任形式。担保要求与担保数额也应当考虑动态评价中权利成立的可能性，对于排除法官自由裁量、权利边界更为明晰的物质性人格权，可以不要求或少要求提供担保；对于允许裁量、需要实质判断权利冲突的标表性、精神性人格权，可以要求提供担保。

（三）禁令的审查时限

审限制度是我国独特的司法行政制度，其目的是通过司法机关的内部考评、监督来治理诉讼迟延问题。审限通常限定为数月，即使是对“无民事权益争议”的非讼程序，其审限规定也是1月之内（选民资格案件除外）。相较之下，无论是诉前保全、“情况紧急”的诉中保全还是人身安全保护令，其审限均仅有数日。

保全程序的审限规定体现了针对紧迫性侵害提供临时性保护的制度目的，审限能够帮助督促法院尽快为权利人提供救济。同时，超短审限也与保全程序在降低证明标准、减损程序保障后提供的担保、损害赔偿等平衡制度相适应。但是，无视案件客观繁简硬性规定超短审限使法官无法展开必要事实调查。《民诉法》及《民诉法解释》并未明确保全程序的审理规则，虽然其不必在保障完备程度上与诉讼程序相当，可以书面或听证的方式审查，但法官同样需要借助可行手段查证。《知识产权诉前行为保全规定》第5条规定：“人民法院裁定采取行为保全措施前，应当询问申请人和被申请人，但因情况紧急或者询问可能影响保全措施执行等情形除外。”硬性的超短审限实质上压缩了调查时间，将加大法官因心证未确定而对错误保全产生的担忧，反而不利于权利人取得临时保护。[58] 同在担保部分的问题一样，不同类型的人格权其构成要件明确性有别，法官达成心证时裁量的因素不同，耗时也有差异。动态系统论在实体法中的应用，导致构成要件的证明程序不再以传统孤立、顺次的方式进行，而是需要对案件整体事实进行裁量。[59] 此时应考虑与担保制度对应，就不同人格权类型分设或严或宽的审限要求。

---

[58] 任重：《我国诉前行为保全申请的实践难题：成因与出路》，载《环球法律评论》2016年第4期。

[59] 胡学军：《民法典“动态系统论”对传统民事裁判方法的冲击》，载《法学》2021年第10期。

（四）禁令的效力期限及后续诉讼

将人格权禁令定位为保全程序后，面临的现实问题是，作为临时性裁判的禁令应持续多长时间，这一问题需结合禁令的不同目的看待。如果禁令签发目的与传统保全程序相同，旨在提供临时性保护的话，那么其时限设置就要与后续诉讼结果相关联。对于诉中禁令，其时限必然限定于诉讼裁判作出时。

为督促申请人开启审判程序，诉前禁令可以参考诉前保全规则设置供权利人准备诉讼的较短时限（30 日），逾期则使禁令失效。（诉前禁令模式一）

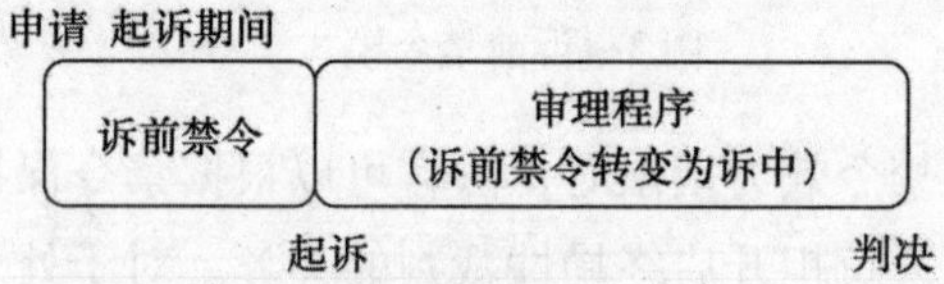

图 2　诉前禁令模式一

虽然禁令仅是临时性裁判，但是否开启终局性裁判仍可以给予当事人程序选择的机会，如双方能通过和解等诉讼外纠纷解决方式消除争议，则并非必须申请人提起诉讼来确定权利归属。[60] 程序选择的主动权应赋予被申请人，为此，首先需减轻申请人提起诉讼的义务，也即消除不提起诉讼必然解除保全、承担损害赔偿的后果；其次，被申请人可向法院申请要求申请人于一定时限内提起诉讼，或者允许由其自行提起消极确认之诉。后续诉讼中如果申请人败诉，则被申请人可主张申请人就禁令措施造成的损失赔偿（《民诉法》第 108 条），禁令错误产生的损害赔偿责任有必要考虑过错责任，并由申请人提供的担保优先清偿。[61] 当前保全规则只赋予了被申请人申请复议的机会（《民诉法解释》第 171 条），虽能提供中止执行的救济，但复议裁定本身不能对实体权利作出终局判断，不利于被申请人最大程度维护其合法

[60] 刘君博：《保全程序中担保的提供与担保数额的确定——〈民事诉讼法〉司法解释第 152 条的意义及其解释适用》，载《法律适用》2015 年第 8 期；严仁群：《人格权禁令之程序法路径》，载《法学评论》2021 年第 6 期。

[61] 肖建国、张宝成：《论民事保全错误损害赔偿责任的归责原则——兼论〈民事诉讼法〉第 105 条与〈侵权责任法〉第 5 条的关系》，载《法律适用》2016 年第 1 期；李曼：《民事行为保全申请错误的判断与赔偿》，载《昆明理工大学学报（社会科学版）》2019 年第 4 期。

权利。给予被申请人程序选择权后，即使禁令审查的程序保障不够充分，被申请人对其选择权的自由处分也能正当化更长的禁令时限。（诉前禁令模式二）

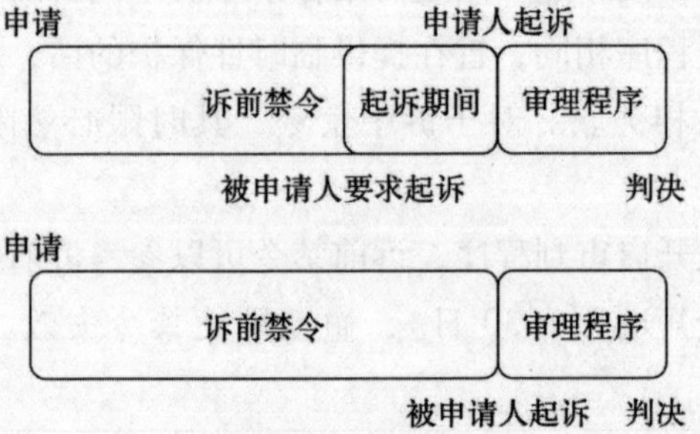

图3　诉前禁令模式二

在确定人格权禁令效力期限时，法官可以根据禁令保护权利的性质选择由申请人或被申请人负担开启终局性裁判的义务。对于处于弱势地位、胜诉可能性更高、受保全权利公益性质更强的申请人，法官在作出禁令时应考虑将负担转移给被申请人，设置更长的效力时限。在这一点上，诉前提起的人格权禁令与人身安全保护令具有相似性，可以参考其规定设置最长期限为6个月。

结语

人格权禁令的司法实践表明，《民法典》第997条存在规范功能重复、裁判标准模糊及与人身安全保护令效果关系不明等问题，需厘清该条文的程序定位。从知识产权诉前禁令、海事强制令到人格权禁令，“禁令”概念的引入和相关规范的缩减，与我国民诉法保全制度从无到有的完善历程息息相关，体现出我国实体权利法律保护形式的发展。然而，当前保全制度仍然存在设计缺陷和规则瑕疵，使禁令的程序功能难以得到既有民诉法规范的满足。人格权禁令制度的创设，是反思健全诉前行为保全制度的重要机会。

在实体与程序的双向互动中，程序法需积极回应并及时接轨实体新兴权利保护体系，但不应违背程序法自身的客观规律及框架，任意制定新程序。[62] 实体法权利竞合性评价（即请求权竞合）可以为权利人提供多重保护，但繁杂且同效的救济途径造成了选择的负担与程序协调的不便。在保全

---

[62] 严仁群：《人格权禁令之程序法路径》，载《法学评论》2021年第6期。

程序、审判程序与执行程序的法律保护形式三分的框架下，应坚持人格权禁令的保全定位。未来，也可考虑在不突破程序保障红线的情况下，于审判程序中设计审理更具效率的速裁程序，实现终局性裁判的高效化。保全程序和速裁程序可共同构建紧迫性权利保障的救济体系。

（责任校对：胡丰嘉）

论股东派生争议的“双轨化救济”

——兼评《仲裁法征求意见稿》第25条

朱逸安*

摘 要：我国《公司法》第151条与《仲裁法征求意见稿》第25条试图在派生争议中赋予股东程序选择权。一方面，股东享有的派生诉权具有相当的实体权利基础和程序代位价值，在股东未明确表示放弃派生诉权的前提下，公司与第三人之间的仲裁协议不可以径行剥夺股东的法定诉权；另一方面，基于仲裁合意的寻找、仲裁协议效力扩张理论，应认可股东派生仲裁的可行性，发挥仲裁的补充性作用，构建股东派生争议解决的“双轨化路径”。在股东派生仲裁制度的设计上，可从当事人资格的认定、公司地位的界定以及诉讼费用的承担等角度进行完善。

关键词：股东派生诉讼；股东派生仲裁；仲裁协议效力

一、问题的提出

近年来，作为Foss V. Harbottle规则①例外的“股东派生诉讼制度”在大陆法系各国陆续建立，我国《公司法》第151条亦引入该中小股东的特别保护机制。诉讼作为股东派生争议②的“一般性解决方案”无法囊括所有情形。当公司与第三人签订了有效的仲裁条款时，股东派生诉讼便陷入僵

---

* **作者简介**：朱逸安，中国人民大学法学院硕士研究生。

① “Foss规则”源于英国1843年“Foss v. Harbottle”一案，该案将“司法不干预公司事务”确立为公司法的一般原则。即：少数股东不能对侵犯公司权利的行为起诉，也不能对内部事务操作的不规范提出控诉。

② 本文中的“股东派生争议”是指当公司的合法权益受到他人侵害，特别是受到有控制权的股东、母公司、董事和管理人员等的侵害而公司怠于行使诉权时，符合法定条件的股东以公司的名义因向侵害人寻求救济而产生的争议。

局，甚至被认为是一种“孱弱的治理手段”。以“南华案”③ 为例证，广东省高级人民法院指出，南华公司提起的诉讼应受制于《分销合同》中有效的仲裁条款约定，应由仲裁机构主管。而佛山仲裁委则认为，基于仲裁协议的相对性原理，对本案不予受理。南华公司由此被堵在“诉讼”与“仲裁”的大门之外。

南华案映射出司法实务中股东维权的“两难选择”，即在公司与第三人签订了有效的仲裁协议时，如果股东选择依《公司法》第149条和第151条向法院起诉侵权方，将会违反仲裁条款，使公司陷入出尔反尔的失信窘境，同时也会面临被驳回起诉的风险；如果股东依公司订立的仲裁条款直接申请仲裁，根据我国《仲裁法》第4条，股东应当是仲裁协议的一方当事人，或至少曾作出过接受仲裁的意思表示，并与对方当事人达成以仲裁方式解决纠纷的合意。而事实上，并未参与订约过程的股东，常常会因缺乏仲裁合意被仲裁庭拒之门外。此时进退维谷的股东，路在何方？

对此问题，已有学者从股东派生仲裁的请求权基础④、制度优势⑤、实践运行状况⑥等方面对股东派生仲裁的可行性进行了论述，但也存在反对的声音。总体而言，当前对于股东派生仲裁仍处于“理论态度不明、司法适用混乱”的失序状态。《仲裁法征求意见稿》第25条规定本身是否合理？该如何界定派生诉讼与派生仲裁之间的关系？仲裁的合意性要如何寻找？股东派生仲裁的制度构建又需要哪些配套性措施？这都是值得探讨的问题。

本文以《仲裁法征求意见稿》第25条为切入点，从“股东派生争议的权利救济”这一体系化视角出发，通过对股东派生诉权的权源探究、派生仲裁的合意寻找以及仲裁协议效力的扩张理论等问题的梳理，欲厘清股东派生诉权与股东派生仲裁之间的关系，并为股东派生争议解决的“双轨化路径”构建提出合理建议。

---

③ 佛山市顺德区南华投资有限公司诉佛山市天然气高压管网有限公司等买卖合同纠纷案，广东省高级人民法院民事裁定书（2016）粤民终468号。

④ 韩健：《派生仲裁请求权与代位仲裁请求权之刍议》，载《仲裁与法律》2001年第2期。

⑤ 张贝：《从股东代表诉讼看股东代表仲裁》，载《仲裁研究》2008年第3期。

⑥ 林一飞：《试论派生仲裁请求权》，载《国际商法论丛》2002年第4卷。

二、构建：派生争议解决中股东选择权之确立

仲裁因其专业、保密以及在域外执行上的便利⑦，获得了诸多商事主体的青睐。为解决前述司法难题，2021 年 7 月公开的《仲裁法征求意见稿》第 25 条规定，公司股东及合伙人为保护投资企业利益以自己的名义向交易第三人主张权利的，公司与第三人之间的仲裁协议对其产生效力。这是我国第一次试图以立法的方式，正式确立股东派生仲裁制度。

依文义解释，在仲裁协议不存在效力瑕疵的情形下，该条款所产生的法律效果有三：第一，对股东代表而言，受仲裁协议的约束，其只能通过仲裁解决派生争议；第二，对法院而言，不得受理该情形下股东提起的诉讼；第三，对仲裁机构而言，不得以“股东未作出意思表示”等为由将此类案件驳回。但此种解释所带来的两大障碍在于，在股东未明确表示放弃派生诉权的前提下，公司与交易第三人签署的仲裁协议为何可以径行剥夺股东的法定诉权？在股东未作出仲裁意思表示的情形下，公司与交易第三人签署的仲裁协议为何约束股东？

从法律解释学的逻辑来看，不应当脱离《公司法》第 151 条去解读《仲裁法征求意见稿》第 25 条，一方面，股东享有的派生诉权不可被肆意剥夺；另一方面，仲裁制度讲求“意思自治”，在无当事人意思表示的情形下，不能直接适用。股东派生仲裁制度实则是股东派生诉讼制度的合理延伸，应从目的解释和体系解释的视角出发，将《仲裁法征求意见稿》第 25 条视为对《公司法》第 151 条的漏洞填补，在诉讼外赋予股东维权更多的程序选择权，将原先的“单车道”救济模式拓展为“双车道”。在满足特定条件的前提下，股东有权自主选择纠纷解决方式：法院不得以“公司与第三人之间有仲裁协议”而拒绝受理起诉；仲裁机构不得以“股东未在仲裁协议中作出意思表示”而认定仲裁协议对股东不具有约束力。

三、固本：保护股东派生诉权的必要性

较之于仲裁的快捷灵活、任意自主与一裁终局性，诉权审查程序更为严

---

⑦《承认及执行外国仲裁裁决公约》特别规定，除公约规定的情况外，所有的外国仲裁裁决均应当得到缔约国法院的承认与执行。中国于 1987 年 4 月 22 日正式成为该公约的缔约国。

谨、救济路径更加周全。值得思考的是，在股东未明确表示放弃派生诉权的情形下，公司与第三人的仲裁协议能否径行剥夺股东的法定诉权?“派生诉权”是否具有不可剥夺之保护必要性?这一争议在司法实践中也已初见端倪。⑧ 欲厘清这个问题，则需进一步讨论“派生诉权”权源基础的牢固性以及诉讼优势的独特性。

（一）股东派生诉权的实体权源：股东权说

“股东派生诉权”的实体法渊源主要包括：债权人代位权说、受益权说、股东权说。其中，债权人代位权说以“股权债权化”为理论基础，由于在实际经济活动中，股东除盈余分配权以外的其他股东权利被不同程度的淡化或剥夺，最终股东的地位几乎无异于“债权人”，故股东有权以“保全债权”为由代位行使请求权。该学说将“股权”简单理解为“债权”，把“股东”的地位等同于“债权人”，忽视现代公司的人合性因素和股东权的丰富内涵⑨，也未关注到债权人代位权与股东派生诉讼在行使条件和本质上的差异；受益权说以“信托关系”为基本框架，将股东视为“委托人”和“受益人”，公司视为“受托人”，但无法解释在股东派生诉讼中，股东提起诉讼是基于自己和公司的共同利益，即共益权而非自益权，有违信托制度的法理。

股东权说更具有合理性。一方面，公司由股东投资而设立，仅为鼓励投资、降低风险而在立法上将公司拟制为独立人格，但本质上股东的所有权并未因此消灭；另一方面，外部业务专业化与内部治理现代化是公司成长的必由之路，经营权与所有权在精英化的管理模式之下逐渐分野，此时股东的所有权随着经营权力量的增强而有所削弱，所有权逐渐演变为“股东权”。有观点认为，股东权乃介于受益权与所有权之间的中间形态。因此，公司利益与股东利益往往“水乳交融、同频共振”，股东基于股东权遭到侵害而对侵

---

⑧ 陕西硒谷产业发展有限公司与朱邦贤、陈荣学申请撤销仲裁裁决案，陕西省西安市中级人民法院民事裁定书（2019）陕01民特6号；北京中证万融医药投资集团有限公司、李友超损害公司利益责任纠纷案，云南省高级人民法院民事裁定书（2020）云民辖终98号；北京九州会博雅投资中心、深圳力合精选成长创业投资合伙企业、广西粤桂合作特别试验区力合邦易新能源投资基金合伙企业竞业限制纠纷案，广西壮族自治区梧州市中级人民法院民事裁定书（2019）桂04民终914号。

⑨ “股权”所细分出的权利范围不仅包含分配收益、参与重大决策，还有新增资本优先认缴、提案质询等一系列权利，有别于债权的单一性。

害人主张的赔偿请求权，即为股东派生诉权的实体权源。[10]

依《民事诉讼法》第 122 条的规定，通常原告应是与案件有“直接”利害关系的主体。基于法人独立人格的需要及立法技术的考量，公司法原则上仅赋予公司直接诉权，将股东诉权后置到第二顺位。在股东派生诉讼中，恰恰是董事、监事、高管等信义义务的违反使得公司正常运营机制失灵，法人的独立人格处于“失控”状态，此时应将股东的诉权顺位提前，股东演变为具有“直接利害关系”的适格当事人。

（二）股东派生诉权的程序权源：诉讼担当

抛开股东的实体权源，诉讼担当的程序价值也能支持股东派生诉权保护的必要性。诉讼担当是指不具有实体法权源的第三人，为保护实体权益主体利益或维护公共利益，以自己名义提起诉讼，但实体结果仍由实体权益主体承担[11]，具体可分为法定诉讼担当和任意诉讼担当两类。在股东派生诉讼中，股东的诉权在程序上源自法定的诉讼担当。

从诉讼构造来看，《公司法司法解释（四）》第 24 条将公司列为“第三人”，股东列为原告；第 25 条明确胜诉利益属于公司，符合法定诉讼担当的构成要件。从立法目的来看，可类比我国集体合同中工会的诉讼担当资格，股东提起派生诉讼的本质也在于维护全体股东和公司整体利益。[12]“法定诉讼担当”旨在赋予股东在没有公司授权的情况下可直接向法院寻求救济的权利，这种诉权源自于法律的直接规定。若认为仲裁协议可以径行剥夺股东诉权，则相当于变相抬高了“法定诉讼担当”的门槛，即在原有条件的基础上，又增设了一条“公司与第三人之间不存在相关管辖协议”。如此规定的弊端在于：其一，将缺乏仲裁意思表示的股东强行拉入具有相对性的仲裁协议，使得其主张权利亦需要受到仲裁管辖地、一裁终局等条件限制，有违自愿原则，也易挫伤股东的维权积极性；其二，诉讼所具有的独特优势，均被一纸仲裁协议所湮灭，这对维权股东而言有失公平；其三，原本可以一次性将违反忠实勤勉义务的公司内部人员和第三人作为共同侵权人一并列为原告，现在则必须以“仲裁”和“另行起诉”的方式分开追究责任，

---

⑩ 江伟、段厚省：《论股东诉权》，载《浙江社会科学》1999 年第 3 期。

⑪ 江伟、肖建国：《民事诉讼法》，中国人民大学出版社 2018 年版，第 136 页。

⑫ ［日］新堂幸司：《新民事诉讼法》，林剑锋译，法律出版社 2008 年版，第 212 页。

与诉讼经济原则不符，更与法定诉讼担当的程序设计初衷相背离。

综上，股东享有的派生诉权具有相当的实体权利基础和程序代位价值，在股东未明确表示放弃《公司法》第151条赋予的派生诉权的前提下，公司与交易第三人签署的仲裁协议不能径行剥夺股东的法定诉权。

四、延伸：推进股东派生仲裁的可行性

当公司与第三人签订了有效的仲裁条款时，股东派生诉讼面临“失灵”风险。因此，为弥补法院与仲裁机构之间的“管辖真空”，在确立股东派生诉权基础性地位的同时，有开拓股东派生仲裁之必要。二者相辅相成，共同构成保护派生争议解决的周延路径。

（一）实践映射：股东派生仲裁的适用困境

“股东派生仲裁协议”应当满足一般仲裁协议的基本生效要件。依据《承认及执行外国仲裁裁决公约》《国际商事仲裁示范法》以及国内外相关仲裁法律制度的规定，结合我国司法实践，对于其效力认定的探讨，主要集中于以下生效要件：（1）由当事人合意订立；（2）符合“书面”这一要式条件；（3）协议中所涉仲裁事项符合国内法中“可仲裁事项”的要求。

第一，仲裁协议系当事人意思自治的产物。英国学者施米托夫指出：“仲裁与合同有异曲同工之妙，意思自治是其本质属性。”但是约定具体仲裁条款的“基础仲裁协议”并不存在于股东与侵犯公司权益的第三人之间。双方之间的意思表示无从得知，此种合意的缺失是“股东派生仲裁协议”效力认定的桎梏之一。

第二，仲裁协议应当以书面形式订立。书面形式要件兼具证据与警示的双重功能，而“股东派生仲裁协议”很可能不是一个经由各主体签订的书面文件。随着仲裁法的发展，法律对“书面协议”的解释也在不断扩大，从将互换函电作为与签署书面协议具有同等效力的《承认及执行外国仲裁裁决公约》（又称《纽约公约》），到对认同默示协议的《联合国国际贸易法委员会国际商事仲裁示范法》，“书面协议”这一要件逐渐放开。有学者指出，只要主体间的合意能得以证明，协议以何种外在形式存在无关紧要。当然，在“书面协议”的范围界定上，各国尚未达成共识。因此，是否具备“书面要件”虽不是仲裁协议效力的争议焦点，但亦是值得考虑的问题。

第三，协议中所涉仲裁事项应落入国内法中可仲裁的事项范围。有别于一般的合同或侵权案件，派生争议是股东代位诉讼的纠纷。该争议是否属于

各国对仲裁事项的规定范围、是否会违反相关法律法规或公共政策，目前众说纷纭。此外，囿于“基础仲裁协议”的根本性地位，派生争议事项是否能归入“基础仲裁协议”中的约定事项也是股东能否提起诉讼的门槛。因此，股东派生仲裁协议效力认定的难题也体现在对“基础仲裁协议”约定争议范围的解读上。

（二）理论证成：股东派生仲裁的障碍化解

针对上述股东派生仲裁的适用困境，可从以下三个方面进行化解。

1. 股东派生争议中“仲裁合意”的探寻

股东派生仲裁制度确立的起点，在于探寻股东相对明确的意思表示。笔者认为，股东仲裁意思表示的作出是股东向仲裁机构主张权利之时。换言之，当股东就相关争议向仲裁机构提起仲裁时，说明其以行为方式明示放弃诉权并具有接受仲裁协议约束的意思表示。

之后，应进一步论证股东与第三人如何达成仲裁合意。笔者认为，可将第三人对公司作出的仲裁意思表示类比为针对特定群体的“开放式要约”，要约内容是以仲裁方式解决相关争议，要约对象为“抽象的公司整体”，即包含公司与这一整体内部代表公司利益、代为公司处理争议的一切主体，除非有证据证明特定当事人的身份是仲裁的基础或此种程序构造将损害他人的合法权益。当股东申请仲裁，则意味着对该要约进行“承诺”，合意达成。此时对于第三人和公司而言，股东代表公司主张权利并未损害协议签署时双方的缔约期待，因此该意思表示可被合理推定出。

此外，还可借助“交叉要约”的模型来分析，该理论是指多个主体在缺乏磋商的情形下，以相对独立的意思表示不约而同地向对方发出内容相同、目的一致的要约⑬，即以单独的行为方式，达成了没有合意程序的合意实体法律效果。⑭ 由于交叉要约的本质系“承诺推定”，故在构成要件上更

---

⑬ 桂万先：《对交叉要约成立合同的质疑》，载《政法论丛》1998 年第 1 期。

⑭ “交叉要约”在我国当前大陆地区的立法中虽无明文规定，但在司法实践和域外规定中却不鲜见，参见刘敏与成都天投地产开发有限公司清算责任纠纷案，四川省成都市中级人民法院民事判决书（2021）川 01 民终 19699 号；红河健中冈汽车销售服务有限公司与葛增荣运输合同纠纷案，云南省红河哈尼族彝族自治州中级人民法院民事判决书（2015）红中民三终字第 187 号。《美国合同法重述》（第 2 版）认为交叉要约亦可推论成立合同；我国台湾地区民法学说对此也表示肯定。

为严格，即要求要约内容完全一致。[15] 从交易第三人的角度来看，签署仲裁协议即意味着其同意放弃诉权，愿意与“公司方”在仲裁程序中解决相关事实与法律争议；而若股东以自己的独立意志提起仲裁，目的也在于以此解决涉及相同利益的争议事项。二者在“以仲裁方式解决争议事项”的内容上形成合意。该合意并非事前磋商达成，而是当事人之间偶然结合的结果。

2. 仲裁协议扩张理论克服合意的“书面性”要件

当前，理论界与实务界倾向于采用更为灵活的方式解释协议内容，是否签字不再成为认定协议效力的必要条件，未签署方也有受仲裁条款约束的可能，有学者贴切地将其称之为“长臂仲裁协议”。其中，得到广泛认同的理论主要有“禁止反言原则”“合同相对性原则的例外”“公平合理期待原则”。[16]

（1）禁止反言原则

禁止反言原则依托于衡平法理念发展而来，其基本内涵是当事人要遵循诚信原则，不得出尔反尔。在具体案件中的适用情形主要包括以下两种：情形一，当事人A向未签署合同的第三人C主张权利，请求权基础为包含着仲裁意思表示的合同中的某项条款；若C依该合同对A就该争议提起仲裁，则应当允许。情形二，若当事人A、B之间签订了一份含仲裁条款的合同，A向B依合同主张权利，而该争议系当事人B和未签署合同的第三人C的共同不当行为所致，则应允许A依仲裁条款就相关争议对C提起仲裁。

在股东派生仲裁中，仲裁申请人一般为股东。根据“禁止反言”原则，仅当侵犯公司权益的主体依含“仲裁条款”的合同向股东主张实体权利时，股东才能提起仲裁。但由于股东与第三方之间几乎不存在实体权利的纠纷，故情形一适用有限；针对情形二，股东并非共同侵权人，故无适用可能性。因此，该原则仅能在特殊情形下为“股东派生仲裁协议”的效力扩张提供理论基础。

（2）合同相对性原则的例外

依传统的合同相对性原则，第三人不得介入合同关系。而随着商事往来的复杂化，在交易前根本难以预见事后真正的争议主体，故有学者将合同相

---

[15] 合同成立的一般条件是当事人就合同的“主要条款”协商一致，而对于交叉要约情形，学者一般认为其成立合同的前提之一是双方意思表示在内容上完全一致。

[16] 刘晓红：《论仲裁协议效力扩张的法理基础》，载《北京仲裁》2004年第1期。

对性视为仲裁制度的“双刃剑”，在凸显仲裁自治优势的同时也妨碍了交易主体的合理维权。[17] 为此，一些国家的立法如英国《1999 年（第三人权利）法案》、1998 年《欧洲合同法原则》以及大陆法系各自的《民法典》等逐步扩张契约关系对第三人的效力，即在特定范围内，债务人对与债权人有某种特殊关系的人也负有一定义务，例如现代产品责任制度，德国将其称之为“附保护第三人作用的契约”。

在股东派生仲裁中，股东可以介入公司人员任免、重大决策，享受分红、收购、继承等权利，被视为与公司具有某种“特殊关系”。当交易第三人的行为严重损害公司利益而公司怠于维权时，类似于消费者与产品生产者的关系，股东对公司的合法权益同样因第三人的行为受到波及，且这种侵犯具有“穿透性”和“现实性”。此时，允许股东突破合同相对性和“书面性”要件提起仲裁是合理的。

（3）公平合理期待原则

公平合理期待是从解释学视角所确立的原则，即当双方当事人对合同中某个条款的理解产生争议时，裁判者不应拘泥于文字的浅层含义，而应综合订立背景、前后逻辑、履行情况等因素深入探究当事人的真实意图。否则，当事人的“合理期待”将被落空。具体而言：首先，站在理性中立的角度，该种利益应当被界定在可预期的合理范围；其次，置于双方的立场来看，该种利益应该“相对公平”，至少不能过分偏向一方当事人。

在股东派生争议中，股东仲裁的初衷是维护公司与股东的共同利益，因而这种利益应当认为是“合理”的。就交易第三人而言，其公平合理的期待亦未受到损害：在实体方面，无论仲裁程序的相对方是公司还是股东，其向交易第三人主张的权利基础一致，交易第三人可能承担责任的范围不因此增减；在程序方面，相关争议依然在仲裁程序中予以解决，符合第三人将特定争议交由仲裁机构处理的心理预期。因此，在股东主动提起仲裁程序的前提下，公司与交易第三人签署的书面仲裁协议向股东扩张具备相当的合理性和理论基础。

3. 股东派生争议中“仲裁事项”的合理界定

依据我国《仲裁法》第 2 条的规定，仅“合同纠纷”或“其他财产权

---

⑰ 刘晓红：《国际商事仲裁协议的法理与实证》，商务印书馆 2005 年版，第 251 页。

益纠纷”具有可仲裁性。但对此我国并未给出明确解释。在《最高人民法院关于执行我国加入的〈承认及执行外国仲裁裁决公约〉的通知》中，“契约性和非契约性商事法律关系”被解释为“由于合同、侵权或者根据有关法律规定而产生的经济上的权利义务关系”。⑱ 将该通知与我国的《仲裁法》结合来看，“因合同或侵权产生的经济上的纠纷”符合我国《仲裁法》的要求。尽管两者的范围未必完全等同，但也为我国具有可仲裁性的争议划定了一个相对明晰的界限。从理论上来看，股东派生纠纷源于公司利益受到非法侵害，公司作为一种以营利为目的的商事组织，其利益的集中体现为财产权利。因此，股东派生争议中的“仲裁事项”应当具有可仲裁性。

此外，在股东派生争议案件中，仲裁条款基本采“本合同项下的一切争议均适用仲裁条款”的概括性约定。但对“一切争议”的解读，不同法院观点迥异：部分法院认为，公司约定的仲裁条款仅限于违约纠纷⑲；也有法院认为，仲裁协议作出概括性约定的本意，一切基于合同产生的争议，签约双方都能诉诸仲裁解决纠纷。⑳ 笔者认为，当事人对合同义务作出约定时，一般无法全面预见导致合同履行障碍的全部情形，当一方当事人因恶意侵权而产生侵权责任时，只要与合同具有关联性、属于合同项下产生的纠纷，就应当适用争议解决条款；当违约责任与侵权责任发生竞合，即使股东选择以“侵权”为案由，第三方仍应当受到仲裁条款的约束。

五、优化：股东派生仲裁制度的完善

股东派生仲裁制度在实践中仍处于乱序状态。有学者将提起股东派生仲裁的条件归纳为以下四项：一是公司与第三人之间的仲裁协议合法有效；二是公司拒绝向侵权人请求维权；三是公司内部救济用尽；四是提起仲裁是为

---

⑱ 《最高人民法院关于执行我国加入的〈承认及执行外国仲裁裁决公约〉的通知》，法（经）发〔1987〕5号，1987年4月10日发布。

⑲ 北京华联集团投资控股有限公司诉福慧网络科技（上海）有限公司等损害公司利益赔偿管辖权异议案，北京市第二中级人民法院裁定书（2009）二中民初字第04906号；VIJAY PRAKASH NAHATA（纳哈塔·卫杰·潘卡斯）与广州市番禺真东方钻石制品有限公司利益责任纠纷上诉案，广东省广州市中级人民法院裁定书（2015）穗中法民四终字第73号。

⑳ 叶联礼、叶泳庆等损害股东利益责任纠纷案，江苏省高级人民法院民事裁定书（2017）苏民初24号。

了公司的利益。[21] 对此，笔者基本赞同，但考虑到仲裁制度的特殊性，可参照股东派生诉讼制度，对部分细节予以适当调整与完善。

（一）放宽股东派生仲裁的申请人资格

对于股东持股比例的限制，当前主要存在两种模式：一种是单独股东权模式，如日本、美国、英国等，即不论股东持股比例的大小，只要满足法定条件或提供相应担保就可以提起股东派生诉讼；另一种是少数股东权模式，如我国台湾地区、德国等，即对股东代表所持的股份有明确法律要求。我国《公司法》对于有限责任公司和股份有限公司进行了“区别对待”，对前者的股东代表没有持股比例的要求，而后者提起诉讼的股东必须满足“单独或者合计持有公司1%以上股份”。笔者认为，股份公司的流通股占比较小且相对分散，持有1%股份的门槛要求偏高。仲裁机构不同于行政机关、司法机关，本质上属于民间组织，在申请人资格的认定上可以稍微宽松于股东派生诉讼，以强化对种小股东的维权激励。

在股东持股时间的限制方面，当前主要有“时间段”和“时间点”两种模式。第一种模式要求股东连续持股达到特定时间，如《日本商法典》规定股东必须在起诉前六个月连续具有股东身份[22]，我国台湾“公司法”中也有类似规定；第二种模式对于股东持股时间不做要求，只要在特定的时间节点拥有股份即可，最具代表性的是美国的“当时拥有股份原则”，即股东享有原告资格的条件为“在损害公司利益的行为发生时至诉讼期间持有公司股份”，但该规则问题在于：侵权行为通常具有延续性，行为的实施与结果的发生未必同步，此时在侵权行为发生后购买股票的股东的利益将难以得到保障。[23] 于是，美国又以“持续违法行为原则”[24] 以及“公开理论”[25] 等

---

[21] 宋连斌：《国际商事仲裁管辖权研究》，法律出版社2000年版，第171页。

[22] 周剑龙：《日本公司法制现代化中的股东代表诉讼制度》，载《南京大学学报（哲学·人文科学·社会科学版）》2006年第3期。

[23] 甘培忠：《论股东派生诉讼在中国的有效适用》，载《北京大学学报（哲学社会科学版）》2002年第5期。

[24] 按照持续违法行为原则，在侵权行为发生时不是公司的股东，但在该侵权行为持续期间、结束之前获得股东身份者，也可以提起派生诉讼。在这种侵权行为中，股东的身份溯及该行为发生之时。

[25] 即不管系争的违法行为何时发生，只要在系争的违法行为未被公众所知或者该股东个人在尚未得知之前已经取得股份，均可以提起诉讼。

例外规定用于弥补该原则的缺陷，对股东的原告资格进行了有条件的扩张。笔者认为，“鼓励正当诉讼”与“制约不当诉讼”是股东资格的重要标尺。根据我国现行公司法，股份有限公司股东需持股满180天才具备诉讼资格的规定略显严苛。可以参照美国，采取“当时拥有股份原则”辅之以相应的例外规定，对提起股东派生仲裁的资格进行适当限制。原则上，在侵害公司利益的行为发生之时，持有公司股票的股东均具有申请人资格，但在仲裁开始之后直至裁决前，股东必须持续、不间断地持有公司股份；例外情形为：侵权相关的重要信息未及时披露，在“侵权行为发生后、侵权信息披露前”获得股权的股东也可以享有申请人资格。如此，一方面为不知晓侵权事实存在的“善意股东”打开权利救济的绿色通道，另一方面也减少等待的时间成本，使股东能够更及时地保护公司和自己的合法权益。

（二）扩大股东派生仲裁的被申请人范围

关于《公司法》第151条第3款所规定的“他人”之范围，学界百家争鸣。㉖“肯定说”从广义的角度，认为“他人”包括公司的债务人、侵害公司权益的行政机关等。㉗“否定说”依目的性限缩方法进行漏洞填补，认为“他人”仅限于控股股东、实际控制人或者基于特殊职务实际控制公司的人。㉘笔者赞成“肯定说”，宜对“他人”采扩张理解，适度扩大股东派生仲裁的被申请人范围。理由有三：第一，“基础仲裁协议”主要签订于公司对外交易的场域，“否定论”直接排除了通常情况下股东派生仲裁的可能。第二，“否定说”认为当公司受制于控股股东或董事时，其已相当于“限制民事行为能力人”或“无民事行为人”。在此情况下，公司很难作出理性的商业选择。若采纳“肯定说”，符合公司的“公平合理期待”。第三，《公司法司法解释（五）》在一定程度上亦采“肯定说”的观点，其第1条扩张了股东派生诉讼的被告范围，将“他人”的范围延展至关联交易中的相对方。㉙综上，股东派生仲裁中的被申请人范围应包括公司的债务人。

㉖ 蔡立东：《论股东派生诉讼中被告的范围》，载《当代法学》2007年第1期。

㉗ 黄辉：《中国股东派生诉讼制度：实证研究及完善建议》，载《人大法律评论》2014年第1期。

㉘ 钱玉林：《〈公司法〉第151条的漏洞及其填补》，载《现代法学》2015年第3期。

㉙ 李立新、刘晨：《营商环境法治化背景下股东派生仲裁的制度构建》，载《政法学刊》2019年第6期。

（三）界定股东派生仲裁中公司的法律地位

在股东派生诉讼中，《公司法解释（四）》第24条将公司列为“诉讼第三人”，但我国《仲裁法》中没有规定仲裁第三人制度。目前，国际上除荷兰、比利时、日本等国家设置了关于仲裁第三人制度的成文法规定外，其他大部分国家并不认同这一制度。有学者认为，因公司系最终的利益归属方，与案件具有实质牵连关系，应将公司认定为一种特殊的仲裁参加人。[30] 还有学者认为，应把公司列为证人，既保障公司知情权也有利于作证。[31] 笔者认同前者。首先，“仲裁参加人”这一概念在理论上缺乏明确的界定，在实践中亦无法可依。参加人的地位是属于具有部分意义上的当事人还是等同于第三人？需要遵循怎样的权利义务？这些实质性问题难以在当前的法律框架内解决。其次，把公司列为证人缺乏实践操作性，因股东派生仲裁多发生于公司控制人与第三人“沆瀣一气”的情形，且前置条件为公司怠于起诉，即使赋予证人地位，其也极有可能消极怠证，使该制度设计被无形架空。最后，把公司列为仲裁申请人具有合法性和合理性。一方面，公司与仲裁有“直接利害关系”，在法律上应属于实质申请人；另一方面，从“公平合理期待”原则的角度考量，在通常情况下，公司的真实意志应与股东的挽回损失，维护公司的合法权益的仲裁目的相契合。因此，将公司列为申请人，较之于概念模糊的“参加人”和游离于当事人之外的“证人”更为适宜。

（四）明确股东派生仲裁费用的承担

依《公司法解释（四）》第26条[32]的精神理念，当公司股东（仲裁申请人）的主张被仲裁庭认可时，股东所获取的利益直接归入公司，故股东因提起仲裁所支付的相关费用应由公司进行补偿。但是，若仲裁申请人的主张未得到支持，相关费用如何承担？笔者认为可采取“二分原则”。若股东非善意仲裁则应当自行承担仲裁费用；若股东确为公司利益提起仲裁，但因

---

[30] 毛海波：《股东代表仲裁的理论探析与制度架构》，载《仲裁研究》2010年第4期。

[31] 宓思：《我国股东代表仲裁的现状及问题分析》，载《东南司法评论》2017年第10期。

[32] 《最高人民法院关于适用〈中华人民共和国公司法〉若干问题的规定（四）》第26条：“股东依据公司法第151条第2款、第3款规定直接提起诉讼的案件，其诉讼请求部分或全部得到人民法院支持的，公司应当承担股东因参加诉讼支付的合理费用。”

其他不可归责因素致使主张未被接受，公司应对股东支出的合理费用补偿。

六、结语

随着仲裁在公司内部治理与商事争议解决中的地位日益提升，相较于公权力主导的司法处置机制，仲裁以自治为根基，具有灵活、高效等天然优势，越来越多的公司在对外交易或内部治理中明确约定将仲裁作为争议解决方式。当仲裁与股东派生争议碰出“火花”，若能将仲裁作为矛盾解决的路径之一，并在制度上予以明确，将为公司争议解决开辟出一块“新大陆”。故针对《仲裁法征求意见稿》第25条，笔者建议可以修改为：“公司股东、合伙企业的有限合伙人依照法律规定，以自己的名义，依据公司、合伙企业与对方当事人签署的仲裁协议向仲裁机构提起仲裁的，该协议对其有效；公司股东、合伙企业的有限合伙人向法院提起代表诉讼的，公司、合伙企业与对方当事人签署的仲裁协议对其不产生效力。”

一方面，因股东享有的派生诉权具有相当的实体权利义务基础和程序代位价值，在股东未明确表示放弃派生诉权的前提下，公司与交易第三人签署的仲裁协议不可以径行剥夺股东的法定诉权；另一方面，基于探寻仲裁合意、仲裁协议效力扩张理论，如果股东选择提起仲裁，仲裁机构不得以“股东未在仲裁协议中作出意思表示”而认定仲裁协议对股东不具有约束力。在确立派生诉权的基础性地位的前提下，承认股东派生争议的可仲裁性，并通过对相关制度的构建与优化，实现股东派生争议解决的“二元路径”，是实现制度内部逻辑自洽、完善法律体系、与国际接轨的必然选择。

（责任校对：韩笑）

多元解纷背景下法院调解员管理机制的优化路径

——以管理方格理论为分析视角

陈慧虹*

摘　要：人民法院一站式多元解纷和诉讼服务体系已基本建成，然而现行法院调解员管理机制的运作却存在与多元解纷理想脱节的情况。深究其背后的痛点，在于相关法律规定的孱弱、经费保障及考核标准等缺乏针对性且无法落地。解决问题的关键，在于从不同类别的法院调解员的实际需求情况出发，有针对性地充实法律规定的内容、重构立法思维，穿梭于法律体系的上下，共同从关心人、关心业绩的两个维度来构建契合“多元化”“人性化”目标的法院调解员管理机制，以此夯实多元解纷根基进而塑造多元解纷社会新格局。

关键词：多元解纷；法院调解员；法院调解员管理机制

2019 年 7 月，最高人民法院出台《关于建设一站式多元解纷机制一站式诉讼服务中心的意见》，首次创造性提出“一站式多元解纷和诉讼服务体系建设”的目标。① 随后，各地法院陆续推进一站式多元解纷工作。从已有的文献资料来看，与此相关的经验分享主要见之于新闻报道中，鲜有多元解纷背景下法院调解员管理机制构建的详细专题内容，亟待研究提供指引。

一、细剖：法院调解员管理机制运作的现实之境

本文所称的法院调解员，是一个相对于仲裁机构、司法局、人民调解组

---

* **作者简介：**陈慧虹，广东省江门市江海区人民法院法官助理。

① 李韶辉：《讲好中国一站式多元解纷故事——访最高人民法院立案庭庭长、一级高级法官钱晓晨》，载《中国改革报》2020 年 11 月 24 日，第 1 版。

织团体等单位或机构的调解员而言的概念，其包括法院内部由公务员编制或合同编制的法官助理担任的专职调解员和法院聘请的兼职调解员。在当前法院案多人少、案件日益复杂的情况下，法院专职调解员与兼职调解员对于法院审判压力的缓解，发挥着重要的作用。笔者以2020年G省J市法院②调解员统计数据为例，分析当前法院调解员管理机制运作的现状。

（一）欠缺与目标定位相符的能力资质

J市法院调解员主要分为由法官助理担任的专职调解员和法院聘请的兼职调解员。根据J市法院调解员年龄、学历、专业、工作年限的统计数据可知，专职调解员在前述各方面的人数分布趋势呈现出集中化的特点，而兼职调解员的人数分布趋势呈现出宽泛化的特点（详见图1）。

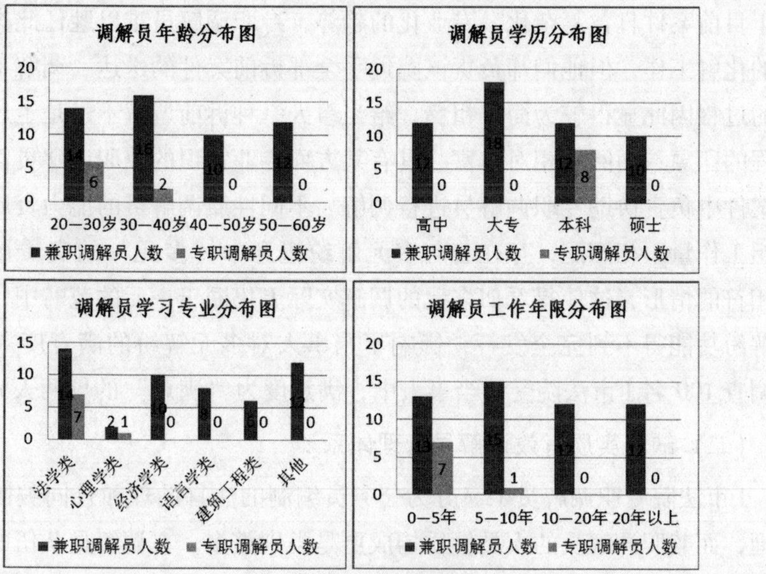

图1　J市法院调解员资质分布情况

根据J市法院调解员不同类别人数和跟案情况的统计可知，专职调解员虽占比不高但却要跟进接近100%的案件的送达、调解工作，而兼职调解员参与调解的案件数量极少（详见图2）。

② G省系南部沿海经济发达省份，J市经济发展水平和人口受教育水平位于G省的平均水平偏下。

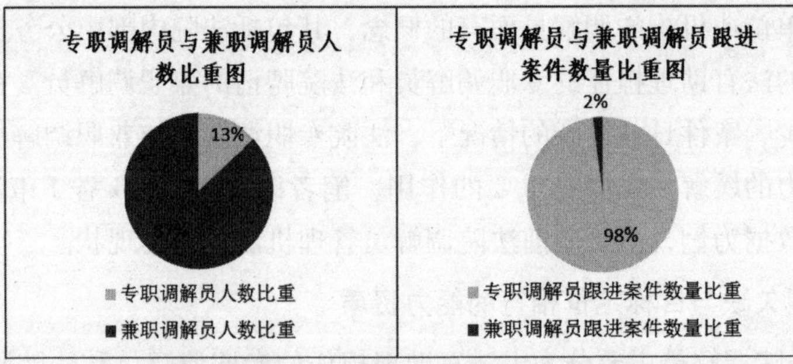

图2　J市法院调解员人数比重及跟进案件数量比重

法院调解工作需要以丰富的社会阅历和工作经验为支撑。结合图1和图2可知，J市法院的专职调解员平均年龄小、工作年限较短、专业较单一。对于目前案件日益复杂化、专业化的趋势，专职调解员难以胜任此类案件纠纷的化解工作，但他们却负责该院近乎全部诉前案件的送达、调解工作，调解的过程因此显得较为简单粗糙，给当事人一种诉前调解不过是走过场、走流程的印象；而阅历相对丰富、具有某方面专业知识的兼职调解员仅在极少数案件中负责协助专职调解员进行调解。不同性质调解员的能力资质与其所承担工作量不相匹配，存在着与多元解纷概念中“多元”的实质目标定位不相符的情形，这使得看似多元的调解实际上仍囿于一元的范畴中，法院多元解纷功能得不到完全发挥，影响了当事人对多元解纷的满意度（随机问卷调查100名J市法院受访当事人中，满意度为“满意”的仅两人）。

（二）缺乏实质有效调解员管理体系

J市法院专职调解员中又分为公务员编制的法官助理和合同编制的法官助理，而兼职调解员的人员性质构成更是类别繁多。在调解员队伍的人员构成如此复杂多元的情形下，管理难度较大，所以确立一整套完备合理的调解员管理细则是保证多元解纷机制正常运行的根基。遗憾的是，J市法院却几乎没有任何实质性的调解员管理体系，主要体现如下：

在岗前、岗中培训方面，J市法院的专职调解员以刚毕业不久，工作年限较短的法科学生为主，他们在岗前、岗中均未接受过任何专业的技能培训，对于各类程序性事项及调解技能，主要通过向J市法院各部门的法官请教而获得，这种松散的“自我培训”不利于专职调解员调解能力的系统化、专业化提升，同时也增添了法官的工作负担；兼职调解员中大部分欠缺法律知识，J市法院亦较少对于这类调解员进行针对性的法律培训，这直接导致了大部分兼职调解员缺乏独立调解案件的能力。

在考核标准方面，2019 年 J 市法院对于专职调解员以调解率为主要考核指标，这种考核标准简单、直接，并未全面考量不同类型案件的难易程度，也未考虑到诸如管辖异议、鉴定等程序性事项的工作量等。由于该考核标准并不合理，未能得到调解员们的认可，目前 J 市法院已将该考核方式取消，但至今 J 市法院仍难以确定最终的考核方案，对于兼职调解员则更无行之有效的考核方案。

在薪酬及奖励方面，目前 J 市法院的专职调解员薪酬由于编制性质的不同而存在巨大的差异③，而对于兼职调解员，则因经费来源无法确定而暂无任何的薪酬补贴保障，亦没有构建专门的精神或物质奖励机制，这极大地影响了调解员的能动性、积极性。

在人身安全保障方面，调解员在调解案件过程中难免会遇到困难、压力，甚至受到当事人的恐吓、威胁，但 J 市法院对此亦没有制定对应保障制度，导致调解员普遍对于这份工作无安全感及归属感。合同编制的专职调解员工作数月就辞职的现象十分普遍，流动性过大不利于调解员队伍能力的提升。

（三）小结：对内运作失灵，对外权威丧失

在综合 J 市法院前述现象的前提下，笔者通过管理方格理论来分析该院调解员管理中所存在的问题（详见图 3）。“管理方格理论”是美国得克萨斯大学的行为科学家 R・布莱克（Robert R. Blake）和 J・莫顿（Jane S. Mouton）在 1964 年提出的研究企业领导方式及其有效性的理论。该理论从关心任务（包括工作效率和产量、工作程序与过程等）的横向维度与关心人（包含维护员工自尊、保持良好人际关系等）的纵向维度构建一张横轴和纵轴各 9 等分的方格图。纵坐标“关心人”的值，参考马斯洛需求层次理论来设定，从下向上来看，依次由关心人的生理需求逐渐上升至心理需求，数值越大表示“关心人”的层次越高。横坐标“关心业绩”的值，以“关心业绩”的范围来设定，从左向右来看，依次由关心法院内部的运作逐步扩大至关心法院外部的社会效果，数值越大表示“关心”的范围越广。通过横向维度和纵向维度关心程度不同比例的结合，对领导方式进行划分，可划分为常见的五种类型：（9，9）型团队式管理、（1，9）型乡村俱乐部式管理、（5，

③ J 市法院合同编制的调解员工资仅相当于公务员编制工资的 40%。

5）型中庸式管理、（1，1）型贫乏式管理、（9，1）型任务式管理。④

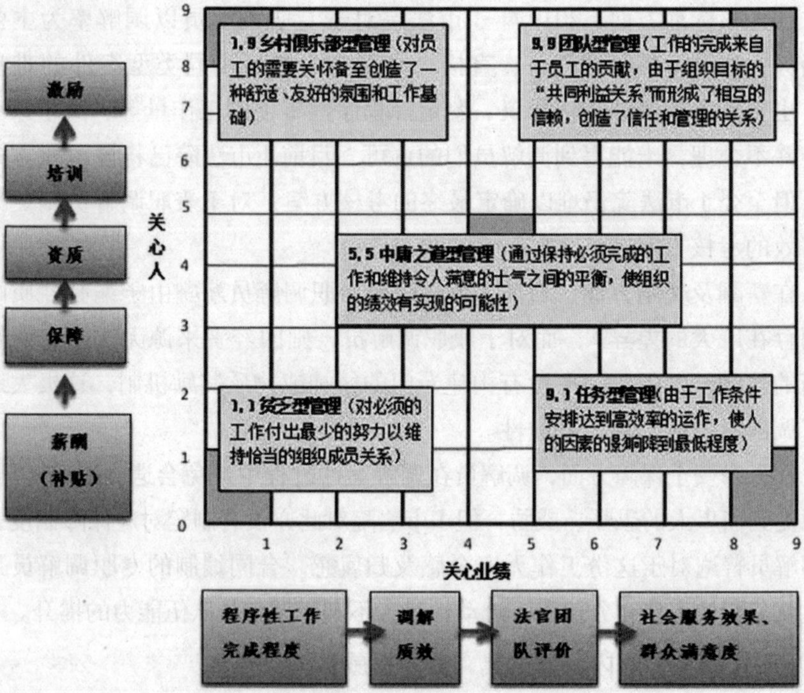

图3　法院调解员的管理方格理论分析图

从“关心人”的维度来看，J市法院虽对专职调解员发放薪酬，对兼职调解员进行少量培训，但薪酬只是专职调解员正常工资薪金，培训的数量亦不足以使兼职调解员的能力得到提升；从“关心业绩”的维度来看，J市法院仅仅关注调解员对案件程序性工作的完成程度。这说明J市法院目前的调解员管理机制基本上介于（1，1）型贫乏式管理及（1，9）型乡村俱乐部式管理之间，更倾向于（1，1）型贫乏式管理模式的位置。

根据管理方格理论，（1，1）型贫乏式管理，较为容易使员工陷入职业倦怠，而（1，9）型乡村俱乐部式管理则不利于组织长远的发展，这两种模式都绝非优选。目前J市法院松散的调解员管理模式导致调解员职业倦怠的状态，由此导致多元解纷机制对内运作失灵。就长远来看，这种不关心业绩的管理机制导致了多元解纷机制对外的权威丧失，久而久之也削弱了法院

④［美］布莱克、穆顿：《新管理方格》，孔令济、徐吉贵译，中国社会科学出版社1986年版，第13—17页。

的对外权威。

二、反思：法院调解员管理机制的研究现状分析

从J市法院的实践经验基本可以管窥法院调解员管理机制与多元解纷制度脱耦现象的冰山一角。“脱耦”表现为正式建立的制度“符号化”，而组织的实践与“符号”断裂。⑤ 但当前的此种“脱耦”现象并未引起学术界的关注，相关理论研究一直徘徊不前。笔者在CNIK数据库法律总库中以“调解员管理”作为关键词进行全文检索，检索出620篇文献，剔除11篇法律法规文献后剩余609篇文献。

（一）横向：专题文献比重低

虽然相关主题的总体文献数量较多，但在文献类别的数量分布上，报纸类文献较多，整体占比约半数，而其他学术性较强的文献类别则相对数量较少，这说明理论研究对于这个专题的整体关注度较低，研究类的专题文献在宏观层面上整体占比不足（详见图4）。

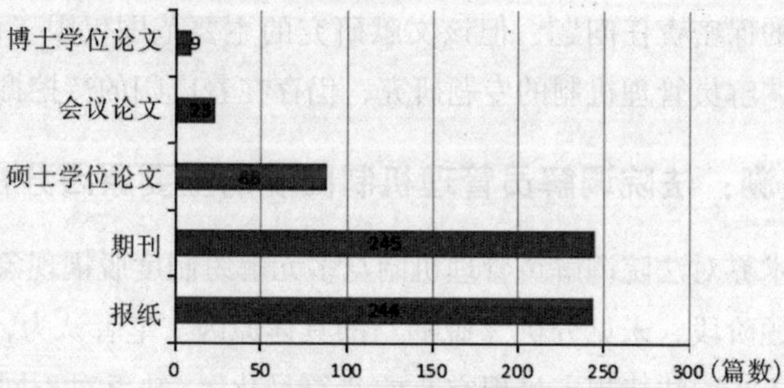

图4　学术文献类型分布

报纸类文献一般以宣传性、科普性的文章为主，但大部分内容都浅尝辄止。选取刊登在人民法院报上的28篇文献为样本，自2010年开始，便有涉及调解员管理的内容，部分文献详细介绍了包含调解员管理制度在内的域外调解制度等内容，但这样的文献整体占比不高，实为遗憾。

（二）纵向：专题文献挖掘浅

人民法院报上刊登的28篇文献中，6篇文献初步探究了域外调解员管

⑤ 王禄生：《地位与策略：“大调解”中的人民法院》，载《法制与社会发展》2011年第6期。

理制度，但其着眼点在于全面介绍某个国家或区域的整体调解制度，因此对于调解员管理制度的介绍均比较简略，且大部分文献主要是以科普性介绍为主，横向的比较研究及借鉴较少，也未进行更深入阐述。

通过对现有文献的分析可知，调解员管理机制中存在的管理机制松散，监督乏力，调解员资质欠缺、缺乏专业能力，缺乏体系培训，缺乏评价机制，缺乏激励机制等问题从 2009 年至今一直没有得到解决，理论研究亦在原地徘徊。

对于如何让调解员管理机制尽快正位的问题，大部分文献对该问题的解决路径阐述都显得比较空泛、粗犷，且基本上未见结合管理学原理进行跨学科研究的内容，对于各类调解员的管理亦未作区分性研究。对于调解员的考核管理，部分研究提出要构建考核机制，但至于考核机制如何与等级、奖励机制挂钩却语焉不详；有的研究有提出具体的考核方式，但却未解读这些考核指标如何科学合理地应用；而关于调解员的激励机制，部分研究亦仅仅是简单提及纳入经费保障，至于经费来源却没有更详细的路径解读；部分研究提及调解员的保密责任问题，但该文献研究的主要范围仅限于商事调解。⑥可见，有关调解员管理机制的专题研究，仍存在着广阔的待挖掘空间。

三、追溯：法院调解员管理机制困境的主要原因分析

目前学术界对法院调解员管理机制与多元解纷制度脱耦现象的研究仍停留在提出问题阶段，未见分析“脱耦”的具体原因。笔者认为，“脱耦”的主要根源在于当前法律规定呈现空心的“符号化”，缺乏对不同类别法院调解员有针对性、可操作性内容。

（一）外观：法律规定孱弱、缺失

涉及“调解员管理”专题的法律只有《人民调解法》，在相关规定中，法律位阶最高、适用范围较广，但出台年份较早、缺乏对法院调解员的专门

⑥ 姬文清、任玉峰：《“诉调对接”实务问题分析与规制》，载《法律适用》2009 年第 8 期；韩萌：《法院委托调解制度的完善》，载《法律适用》2012 年第 7 期；侯丹华：《“解决行政争议”背景下的诉前调解问题探讨》，载《法律适用》2017 年第 23 期；赵毅宇：《法院专职调解员制度：根据、实践与完善》，载《法律适用》2019 年第 5 期；唐琼琼：《〈新加坡调解公约〉背景下我国商事调解制度的完善》，载《上海大学学报（社会科学版）》2019 年第 4 期。

规定。相关司法解释只有《最高人民法院关于人民法院特邀调解的规定》，但该司法解释的规制范畴仅限于“法院特邀调解”，未涉及专职调解员。其他相关法律文件则以文号为“法发”的法院指导性文件为主，“法发”文件并非司法解释⑦，其效力更多地体现在宣示性、引导性范畴，整体效力低、实用性弱。相关地方性法律文件如北京市的《诉前人民调解员管理办法》（以下简称《北京市调解员管理办法》）、上海市的《关于加强人民调解员队伍建设的实施意见》（以下简称《上海市调解员队伍建设实施意见》）的效力位阶低且也仅限于辖区范围内适用。

（二）内核：缺乏有针对性、可落地的标准

笔者结合前述管理方格理论分别从“关心人”和“关心业绩”两个坐标维度出发梳理表4中的法律文件的实质内容后，汇总出其中存在的缺陷：

1. 从“关心人”的维度出发

在补贴方面，各法律文件中除了《上海市调解员队伍建设实施意见》规定了调解员补贴的发放详细标准之外，其他法律文件对补贴的规定都比较笼统。这种无明确适用标准的规定内容既有可能使得对调解员发放补贴成为一纸空文而无法落地，又有可能导致有限的补贴经费被滥用、错用（详见表1）。

表1 与调解员补贴相关的规定内容汇总

法律文件名称	内容概括
中华人民共和国人民调解法	应当给予适当的误工补贴
最高人民法院关于人民法院特邀调解的规定	应当根据实际情况向特邀调解员发放误工、交通等补贴
北京市调解员管埋办法	诉前人民调解员案件补贴由各区法院根据调解纠纷的数量、纠纷难易程度、调解不成案件完成指定工作的情况给予发放
上海市调解员队伍建设实施意见	居村、街镇人民调解委员会调解的社区类矛盾纠纷，每成功调解一件纠纷，补贴20元至500元不等；医患、信访、物业、交通、涉校、劳动争议、治安案件、刑事和解、知识产权、金融消费等行业性、专业性人民调解补贴经费标准根据纠纷难易程度，分别按每件500元、800元、1000元执行；特别重大或群体性纠纷，每件补贴1000元

⑦ 师安宁：《民诉法重点实务问题解析（二）》，载《人民法院报》2015年10月26日，第7版。

在保障方面，对于调解员的保障，主要集中在经费、场地、人员等硬件设施方面的保障，而对调解员人身财产安全等方面却仍是只有《上海市调解员队伍建设实施意见》有所提及。从表6中看出这些法律文件所运用的措辞以“必要的”“一定”“相应的”等不确定性的修饰性词汇及“加强”“争取”等号召性的动词为主，这些词汇的使用使得关于“保障”的规定缺乏明确的指引（详见表2）。

表2　与调解员保障相关的规定内容汇总

法律文件名称	内容概括
中华人民共和国人民调解法	县级以上地方人民政府对人民调解工作所需经费应当给予必要的支持和保障。
最高人民法院关于人民法院进一步深化多元化纠纷解决机制改革的意见	加强经费保障。各级人民法院要主动争取党委和政府的支持，将纠纷解决经费纳入财政专项预算
最高人民法院关于建设一站式多元解纷机制一站式诉讼服务中心的意见	加强人才队伍保障。配备必要的员额法官和充足的法官助理，开展立案、调解、速裁快审等工作。配备一定数量的司法警察、警务辅助人员和安保人员，负责安全保卫等工作
最高人民法院关于进一步完善委派调解机制的指导意见	积极争取当地党委和政府支持，进一步提高委派调解工作人员、场所、设施和经费等配套保障水平。
最高人民法院关于人民法院深化“分调裁审”机制改革的意见	协调有关部门加强经费保障……合理保障调解人员开展工作所需经费
上海市调解员队伍建设的实施意见	人民调解员因从事调解工作致伤致残……当地人民政府应当按照有关规定提供必要的医疗、生活救助；在人民调解工作岗位上因工作原因死亡的，其配偶、子女按照国家规定享受相应的抚恤等相关待遇。 加强对人民调解员的人身保护。探索建立人民调解员人身保障机制……鼓励人民调解委员会设立单位和人民调解协会等为人民调解员购买人身意外伤害保险等

在资质方面，各法律文件对资质规定中绝大部分为“公道正派、热心人民调解工作”等条件，且也均较多地使用“具有一定”“相关的”等不确定性的修饰词汇。诸如这些资质条件的规定在实践中缺乏操作性，使得调解员在实际的选聘过程中难把质量关，难以做到人职匹配，或由于监管不严吸

收一批专业能力及工作态度不达标的工作人员（详见表3）。

表3　与调解员资质相关的规定内容汇总

法律文件名称	内容概括
中华人民共和国人民调解法	公道正派……具有一定的文化水平、政策水平和法律知识
最高人民法院关于人民法院特邀调解的规定	品行良好、公道正派、热心调解工作并具有一定沟通协调能力
北京市调解员管理办法	具有完全民事行为能力、身体健康；品行端正、公道正派……有一定的文化水平……
上海市调解员队伍建设实施意见	应当公道正派、廉洁自律……具有一定文化水平

在培训方面，法律规定及最高人民法院出台的文件对此均未规定详细的培训责任承担主体、培训时长、培训方式及培训费用承担，虽然《北京市调解员管理办法》及《上海市调解员队伍建设实施意见》的规定考虑到这部分内容，但细致性、合理性、实用性仍有待考察。在实践中，因为缺乏培训经费保障，有些法院几乎没有专门的调解员培训，导致调解员的专业性大打折扣，同时导致调解员这一职业缺乏个人职业发展的吸引力，无法吸引优质的人才（详见表4）。

表4　与调解员培训相关的规定内容汇总

法律文件名称	内容概括
中华人民共和国人民调解法	县级人民政府司法行政部门应当定期对人民调解员进行业务培训
最高人民法院关于人民法院特邀调解的规定	特邀调解员在入册前和任职期间，应当接受人民法院组织的业务培训
最高人民法院关于人民法院进一步深化多元化纠纷解决机制改革的意见	加强调解人员培训。完善特邀调解员、专职调解员的培训机制……加强职业道德建设，共同完善调解员职业水平评价体系
最高人民法院关于建设一站式多元解纷机制一站式诉讼服务中心的意见	健全特邀调解员和特邀调解组织名册，加强对调解人员培训、指导和管理
最高人民法院关于进一步完善委派调解机制的指导意见	加强人员培训管理

续表

法律文件名称	内容概括
北京市调解员管理办法	岗前培训时间不少于5天，年度培训时间累计不少于5天。各级法院负责诉前人民调解员的专业培训，学习各类案件的审判思路、审判规则，强化调解技能，年度培训时间累计不少于5天
上海市调解员队伍建设实施意见	实施人民调解员分层分类培训。业务培训分为初任培训、年度培训、专项技能培训等，培训时间均不少于24课时/人

在激励方面，各法律文件基本明确了对于“贡献突出”“成绩显著”的调解员进行表彰奖励，但是何谓“贡献突出”却缺乏明确可操作的标准，这种空泛的内容不利于调动调解员的积极性，不利于培养调解员对这份职业的社会荣誉感、当然也就难以吸引高层次人才加入法院调解员队伍（详见表5）。

表5　与调解员激励相关的规定内容汇总

法律文件名称	内容概括
中华人民共和国人民调解法	对有突出贡献的人民调解委员会和人民调解员按照国家规定给予表彰奖励
最高人民法院关于人民法院特邀调解的规定	对表现突出的特邀调解组织和特邀调解员给予物质或者荣誉奖励
最高人民法院关于进一步完善委派调解机制的指导意见	对于促成当事人自动履行调解协议的调解法官、特邀调解员，通过绩效考核给予奖励激励；对于在调解工作中有显著成绩或者有其他突出事迹的调解组织和调解员，按照国家规定给予表彰奖励，并将有关工作情况作为其他各类评先评优的重要依据
最高人民法院关于人民法院深化“分调裁审”机制改革的意见	建立健全调解员业绩考评、激励机制，对调解员调解案件的数量、调解率、自动履行率等定期评估
北京市调解员管理办法	各级司法行政机关应将诉前人民调解员纳入各级模范人民调解员表彰范围，对于成绩显著、贡献突出的诉前人民调解员给予奖励
上海市调解员队伍建设实施意见	加大对人民调解员的表彰激励力度。建立健全人民调解员业务等级评定制度、薪酬考核制度，健全激励机制。对有突出贡献的人民调解员按照有关规定给予表彰奖励，增强人民调解员的职业荣誉感和自豪感

2. 从"关心业绩"的维度出发

笔者认为，仅仅依靠调解率、案件数量、文书数量等这些指标并不足以全面地考核调解员的能力。结合管理方格理论，还应将关心业绩的范围扩大到法官团队对调解员的评价再进一步扩大法院外部的社会群众的反馈，才能全面、客观达到优胜劣汰、调动调解团队工作积极性的考核效果。但相关法律法规均没有这部分内容的规定，这导致前端的多元调解对后端的审判质效提升及法院权威树立的功能难以发挥（详见表6）。

表6　与调解员考核相关的规定内容汇总

法律文件名称	内容概括
最高人民法院关于人民法院特邀调解的规定	人民法院应当建立特邀调解组织和特邀调解员业绩档案，定期组织开展特邀调解评估工作，并及时更新名册信息
最高人民法院关于建设一站式多元解纷机制一站式诉讼服务中心的意见	建立诉前调解案件管理系统，做到逐案登记、全程留痕、动态管理，并将诉前调解工作量纳入考核统计范围
最高人民法院关于进一步完善委派调解机制的指导意见	对于促成当事人自动履行调解协议的，通过绩效考核给予奖励激励
最高人民法院关于人民法院深化"分调裁审"机制改革的意见	进一步做好调解员选拔培训等工作，建立健全调解员业绩考评、激励机制
北京市调解员管理办法	由各级法院与各区司法行政机关根据实际情况制定考核标准并组织考核，可以采取书面资料审查、检查档案案卷等方式进行。考核结果分为：优秀、良好、合格、不合格。 考核结果将作为诉前人民调解员解聘、续聘、评先评优的主要依据，其中连续两次考核不合格的，予以解聘
上海市调解员队伍建设实施意见	建立健全人民调解员业务等级评定制度、薪酬考核制度，健全激励机制。

此外，综合表1至表6的内容亦可以看出，关于法院调解员管理的规定散见于各个法律文件中，管理机制的各个部分未能明确区分，存在重叠覆盖的现象。故总体而言，关于"法院调解员管理"的内容，缺乏一部汇总性、统一性、权威性的法律规定。

四、重构：管理方格视角下的路径探微

(一) 思维重构：由“贫乏式管理”走向“团队式管理”

人性的需求趋势一致，都是由追求维持生存的物质条件和安全保障逐渐上升至追求自我能力的发展和精神层面的鼓励。但是在共性的需求趋势下，法院调解员对各层面需求的程度因调解员的性质和类别所不同而存在不同。运用简单的线性思维处理复杂的非线性问题难以实现。笔者结合管理方格理论从“关心人”和“关心业绩”角度考量，以期由现有“贫乏式管理”走向“团队式管理”。

1. 内部：侧重对“关心业绩”的程度差异考量

公务员编制的专职调解员准入门槛、社会地位普遍较高，有较好的工资待遇、人身安全保障。从“关心人”的维度上来看，公务员编制的调解员一般在薪酬、保障、资质方面已经得到较好的“关心”，所以此类人员更偏好于精神层面上能够得到组织的“关心”，例如得到激励晋升的机会、通过培训得到职业水平提高的机会等。相较之下，囿于经费及政策原因的限制，合同编制的调解员在工资待遇、人身安全保障等方面与公务员编制的调解员存在较大差距，故为保证权责对等、避免对此类人员的管理陷入任务型管理模式，则要将“关心业绩”横坐标数值适当调整对应“关心人”的纵坐标数值，即对于合同编制的调解员的考核设定应主要集中在调解质效、与诉讼相关的程序性工作完成程度等主要指标，对其他业绩考核指标可以稍作弱化；对应地，为了避免对公务员编制的调解员的管理陷入乡村俱乐部型管理模式，则考虑要将提升“关心业绩”横坐标数值，即对于公务员编制的调解员的考核设定应全面涵盖调解质效、与诉讼相关的程序性工作完成程度、与法官团队衔接程度、法律服务社会效果等多方面的指标。

2. 外部：侧重对“关心人”的程度差异考量

一般而言，律师、仲裁员、法学专家、退休法官、退休检察官等具有法律专业背景的兼职调解员的社会地位、薪酬水平及法学专业水平能力均较高，因而此类人员在薪酬、资质、培训等方面一般均无特别的关心需求。此类人员的偏好在于精神奖励等方面能否更多地得到组织的“关心”，在对此类人员的关心上应着重考虑其荣誉感。具有非法律行业专业知识的人员所担任的兼职调解员占用自己本职工作的时间从事调解工作，其必然会考虑时间成本，故相较于具有法律专业背景的调解员，其会更加重视物质奖励及个人

的法律专业能力的提升。因此，此类法院调解员偏好于培训、物质及精神奖励等方面。从“关心业绩”坐标上来看，为避免出现（特邀）兼职调解员“挂名”不办案的现象，应当对此类调解员进行考核。但由于此类调解员为法院外部的调解员，对其进行与诉讼相关的程序性工作完成程度、与法官团队衔接程度等方面的考核未免过于严苛而不切实际，所以在该坐标数值设置上应着重考量调解质效尤其是调解案件总体数量及法律服务社会效果等指标。

前述对各种调解员的偏好归纳，并不代表某类调解员对其偏好较弱的方面无被关心的需求，只是在分类制定调解员管理规则时，首要突破点为各类人员的最大偏好，并以此吸引高精尖人员来加入法院调解员队伍，使有限的调解员资源获得最优化运用。针对不同性质的人员分类别制定符合人性规律的管理机制，一方面可以消除职业倦怠、调动各类调解员的积极性；另一方面可以真正发挥多元解纷功能、满足当事人需求、树立法院权威。

（二）内容重构：搭建“多元化”“人性化”的法律支撑体系

法院调解员管理机制内容的构建可适用“自上而下＋自下而上”的双向推进的方式。

1. 自上而下：搭建新的法律框架契合多元化

法院的多元解纷机制构建已经成为大趋势，为保障多元解纷能发挥出最大的作用，则有必要针对广大的法院调解员群体分门别类制定专门的管理性法律文件来夯实多元解纷的根基。可以考虑不同性质调解员的不同偏好思维，对现有的《中华人民共和国人民调解法》的内容进行修改，增加对于法院调解员管理的特别规定；另外还可以针对法院不同性质调解员在《中华人民共和国人民调解法》所确定的大框架下，在其下一位阶的法律文件中制定细分管理规则。目前，关于法院特邀调解员的规定已经有《最高人民法院关于人民法院特邀调解的规定》作出规定，但是其内容仍有待进一步完善；而关于法院专职调解员的管理规则完全属于空白状态，因此对于法院专职调解员的管理亟须出台相应的司法解释来进行规定。搭建架构清晰的法律框架，方能与多元解纷中“多元”的目标定位相匹配。

2. 自下而上：促推法律实质内容契合人性化

霍姆斯曾说过："法律的生命在于经验，而不在于逻辑。"⑧ 目前，部分地方法院已有调解员管理的有益经验，笔者结合现有的法律文件、最高人民法院公布的司法改革案例选编中的内容，提出了调解员管理实践的构想蓝图。

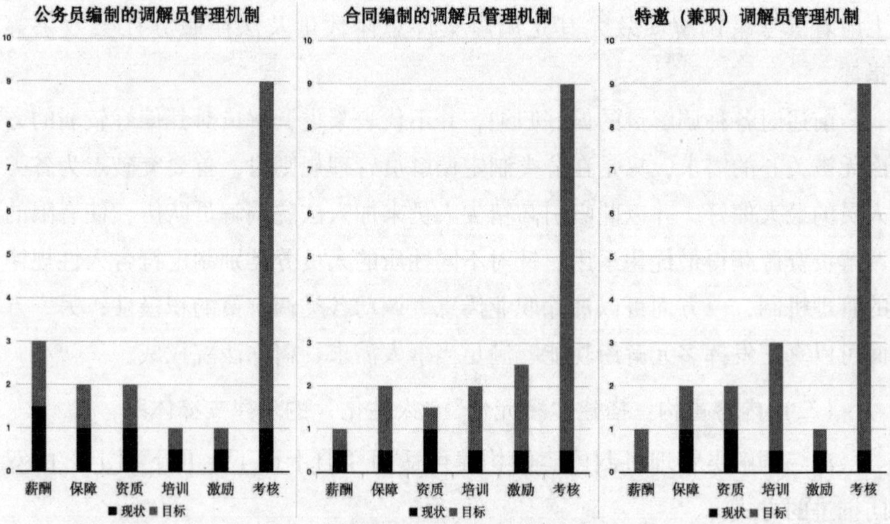

图 5　调解员管理实践的构想蓝图

笔者对涉及调解员管理的六模块进行数值化，并根据不同类型的法院调解员设计了图 5，当薪酬、保障、资质、培训、激励五模块的数值之和与考核模块的数值趋近时，则表明在管理方格中，"关心人"的维度和"关心业绩"的维度上数值都已基本对等，即通过补齐短板或增加长板的方式，促推法院调解员管理更具人性化，激发调解员的活力从而逐步进入"团队式管理模式"运作。

（1）对公务员编制的调解员管理机制的路径构建

对于保障，由于诉前调解是目前法院司法防线中的第一道前置防线，因此调解员的工作面临着相对较大的风险和身心压力，可对此类人员按月发放风险补助金；此外还可根据《最高人民法院关于建设一站式多元解纷机制一站式诉讼服务中心的意见》的内容，按调解员人数配备设置对应数量的

⑧ ［美］小奥利弗·温德尔·霍姆斯：《普通法》，冉昊、姚中秋译，中国政法大学出版社 2006 年版，第 1 页。

司法警察及安保人员专门保障调解员人身安全。对于资质，公务员编制的调解员普遍为法律专业毕业且通过司法考试，但此类调解员大部分年龄小经验浅，故在资质设定上明确增加年龄及工作阅历的门槛，以提升调解的权威性。对于培训，调解实质上需运用多元能力和复合知识，公务员编制的调解员作为调解的核心骨干，应确保时刻保持法律知识的更新，应明确此类人员的培训最低学时。对于激励，根据公务员编制的调解员的偏好分析，其更希望获得精神奖励，应设定在对于考核业绩优秀的调解员在评优评先中的加分细则以此调动调解员积极性。对于考核，应制定明确的综合调解质效、与诉讼相关的程序性工作完成程度、与法官团队衔接程度、法律服务社会效果等多方面的指标的加权考核公式［考核分数 F = a% 收案数 + b% 案件调解平均周期 + c% 调撤率 + d% 诉前解决辅助性审判事务率 + e% 本院法官评价 + f% 群众满意度评分］⑨ 来计算考核分数。

（2）对于合同编调解员管理机制的路径构建

对于薪酬，因为受到政策及财政资金的限制，大幅提升合同编制的调解员的薪酬仍较困难。对于保障，应在公务员编制的调解员保障基础上，增加购买人身意外险、对意外伤亡的调解员家庭成员的经济保障等内容。对于资质，应明确调解员的学历、专业等，并根据全国各地区的经济差异情况来确定合适的资质标准。对于培训，除规定明确的每季度最低学时之外，还需安排此类人员的跟班学时。对于激励，明确此类调解员按调解案件数来按件进行物质奖励，亦可根据各地区的经济差异情况来确定合适的资质标准。对于考核，根据权责对等理论，合同编制的调解员相比较公务员编制的调解员在前述五模块中的数值略低，因此考核内容应侧重于考核综合调解质效、与诉讼相关的程序性工作完成程度等，可适当降低标准对前述的加权考核公式的权重进行优化调整。

（3）对于特邀（兼职）调解员管理机制的路径构建

对于补贴，由于特邀（兼职）调解员的编制非归属法院，因此在这方面仅能从按调解案件数计算补贴来补齐数值，具体补贴来源及标准不可一概而论，宜以各地的财政收入及各行业的收入标准的百分比来确定。对于保障，与合同编制的调解员的待补齐内容一致，应在公务员编制的调解员保障

---

⑨ 该公式系笔者建议的考核通用公式，公式中的每个指标相应的权重（即 a%、b%、c%、d%、e%、f%）应结合权责对等理论根据不同类型的调解员进行设置。

基础上，增加购买人身意外险、对意外伤亡的调解员家庭成员的经济保障等内容。对于资质，需明确规定不同专业类型的调解员必须具备的从业经验证明或从业证书，并明确未受过刑事处罚及行政处罚等硬性准入要求以消除此类调解员良莠不齐的状态。对于培训，对非法律专业类的特邀调解员必须规定明确的法律培训的最低学时，对法律专业类的特邀调解员必须规定明确的实务培训最低学时。对于激励，应明确此类调解员按调解案件数来按件进行物质奖励，亦可根据各地区的经济差异情况来确定标准，同时可借鉴深圳市福田法院入选最高人民法院司法改革案例选编（九）的案例《建设高质量特邀调解员队伍，打造分类分级分层名册管理新模式》的内容对进行调解员等级评定⑩，以此来作为进行物质奖励、精神奖励的标准。对于考核，根据权责对等理论，特邀（兼职）调解员相比较专职调解员在前述五模块中的数值略低，因此考核内容应侧重于考核综合调解质效尤其是独立跟进案件的总体数量、法律服务社会效果等，同样可适当降低考核标准对前述的加权考核公式的权重进行优化调整。

结论

笔者在微观层次上以 G 省 J 市法院的调解员管理机制现状作为模型进行问题解剖，宏观层次上以理论研究的数据分析及法律文件的汇总分析来共同探寻反思；在推开问题的大门之后直面问题，提出法院调解员管理机制的优化路径蓝图。然由于时间精力限制，笔者以 G 省 J 市法院作为样本的容量较小。此外，对探索调解员管理机制新路径方面的仅限于框架性的论述，深度和精度较为欠缺，这是本文的不足之处。虽如此，笔者仍希冀本文对法院调解员管理机制的确立以及推进塑造多元解纷社会格局有所裨益。

（责任校对：吴虹静）

---

⑩ 案例内容参见“第三次入选福田法院这项改革入选最高人民法院《司法改革案例选编（九）》”，载搜狐网，https：//www. souhu. com/a/407860517 _ 120214184，2021 年 10 月 29 日访问。

《新加坡公约》背景下中国商事调解立法构想*

胡军辉　王　钰**

摘　要：《新加坡公约》签署后，我国商事调解面临诸多问题：商事调解市场需求增长而商事调解立法缺位、商事调解员队伍扩大而调解员水平良莠不齐、商事调解机构增多而管理水平不一、国际商事调解缺乏法律规范指引、公约项下商事调解难以嵌入现有调解规则体系以及国内现有制度框架下调解协议不具有强制执行力等。为此，学界提出各种立法策略，如将商事调解纳入《人民调解法》或者《民法典》，或融入《仲裁法》，或由"行政法规"过渡为"一般法律"等。然而，在公约背景下我国的商事调解立法适宜专门进行，同时需要在立法中明确商事调解收费制度、商事调解员资格准入机制、商事调解机构规范管理机制和商事调解协议执行机制及应对虚假调解机制，为我国商事调解提供规则指引。

关键词：新加坡公约；中国商事调解；商事调解立法

2019年，中国签署了《联合国关于调解所产生的国际和解协议公约》(以下简称《新加坡公约》)，公约旨在解决国际商事调解达成的协议的跨国认可与执行的问题。《新加坡公约》标题中英文表述"Settlement Agreement Resulting from Mediation"意即"由调解所产生的和解协议"。在我国制度框架下"和解协议"与"调解协议"存在根本区别，由于公约所涉对象是因

---

* **基金项目**：本文系湖南省教育厅科学研究项目"《新加坡调解公约》下我国商事调解制度的困境与应对"(19K092)的阶段性成果。

** **作者简介**：胡军辉，湘潭大学法学院教授，博士生导师。王钰，湖南岩铮律师事务所实习律师。

"调解"而产生的"和解协议"，因此，译为"调解协议"表意最为相符，原文直译而来的"和解协议"实际是指"商事调解协议"。《新加坡公约》的出台使得我国商事调解面临着新的挑战，一系列因中国商事调解立法缺位而导致的问题逐渐显露，中国商事调解立法势在必行。

一、中国商事调解立法必要性分析

（一）中国商事调解亟需规则指引

1. 商事调解需求增长而商事调解立法缺位

国际商会替代性争议解决中心（ADR）统计数据显示，2020 年其调解申请数量创历史新高①，根据新加坡国际商事调解中心（SIMC）官网数据显示，与 2019 年相比，2020 年受理商事调解的数量几乎翻了一番。② 可见，多国签署《新加坡公约》后，商事调解的市场需求日益增加，我国商事调解市场亦然。商事调解市场逐渐扩大，需要立法进行规范管理。然而，纵观我国现有商事争议解决体系，商事诉讼程序尚未专门化，商事仲裁尚未普及化，商事调解尚未市场化，商事谈判尚未规范化，导致商事争议解决服务供不应求。③ 在未签署《新加坡公约》之前，学界已有研究呼吁进行商事调解专门立法，而中国签署公约之后，这些问题愈加凸显。因此，我国需要制定商事调解法规，为商事调解市场提供有效规则指引。

2. 商事调解人才队伍扩大而调解员水平良莠不齐

随着我国商事调解需求的增长，商事调解人才的需求量也日益增长，需要商事调解立法来规范管理。第一，国际商事调解具有高度的复杂性、专业性、涉外性④，商事调解员应是国际化、专业化、职业化的高素质人才，其

---

① *ICC Announces Record 2020 Caseloads in Arbitration and ADR*, https://iccwbo.org/media-wall/news-speeches/iccannounces-record-2020-caseloads-in-arbitration-and-adr/, 2022 年 4 月 22 日访问。

② Singapore International Dispute Resolution Academy, *SIDRA International Dispute Resolution Survey*: 2020 *Final Report*, https://sidra.smu.edu.sg/sites/sidra.smu.edu.sg/file/survey/index.html, 2022 年 4 月 22 日访问。

③ 黄忠顺：《论商事调解的市场化》，载《人大法律评论》2020 年第 1 辑（总第 31 辑），法律出版社 2020 年版。

④ 廖永安：《我国发展"一带一路"商事调解的机遇、挑战与路径选择》，载《南华大学学报（社会科学版）》2018 年第 4 期。

通常需要熟悉国际商事法律、商业规则和交易习惯，必须具备较强的调解能力、谈判能力和外语能力，以及特有的中立思维、共赢思维和商业思维。⑤目前，我国调解员的任职要求不高，调解员专业水平高低不齐，《新加坡公约》的签署使得商事调解获得蓬勃发展空间的同时，也对调解员专业技能提出了更高的要求。第二，商事调解对调解员的要求更高，但现有制度难以保障商事调解员获得相匹配的收益，专业调解员的物质保障要求为商事调解带来了新的挑战。因此，需要制定商事调解法为商事调解员提供必要保障，并激励具备商事调解专业技能的人才加入商事调解队伍。同时，对调解员进行规范化管理，建立资质准入制度。

3. 商事调解机构增多而各机构管理水平参差不齐

随着《新加坡公约》的签署，我国商事调解机构日益增多。截至目前，商事调解机构模式主要有以下几种：一是经贸商事调解中心；二是商事调解专门协会；三是律师调解工作室；四是个人调解工作室等。虽然商事调解机构内部设有管理性规章制度，但是缺少外部的、统一的管理标准。经贸商事调解中心和商事调解专门协会多设立在上海、深圳等沿海经济发达地区，其对机构的管理水平较高，也能良好地运营和处理国际商事纠纷。而律师调解工作室和个人调解工作室仍然仅适合处理《人民调解法》规范下的民间纠纷，难以驾驭《新加坡公约》下的国际商事纠纷。因此需要制定商事调解法对商事调解机构进行规范管理，对一些水平层次较低的调解机构不授予国际商事调解资质，支持具备条件的商事调解中心、专门协会或律师调解工作室进行商事调解，对商事调解机构进行分流、分级，将使得商事调解机构的管理更规范与协调。

（二）中国签署《新加坡公约》后面临的困境

1. 我国国际商事调解缺乏法律规范指引

目前我国商事调解并无专门立法，更缺乏专门针对国际商事调解的立法。虽然我国也逐渐制定了一些规范性文件和地方性法规，民间商事调解机构也有其内部约束，但都不足以实现与《新加坡公约》的良好衔接。代表性规范性文件如2018年《关于建立“一带一路”国际商事争端解决机制和机构的意见》和2019年《关于加快推进公共法律服务体系建设的意见》。

⑤ 沈四宝：《商事调解员的素质及思维》，载《商事仲裁与调解》2020年第1期。

前者支持具备条件、在国际上享有良好声誉的国内调解机构和有条件的律师事务所可开展或参与涉“一带一路”国际商事调解，且该调解协议可经过司法确认获得强制执行力；后者提出要推动建立国际商事调解组织，完善律师调解和商事调解制度。地方性法规如2015年《厦门经济特区多元化纠纷解决机制促进条例》、2017年《黑龙江省社会矛盾纠纷多元化解条例》和《福建省多元化解纠纷条例》、2018年《安徽省矛盾纠纷多元化解促进条例》、2022年《深圳经济特区矛盾纠纷多元化解条例》等，对商事调解的案件范围、运行模式、收费标准与依据等进行了概括的规定。民间商事调解机构也进行了内部规定，如《北京融商一带一路法律与商事服务中心一带一路国际商事调解中心调解规则》对商事调解的适用范围、调解员的选任、调解方式与调解员的权利义务、保密、收费等方面进行了规定；如《上海经贸商事调解中心调解规则》对商事调解的宗旨、定义和适用范围、调解依据和规则选择、调解程序、调解费用和效力等进行了规定；再如《潍坊市商事调解中心调解规则》对调解的申请主体和流程进行了规定，明确未达成调解协议，调解程序可转化为仲裁程序。

综上，我国商事调解已有规则层面的探索，但是缺乏统一且具体明确的商事调解法。根据《新加坡公约》的序言，公约是“就调解所产生的国际协议确立一种可为法律、社会和经济制度不同的国家接受的框架”，因而多为概括性规则。我国上述制度规范并无实现与公约对接的改革创新规定，导致无法实现与《新加坡公约》的良好衔接。

2. 公约项下的商事调解难以嵌入现有调解规则体系

第一，《人民调解法》不适用于国际性商事调解。从《新加坡公约》第1条⑥关于适用范围的规定来看，公约仅适用于调解所产生的、当事人为解决商事争议而以书面形式订立的协议，将个人消费、居家、家庭或继承就业发生争议而达成的调解协议排除在外，而这些被公约排除的纠纷恰好是《人民调解法》的主要适用范围。另外，公约适用于调解所产生的、当事人为解决国际性商事争议而以书面形式订立的协议。公约规定至少有两方当事

---

⑥ 《联合国关于调解所产生的国际和解协议公约》（即《新加坡调解公约》）第1条适用范围的规定：“1. 本公约适用于调解所产生的、当事人为解决商事争议而以书面形式订立的协议（‘和解协议’）……2. 本公约不适用于以下和解协议：(a) 为解决其中一方当事人（消费者）为个人、家庭或者家居目的进行交易所产生的争议而订立的协议；(b) 与家庭法、继承法或者就业法有关的协议。”

人在不同国家设有营业地，且不要求当事人须为缔约国国民以及和解协议作出地必须为缔约国。⑦ 协议的“国际性”以营业地为标准。然而，《人民调解法》并无专门针对国际性商事调解的规定，人民调解所规范的主要是国内的各项调解。因此，我国《人民调解法》范围与公约的适用范围不一致。

第二，司法调解不足以解决公约项下我国商事调解领域存在的问题。司法调解又称法院调解或诉讼调解，是人民法院在审理案件过程中，依照民事诉讼法的规定对当事人进行普法宣传教育和思想疏导工作，引导当事人通过调解的方式解决纠纷的活动。其本质是法院行使审判权快速实现“案结事了”的诉讼活动。司法调解的适用范围非常广泛，并无专门针对商事调解的规定。根据《新加坡公约》第 2 条规定，公约排斥司法调解。虽然，公约不否认法官或者仲裁员可以兼任商事调解员，但是在程序上并非诉讼程序，而是在其诉讼程序之外的专门的商事调解程序。

第三，行政调解不足以解决公约项下我国商事调解领域存在的问题。行政调解是由行政机关主持，通过说服教育的方式使得民事纠纷或者轻微刑事纠纷当事人达成调解协议化解纠纷的方式。行政调解和人民调解一样都是诉讼外调解，且适用范围比较宽泛。而《新加坡公约》项下的调解是“国际性的商事调解”，一些国际性商事纠纷自然也并不太适宜适用行政调解的方式来处理。

3. 国内现有制度框架下调解协议不具有强制执行力

《新加坡公约》承认与执行条款主要体现在其第 3 条和第 4 条，分别规定了执行的一般原则以及赋予执行力应满足的具体条件。公约第 3 条第 1 款概括性地赋予商事调解协议强制执行力，规定表明《新加坡公约》首要原则仍是要尊重执行国本国法关于执行的程序规定，同时也必须符合公约的执行条件。根据《新加坡公约》第 3 条第 2 款规定，对于援引公约规定业已达成的商事调解协议，可以在因此发生的相关争议中被援引，以证明该事项已得到解决。《新加坡公约》第 5 条规定了执行条件的否定性规定，包括当事人需要提供的证明和主管机关可拒绝准许救济的情形。可见，《新加坡公约》在满足公约规定的条件下，赋予国际商事调解协议直接的强制执行力，但是在国内目前的法律制度框架下，调解协议仅具有合同效力，并不直接具

---

⑦ 赵平：《论多元化纠纷解决机制下的〈新加坡调解公约〉》，载《经贸法律评论》2019 年第 6 期。

有强制执行力，而是需要经过司法确认方能申请强制执行。这一效力冲突不利于公约在我国实现落地执行。

4. 我国现行调解制度一定程度上减损了公约项下商事调解的优势

司法调解具有“裁判式”的特点，以“事清责明”为标准。⑧ 而商事调解具有一定的灵活度，并非“非黑即白”的硬性裁判，较于司法裁判有更多的选择空间。我国的法院调解制度因与结案率挂钩而出现强制调解或变相强制调解的现象，一定程度上减损了调解先天具有的民间性、自愿性优势。⑨ 这既不是商事调解的预期目的，也与《新加坡公约》背景下商事调解的应有功能不符。《新加坡公约》项下的国际商事调解排斥司法调解和仲裁调解，是独立的一项调解程序。而我国目前并没有立法将商事调解单列出来系统完整地进行规定，而是概括模糊的散见于《民事诉讼法》《仲裁法》《人民调解法》等法律法规，这一定程度上掩盖了商事调解本应具有的优势。

二、中国商事调解立法模式分析

学者们对于我国应采取何种商事调解立法模式来应对《新加坡公约》签署后的挑战进行了研究和讨论，提出如下几种思路：

（一）将商事调解纳入《人民调解法》

随着国内调解方式日益多元化，现行《人民调解法》已经愈发难以适应和指引商事调解、行业调解、律师调解等新类型调解的发展。⑩ 国内有学者提出可在《人民调解法》的基础上进行相应的修改，将商事调解的法律规定加入其中，从而满足商事调解的发展需求。⑪ 然而，商事纠纷当事人选

---

⑧ 陆晓燕：《“裁判式调解”现象透视——兼议“事清责明”在诉讼调解中的多元化定位》，载《法学家》2019 年第 1 期。

⑨ 李浩：《当下法院调解中一个值得警惕的现象——调解案件大量进入强制执行研究》，载《法学》2012 年第 2 期。

⑩ 《“〈新加坡公约〉与中国调解制度”研讨会成功举行》，载中国法学网，Singapore International Dispute Resolution Academy，*SIDRA International Dispute Resolution Survey*：2020 *Final Report*，https：//sidra. smu. edu. sg/sites/sidra. smu. edu. sg/file/survey/index. html，2022 年 4 月 22 日访问，2022 年 4 月 30 日访问。

⑪ 段明：《〈新加坡调解公约〉与中国商事调解的立法选择》，载《商事仲裁与调解》2021 年第 2 期。

择人民调解方式解决纠纷的意愿不强，而更愿意选择专门的商事调解机构，原因主要是：

第一，我国的调解制度以《人民调解法》为核心，行政化色彩浓厚。[12]根据《人民调解法》第4—6条规定，人民调解免费，但政府给予必要的经费支持和保障，且由司法行政部门负责指导，法院对其进行业务指导。可见，《人民调解法》之下的调解行政化色彩浓厚。然而，根据商事调解机构在国内外实践运行模式来看，商事调解机构的运行模式更适合市场化运行，由国家行政部门宏观调控即可，而不宜像人民调解一样接受直接指导。《新加坡公约》项下均是国际商事纠纷，更适合给予当事人更多意思自治空间，行政部门不宜过多干涉，且行政部门干涉过多或将激发国际矛盾。

第二，人民调解与商事调解存在明显区别。人民调解主要由《人民调解法》进行规范，而人民调解与商事调解在价值定位和程序规则等方面均存在明显差异。例如，人民调解组织是群众性自治组织，在司法实践中带有"行政化"色彩，而商事调解组织是非营利性组织，带有"商业化"色彩，适合"公司化运营模式"；人民调解因有行政补贴而具有公益性，不收取调解费用，而商事调解需要收费，收费由市场调节；人民调解员不要求具有法律甚至是商事领域的专业素养和技能，更多的是具有大众化色彩的"万金油"式调解员，而商事调解员职业化色彩浓厚、专业性强。[13] 这些差异在《新加坡公约》项下的国际商事调解与《人民调解法》之下的调解之间体现得更为明显。

因此，将商事调解纳入《人民调解法》规范中并不适宜。

（二）将商事调解融入《仲裁法》

有学者考虑到国内商事调解立法尚不成熟，短期内也不可能纳入全国人大常委会立法规划，而当前又迫切需求尽快完善国内的商事调解法律制度，因此提出可以将商事调解法律融入仲裁法，甚至可以制定一部新的"仲裁

---

[12] 邓春梅：《中国调解的未来：困境、机遇与发展方向》，载《湘潭大学学报（哲学社会科学版）》2018年第6期。

[13] 段明：《〈新加坡调解公约〉的冲击与中国商事调解的回应》，载《商业研究》2020年第8期。

与调解法"。⑭

这种立法方案存在一定的局限性。第一，将商事调解纳入《仲裁法》并不能充分发挥商事调解本应具有的优势。商事调解本应区别于仲裁，其本身就具有独特的灵活性和高效解决纠纷的特点，若纳入仲裁法中，与将商事调解纳入诉讼程序中的做法并无太大差异，恐无法赋强商事调解本身优势。第二，商事调解机构的调解和仲裁中的商事调解存在区别。仲裁中的调解被《新加坡公约》排除在适用范围之外，而且仲裁程序中的调解，究其本质仍然是仲裁程序，这与独立专门的调解存在本质区别，同样与国内外已存在的专门商事调解机构进行的商事调解存在本质区别。因此，商事调解不宜融入《仲裁法》。

（三）将商事调解法纳入民事法典

有学者提出，将商事调解法纳入行政法规中，制定"商事调解暂行条例"，然后逐步过渡到民法典专篇。⑮ 该学者建议商事调解立法体系的构建采取"三步走"递进式构建方案：第一步是制定行政法规"商事调解暂行条例"；第二步将《人民调解法》转化为综合"调解法"，设立商事调解专章；第三步在讨论制定"民事法典"的过程中，设置"协商解决纠纷"专篇，下设调解专章，商事调解为调解专章的一部分。

然而，这与我国立法发展现状与趋势不相符。按照上述学者的思路，先有商事调解暂行条例再设立商事调解专章，然后将之融入《民事典》。虽然具有一定的可行性，但是，目前我国已经有一部比较成熟的《民法典》，短时期内预计不会进行较大的修改，将商事调解融入《民法典》恐有一段相当漫长的路程。因此，这种立法模式无法迅速解决《新加坡公约》签订后的困境与问题。

（四）先"行政法规"再"一般法律"

商事调解立法是从无到有，难以一蹴而就，而且从目前国内立法机关的工作计划来看，商事调解立法还未纳入立法议程。有鉴于此，有学者提出先制定"行政法规"再逐步过渡为"一般法律"两步走的商事调解立法策略，

---

⑭ 段明：《〈新加坡调解公约〉与中国商事调解的立法选择》，载《商事仲裁与调解》2021 年第 2 期。

⑮ 周建华：《商事调解立法体系的递进式构建研究》，载《北京理工大学学报（社会科学版）》2022 年第 5 期。

或许更为符合当前的立法现实。具体方法如下：充分利用行政法规方面的立法权限，在尚未制定一般法律的情况下先行制定相关行政法规。在满足党的路线方针政策和决策、改革实践经验基本成熟和由国务院负责制定这三个方面条件的情况下，结合当前国内商事调解的发展程度，以及回应《新加坡公约》的落地需求，制定“商事调解条例”完全符合以上条件。[16]

这种立法策略具有一定的科学性，立法是一个漫长的过程，若先制定商事调解行政法规，再逐步过渡为一般法律，也是符合立法规律的。但需要注意的是，我国已有许多地区就 ADR 机制设立了地方条例，在这些条例中都制定了商事调解的专门规定，表明我国商事调解立法已经完成了一些必要的过渡，现已具备一定的条件制定独立的商事调解法。当然，独立的商事调解法仍可以采取先地方试点再普及全国的过渡型立法策略。

（五）将商事调解纳入地方性法规

自 2015 年开始，我国部分地区陆续针对矛盾纠纷多元化解决机制制定地方性法规，这些法规中包含了对商事调解的相关规定。典型地区代表为：厦门经济特区、深圳经济特区、黑龙江省、福建省和安徽省。这些地区在矛盾纠纷多元化解条例中对商事调解的适用范围、组织和流程、调解员选任和收费等都做了概括的规定。目前颇受关注的是 2022 年的《深圳经济特区矛盾纠纷多元化解条例》（以下简称《深圳多元条例》），即是采取将商事调解纳入地方性法规中某一章节的局部立法模式。《深圳多元条例》是我国对商事调解立法模式的初探，深圳充分利用了作为我国经济特区的地方立法优势，在地方性法规中设置专节对商事调解进行立法，是我国商事调解立法领域的一大进步。

然而，仅依靠地方性法规来实现公约的落地执行并不长久可行。这些条例规定并不能满足商事调解的专业性、独立性和国际性的需求。此外，这些法规仍然未明确直接赋予商事调解协议强制执行力，无法实现与《新加坡公约》的立法衔接。

（六）制定一部统一专门的《商事调解法》

我国签署《新加坡公约》后，部分学者呼吁利用签署公约的契机，制

---

⑯ 段明：《〈新加坡调解公约〉与中国商事调解的立法选择》，载《商事仲裁与调解》2021 年第 2 期。

定一部系统完备的“商事调解法”。如前所述，《新加坡公约》的签署给我国商事调解领域带来许多挑战，如商事调解需求增长而商事调解立法缺位、商事调解人才队伍需扩大而调解员水平良莠不齐、商事调解机构增多而机构管理水平不一等。我国商事调解的制度体系亦存在诸多问题，如国际商事调解缺乏法律规范指引、公约项下的商事调解难以嵌入现有调解规则体系、国内现有制度框架下调解协议不具有强制执行力等。要解决这些问题并实现与《新加坡公约》的良好衔接，需要进行大刀阔斧的改革，要突破我国现有的调解制度，改变商事调解在原有法律体系中的地位和作用。若非制定一部统一专门的“商事调解法”，恐不能完成上述任务。域外也多采用统一型立法模式。自2002年联合国国际贸易委员会通过《国际商事调解示范法》以来，多国受此影响制定了统一商事调解法。美国的《统一调解法》调整商事主体之间的纠纷；2005年，加拿大的《统一（国际）商事调解法》对调解的目的、范围、程序和协议的强制执行等作了规定；2017年，贝宁、布基纳法索、喀麦隆、马里和尼日利亚等非洲国家制定了《统一调解法案》，该法案由非洲统一商法组织制定。[17] 新加坡、斐济和卡塔尔、沙特阿拉伯、白俄罗斯和厄瓜多尔等国批准《新加坡公约》后，为了有效地执行公约，这些国家也在积极地全面调整国内立法。

关于为何要统一立法，谢怀栻老先生曾说：“像我国这样的单一制国家……在法律方面也应该是统一的。……（在美国）有些重要商事法律、特别是州际货易的法律，只能由联邦统一立法，而像公司法等，虽仍由州立法，但各州立法差异不大，也日趋于统一。”制定全国统一的“中国商事调解法”是对现有的商事调解法规与政策进行统摄性的规范约束，并对《新加坡公约》进行回应，系商事调解领域的“上位法”。在此之下，地方仍可制定相关的下位法，以因地制宜配合地方个性。我国多地已制定商事调解地方性法规，一方面，体现了我国在商事调解立法方面具有个性化的立法经验；另一方面，部分地区有商事调解法规，部分地区无商事调解法规，缺乏统一商事调解立法，也造成了地区间的不平衡。

同时，商事调解统一立法与分散立法相比有许多优势，比如：第一，统一立法可以使得商事调解成为处理商事纠纷的独立选项更加明确；第二，将散见于地方的商事调解法规和商事调解自律规约规范整合统一立法可以为商

---

⑰ 赵毅宇：《中国商事调解立法研究》，湘潭大学2020年博士学位论文。

事调解提供全国统一的法定标准；第三，统一立法与分散立法并不矛盾，与作为下位法的分散立法相比，全国统一的商事调解立法作为上位法更能统摄全国；第四，与分散立法相比，全国统一的商事调解立法以国家强制力作为后盾具有更高的权威性，更能规范管理全国的商事调解行为。

因此，我国商事调解立法采用统一型立法更符合当前国内外形势和回应《新加坡公约》的立法需求。

三、中国商事调解立法若干具体构想

如前文所述，为了系统地解决我国签署公约之后商事调解领域日益凸显的问题，我国商事调解立法适宜独立专门立法。“商事调解法”宜参照《人民调解法》的体例与结构进行设置，分总则、分则、附则三个部分。其中，总则部分包括立法目的、商事调解的定义、应遵循的原则、指导和主管部门等内容；分则部分应包括商事调解机构的规范管理机构、商事调解员的资格认证机制、调解程序、商事调解协议的执行与救济、虚假调解与调解员违反职业操守的制裁措施；附则部分规定《新加坡公约》项下的国际商事调解可参照适用等引致条款，以及本法规生效条款。同时，在专项立法过程中注意把握如何规定以实现与《新加坡公约》的良好对接。商事调解专门立法应包括以下若干重要制度：

（一）明确商事调解收费制度

商事调解应当可以收取合理费用。在域外实践中，商事调解也需要收费，如美国法院调解是免费的，但私人调解是收费的。⑱ 商事调解收费具有合理性。首先，商事调解机构的运行机制决定了其应当收费。商事调解机构与我国人民调解委员会、行政机关、法院等具有调解职能的部门不同，人民调解享有政府必要的经费支持和保障，商事调解机构的性质属于社会团体或者非企业法人，其不能仅依靠政府的补贴支持，主要是独立经营，自负盈亏。商事调解机构是市场主体，需要依靠经营所得来维持生存和扩大经营规模，若无经营收入，即使有政府少量补贴也难以生存与发展。⑲ 其次，商事

⑱ 李政：《ADR 视野下私人调解的程序和效力——以美国 JAMS 公司为例》，载《法学杂志》2009 年第 11 期。

⑲ 龙飞、江和平：《商事调解收费制度的构建》，载腾讯网，https：//new. qq. com/rain/a/20200921A0HPX700，2022 年 4 月 22 日访问。

调解并不必须继承调解服务的公益性。就调解组织而言，其需要维持营利性与调解服务社会性之间的平衡，保证调解组织非以营利最大化为直接和最终目的。[20] 商事调解机构也需要维持这种平衡。因为商事调解组织对于调解员的专业技能与素养要求必定会更加严格，且培养具有专业技能和素养的商事调解员需要投入高额成本。商事调解费用收费过低，难以吸引高素质人才成为专职商事调解员。另外，商事调解商业化色彩浓厚，公益化运营难以激励专业化人才，也难以获得当事人对商事调解员专业水准的信赖。最后，目前我国地方性立法已有收费相关规定，商事调解机构也有收费实践，为商事调解立法提供了参照。《深圳多元条例》第 38 条规定，商事调解组织可以收取调解服务费。2019 年成立的深圳蓝海商事调解中心对商事调解收费也作出了规定，特邀调解组织可以协商向当事人收取合理的服务费。[21] 2020 年 9 月修订的《上海经贸商事调解中心收费办法（试行）》中规定，商事调解收费分为案件管理费和调解费。[22] 这都为我国商事调解立法提供了有益的参考。

商事调解收费应当根据市场行情，综合考虑调解员报酬和商事调解组织运行费用制定收费标准。具体收费标准，根据各个地区经济发展水平来订立标准，具体收费金额由市场调节，同时综合考虑具体案件的性质和复杂程度以及所选择调解员的水平层次来确定。

在具体收费规则方面应从以下方面进行规定：第一，商事调解机构可以收取管理费，具体收费标准由商事调解机构根据市场行情确定，同时需要征得商事调解当事人的同意，费用承担可以由当事人自行约定。第二，商事调解机构可以收取调解费，调解费用既可以由调解员与当事人根据案件性质与复杂程度自由协商约定，也可以规定比例收费，具体比例根据各地区经济发展状况来确定。第三，商事调解机构可以针对疑难复杂案件进行收费，可以明确商事调解员可以根据案件性质、案件争议复杂情况和标的额是否明确等

---

[20] 罗杜：《调解的公司化作模式探讨》，湘潭大学 2013 年硕士学位论文。

[21] 深圳市蓝海法律查明与商事调解中心：《商事调解业务介绍》，载深圳市蓝海法律查明和商事调解中心官网，http://www.bcisz.org/html/tjywjs/，2022 年 4 月 27 日访问。

[22] 上海经贸商事调解中心：《上海经贸商事调解中心收费办法（试行）》（2020 年 9 月修订），载上海经贸商事调解中心官网，http://www.scmc.org.cn/page111?article_id=77，2022 年 4 月 27 日访问。

情况来确定是否按小时收费，具体收费标准可以根据市场行情和所选调解员的层次水平来确定。第四，明确调解费的缴付方式可由商事调解机构自行确定。第五，各方当事人参与调解活动产生的其他开支应由各方自行负责，如因开庭、调查等办案需要产生其他费用的，在征得当事人同意后，相关开支由各方当事人共同承担，当事人另有约定的除外。

（二）建立商事调解员资格认证准入机制

为商事调解员设置准入门槛有以下几点缘由。首先，为确保商事调解案件的质量，回应《新加坡公约》商事调解的需求，中国商事调解立法应明确建立高标准的职业资格认证准入机制，建设一支高层次、高水平、专业化、职业化的商事调解员人才队伍。其次，调解员在商事调解中有着举足轻重的作用，必须具备商事方面专业素养和高超的调解技能。商事调解涉及标的数额大、法律关系复杂的商事纠纷，有时甚至是国际性商事纠纷，其调解的全过程都需要调解员运用高超的调解技能与当事人进行良性的沟通与互动。最后，需要建立严格、高标准的商事调解员资格认证机制来对接直接赋予商事调解协议强制执行力的规定。若商事调解立法能明确赋予商事调解协议强制执行力，使其获得和司法审判程序产生的裁判结果和仲裁裁决程序产生的裁决结果一样的效力，将能使得商事调解发挥其本应具有的最大效能。但前提条件之一是建立严格、高标准的商事调解员资格认证准入机制，保证经过商事调解组织调解之后的案件质量与经过法院与仲裁机构处理过的案件一样，能经得起法律、当事人和社会的考验，实现良好的法律效果和社会效果。

在具体规则方面应从以下方面进行规定：第一，任职商事调解员的基本条件。①有正确的政治站位，遵纪守法，无违法犯罪记录，尊重并维护当事人合法权益；②志愿从事调解工作，且为人正直、勤勉热情、办事高效；③遵守本法和调解机构的《调解规则》《调解员守则》；④全日制大学本科以上（含本科）学历；⑤具备商事调解方面专业的法律素养；⑥70 岁以下的年龄，若身体健康状况良好、有丰富商事调解经验可适当放宽；⑦经过商事调解专业的资格认证培训并取得合格证；⑧原则上具备一门以上外语沟通技能，调解业务急需的人才可适当放宽条件。

第二，任职商事调解员的专业背景。商事调解员须具备以下专业背景条件之一：①系具有高级职称的经济贸易、法律教学和研究工作的从业者；②从事经贸实务工作 5 年以上，熟悉商事调解领域法律法规和商事贸易领域的行业规范及专业知识，并已获得相关高级职称或同等专业水平认证；③曾担任10年以上法官、检察官，长期从事民商事审判、检察工作；④具有不少于10年执业律师经历，具备较高的业务水平和良好的职业声誉；⑤从事商事领域立法、执法或其他法律实务工作时间不少于10年，有丰富的商事调解理论和实践经验储备。

第三，港澳台人士和外籍人士任职调解员的条件。港澳台人士和外籍人士申请任职商事调解员，必须具备上述任职商事调解员的基本条件与专业背景，同时还须具有较好的汉语表达能力，且熟悉掌握中国经贸商事领域相关的基本法律规定。

第四，建立商事调解员职业资格考试制度，要求参考人员具备上述条件之一。同时，鼓励外籍人员参加商事调解员职业资格考试，吸引国内外具备商事调解能力的专业人员通过这一考试准入制度成为合格的商事调解员专业人才。通过这种专业化、职业化、门槛高的考试准入制度，使得商事纠纷当事人更加愿意选择商事调解方式解决纠纷争端。

（三）建立商事调解机构规范管理机制

我国需建立商事调解机构规范管理机制。首先，通过对国内商事调解机构现有模式进行分析，需要统一专门的商事调解法进行规范管理。截至目前，商事调解机构模式主要包括经贸商事调解中心、律师调解工作室和个人调解工作室。然而，这些商事调解机构的水平参差不齐，各项管理制度也并不统一，建立专门的商事调解法，将能更好地规范管理商事调解机构。其次，在《新加坡公约》背景下，我国的商事调解机构运行模式要实现与国际接轨，实现与公约的良好衔接，需要专门的商事调解法进行规范。因为在商事调解领域，国内已存在多种形式的商事调解机构和组织，且很多现存的商事调解机构、组织已运行多年，运转良好，现存的商事调解机构仍有存在的价值和发展意义，不能盲目地“废、改、立”。关于现存商事调解机构的留存与发展需要商事调解法进行明确规定。

在具体规则方面应从以下方面进行规定：第一，明确商事调解机构的性质为经营性机构，不以营利为目的，是根据“商事调解法”成立的机构。第二，商事调解机构批准成立方面。现已存在的商事调解机构继续按照其现有方式存在，新成立的商事调解机构则由司法行政部门批准，依法登记为经营性机构。商事调解组织和其他非营利性组织一样，须具有独立的组织章程、调解规则，以及名称、住所、人员和资产。第三，商事调解机构运行模式方面。在中国专门的商事调解立法中可以明确规定商事调解机构实行公司化运营模式，自负盈亏。商事调解机构不以营利最大化为最终目的，但是根据其公司化运营模式的属性，需要自负盈亏，政府可以给予一定的政策补贴，但是为了持续运营，从国内外已有的商事调解机构或者组织的运营模式来看，商事调解机构以公司化模式运营较为适宜。第四，商事调解机构的管理模式方面。参照《深圳多元条例》规定，在立法中明确规定，商事调解机构实行行业自律，司法行政部门对商事调解活动进行业务指导和监督，并定期向社会公开监督管理情况。商事调解行业自律组织定期对商事调解机构进行等级评定，并通报司法行政部门和人民法院。

总之，在商事调解立法中需明确商事调解机构的性质为经营性机构，但是在组织形式上采用公司化模式运营，并成立商事调解行业协会实行行业自律，而且由司法部进行统摄性指导和监督，各地区的司法局对本地的商事调解机构进行指导和监督。

（四）建立商事调解协议执行机制

我国建立商事调解协议执行机制有以下缘由。首先，实现与《新加坡公约》的良好衔接。如前文所述，《新加坡公约》赋予商事调解协议跨国认可与执行的效力，若我国赋予商事调解协议强制执行力，将能很好地实现与公约的对接，保证公约落地与执行。其次，赋予商事调解协议强制执行力并未削弱司法权威。当代司法活动的社会化趋势并未弱化司法的权威性，而是借助司法的权威增强其他社会活动的司法权威的统摄性。[23] 目前国内赋予商事调解协议强制执行力的途径是司法确认程序，实际上削弱了商事调解的存在价值，也并未达到减轻司法机关“诉累”的效果，且阻碍彰显司法权威的统摄性。为解决上述问题，须赋予商事调解协议强制执行力，这是效益理念的集中体现。[24] 再次，域外存在为调解协议直接赋予强制执行力的先例。1996 年，印度以联合国贸易法委员会《调解规则》为基础制定《印度仲裁与调解法》，该法第 74 条规定，调解达成的和解协议的地位和效力视同仲裁庭根据《印度仲裁与调解法》第 30 条就争议的实质方面作出的基于商定

㉓ 张一博：《司法确认后诉外调解协议的法律效力》，载《法治论坛（2014 年第 3 辑）》，中国法制出版社 2014 年版。

㉔ 孙志煜、沈旦：《浅议“一带一路”背景下国际商事和解协议的强制执行效力》，载《法治论坛（2021 年第 2 辑）》，中国法制出版社 2021 年版。

条款的仲裁裁决。[25] 再次，赋予商事调解协议强制执行力是实现与公约衔接的立法需要。从《新加坡公约》的批准情况来看，截至目前，已有新加坡、斐济、卡塔尔、沙特阿拉伯、白俄罗斯和厄瓜多尔等国批准《新加坡公约》[26]，公约批准生效后，当事人可以直接向签署并批准该协议国家的法院提出执行申请，实现调解协议的跨境执行。最后，赋予商事调解协议强制执行力更能发挥其应有的效能。波斯纳认为，有效利用自然资源、最大程度地增加社会财富为是所有法律活动和全部法律制度的目的，并提出“正义的第二种意义就是效益”来回应对该理论的质疑。[27] 赋予和解协议直接的强制执行力是效益理念的集中体现。[28] 如果商事调解协议最终仍然需要通过司法确认程序来实现执行，而当事人经过商事调解程序最终仅得到一个新的“契约”，一方面阻碍了商事调解应有效能的发挥，另一方面也减损了法律途径解决纠纷的效益。这明显与商事调解设立的初衷相违背。

在具体规则方面应从以下方面进行规定：第一，充分尊重当事人意思自治。根据《新加坡公约》第 8 条关于保留的规定，公约的适用也须尊重当事人的意思自治，公约适用需要征得当事人的同意。因此，如果双方当事人仅仅需要商事调解协议具有新“契约”性质，或仅需要得到一个“确认法律关系”的效力，则不赋予该商事调解协议强制执行力，而是最终得到一个“确认法律关系”的调解结果；如果当事人需要让最终的商事调解协议具有强制执行力，则双方当事人可以约定选择让商事调解协议具有强制执行力，但前提是调解程序的严格程序化，比如，针对该类调解案件制定严格的事先审查机制和应对虚假调解等配套机制。第二，司法执行机关经形式审查后即可启动执行程序。如果能在充分尊重当事人意思自治的情况下，对部分商事调解协议直接赋予强制执行力，司法机关对于该商事调解协议无需实质审查，仅作形式审查之后即可执行。

---

[25] 《印度仲裁和调解法》，载北京仲裁委员会官网，http://www.bjac.org.cn/news/view? id=1088，2022 年 4 月 12 日访问。

[26] 中华人民共和国商务部经贸新闻《〈新加坡调解公约〉正式生效》，载中华人民共和国商务部官网，http://by.mofcom.gov.cn/article/jmxw/202009/20200903002931.shtml，2022 年 4 月 25 日访问。

[27] 陈瑞华：《程序正义理论》，中国法制出版社 2010 年版，第 66—69 页。

[28] 孙志煜、沈旦：《浅议“一带一路”背景下国际商事和解协议的强制执行效力》，载《法治论坛（2021 年第 2 辑）》，中国法制出版社 2021 年版。

（五）建立应对虚假调解的规制机制

我国需建立应对虚假调解的规制机制。首先，虚假商事调解危害巨大。虚假调解指的是当事人采取隐瞒或欺诈的方法，恶意串通，虚构民事法律关系或法律事实，以损害案外第三人利益或公共利益为目的，利用法院调解程序获得法院因此作出的错误调解协议的一种不正当的诉讼行为。㉙ 如果我国商事调解立法赋予商事调解协议强制执行力，而无配套的机制应对虚假调解，可能会导致虚假调解泛滥，损害司法权威，影响社会和谐稳定。其次，商事调解的保密性及其功能定位要求建立应对虚假调解机制。商事调解和调解一样具有保密性，且要求更加严格。中国已签署《新加坡公约》，一旦批准与执行，商事调解协议将据此拥有跨国认可与执行的效力。如果当事人与调解员勾结虚假调解，同时背靠《新加坡公约》的力量获得跨国的认可与执行的效力，将损害他人和社会利益，甚至是国家利益。现行法的事后规制的手段不足以实现在事前预防虚假调解的效果。

在具体规则方面应从以下方面进行规定：第一，建立商事调解的事前审查机制。可以考虑在规范化的商事调解组织中设置专门的事前审核部门，该审核部门由实务经验丰富的资深调解员组成，对预调解事项进行调解前的审核。主要审核对象为商事争端的真实性，如果商事争端真实存在，则在经过审核负责人签字确认后进入下一个调解阶段；如果商事争端系虚假事项，则事前审核负责人可以拒绝签字或者签署系虚假调解、不建议进入下一阶段调解的意见。且在商事调解立法中明确规定事前审核负责人的个人责任，一旦出现虚假调解，将追责到个人。第二，设置执行异议制度。可以参照《民事诉讼法》和《最高人民法院关于人民法院办理执行异议和复议案件若干问题的规定（2020 修正）》等相关法律法规及相关司法解释中关于执行异议制度的规定来制定㉚，特别是需要规定在对国际商事调解协议执行时，一旦发现系虚假调解或者是存在其他侵害国家利益、集体利益和第三人利益的情形，可以通过执行异议制度申请中止或者终止执行。第三，设置严厉的惩罚制度。在商事调解立法中明确规定对虚假商事调解的当事人进行严厉的惩罚。在专门的商事调解立法中，对于捏造事实、恶意利用商事调解获取不正

㉙ 潘牧天：《论虚假调解行为的识别与规制》，载《学术交流》2014 年第 1 期。

㉚ 刘敬东、孙巍、付攀峰、孙楠翔：《批准〈新加坡调解公约〉对我国的挑战及应对研究》，载《商事仲裁与调解》2020 年第 1 期。

当利益的当事人，设置对其造成其他利害关系人损失的惩罚性赔偿的规定；同时规定，虚假商事调解的当事人其行为一旦产生严重后果，达到《刑法》规定的入罪门槛，则参照《刑法》等关于惩处虚假诉讼的相关规定，进行严厉惩治。

结语

中国签署《新加坡公约》之后，中国需要研究如何进行独立专门的商事调解立法。同时，由于在《新加坡公约》的背景下，我国的商事调解领域面临诸多的困境与问题，我国适宜制定一部包括商事调解收费机制、高标准商事调解员资格认证准入机制、商事调解机构规范管理机制和商事调解协议执行机制以及建立应对虚假调解的机制等措施的、专门的“商事调解法”。

（责任校对：吴虹静）

前沿关注

论产品自损救济路径的选择

安笑齐*

摘　要：产品自损发生时，在销售者违约责任外，有学说为全面救济买受人开辟出侵权责任和违约责任两种理论路径。事实上，销售者违约责任的不足之处仅在于未将生产者纳入责任主体。有学说提出的侵权责任路径受制于“缺陷”要件不能对产品自损实现全面救济，相应的时间制度也不能匹配。选择违约责任路径时，需借鉴比较法上“可转移的担保责任”或“明示的担保义务”两种理论，这难被我国立法、判例和学理所接受。在既有学说之外构建生产者对产品的质量保证，可在生产者与产品买受人间的合同关系框架内实现。实践中，应从宽认定生产者与产品买受人之间通过要约承诺方式订立以质量保证为主要内容的合同。

关键词：产品自损；产品责任；请求权竞合；瑕疵担保期间；纯粹经济损失

产品自身损害，简称产品自损，是指产品由于自身瑕疵导致其整体无法使用、毁坏或灭失直接导致的产品所有人权益损害，包括产品价值的减少、使用价值的灭失或为修理和更换产品支出的费用。① 对于产品责任，《民法通则》第122条，《产品质量法》第40条、第41条、第42条，《侵权责任法》第41条、第42条、第43条和《民法典》第1202条、第1203条均从生产者、销售者两方面予以规定，条文间有鲜明的继承特征。不过，这些规定仍不尽相同：首先，《民法通则》以“产品质量不合格”为责任要件，其

---

* **作者简介：**安笑齐，武汉大学法学院硕士研究生。

① 王泽鉴：《民法学说与判例研究（第八册）》，北京大学出版社2009年版，第181—184页。

他法却称“产品缺陷”；其次，《产品质量法》将产品自损与其他人身、财产损害相区分并限定前者仅受销售者违约责任救济，其他法不区分；最后，《侵权责任法》明确生产者、销售者各自承担侵权责任，《民法典》《产品质量法》《民法通则》只明确生产者承担侵权责任，而销售者承担“赔偿责任”。②

上述差异引发如下问题：因《民法典》废止，《民法通则》和《侵权责任法》，而《产品质量法》仍得适用，那么其实施后，首先，生产者是否对产品自损承担侵权责任？根据人大法工委编写的《民法典释义》，该法规定的“财产损害”，既包括缺陷产品以外的其他财产的损害，也包括缺陷产品本身的损害，这样，有利于及时、便捷地保护用户、消费者的合法权益。③这一解释是否有力？其次，对于《侵权责任法》第43条中销售者责任的性质，第42条明确为侵权责任，这是否与《产品质量法》第40条的销售者违约责任存在竞合关系？《民法典》第1202条、第1203条未继承《侵权责任法》第42条，其目的是否如《民法典释义》所述，只是为了避免重复规定销售者责任？产品责任一章不再专门规定销售者侵权责任能否理解为销售者责任完全回归违约责任？

实践中，各法院对上述问题的裁断未形成主流意见。例如在众多案情一致的“汽车自燃案”中，有的法院定为产品责任纠纷，要求生产者承担产品侵权责任④，有的法院定为买卖合同纠纷，驳回对生产者的赔偿请求。⑤与实践不同的是，为更好地救济受害方，将生产者纳入责任主体乃理论界的共识。在解释论路径上有侵权法和合同法两个方向。前者将研究重点置于探究“产品自损”依其性质是否属于侵权法的保护范围，后者出于限制侵权法扩张，防止其破坏当事人约定的风险分配机制等考量，吸收比较法上的理论以图搭建生产者的合同责任。笔者认为，已有研究的共同不足在于没有对传统

② 生产者和销售者均承担“赔偿责任”时，因生产者与受害方之间无合同关系，可推断其承担侵权损害赔偿责任，销售者责任性质无法直接推断。

③ 黄薇：《中华人民共和国民法典侵权责任编释义》，法律出版社2020年版，第131页。

④ 邓晓敏诉一汽大众汽车有限公司等产品责任纠纷案，广东省佛山市禅城区人民法院民事判决书（2021）粤0604民初9929号。

⑤ 马会娟诉上海通用汽车有限公司等产品责任纠纷案，辽宁省高级人民法院民事裁定书（2014）辽审四民申字第599号。

合同救济的困境进行考察，其提出的补救方案未能直击病灶反而产生“副作用”。故本文从检视传统合同救济的困境出发，以此为基础，对现存的侵权法救济路径提出整体批判，寻找更符合我国实践经验的救济方案。

一、产品自损合同责任之困境检视

许多学者提出，销售者违约责任在保护买受人方面有三项不足：合同相对性的局限、时间制度不合理、救济利益不全面。[⑥] 笔者认为，此三者应进一步甄别。

（一）合同相对性之困境成立

生产与销售的主体分离在市场中已成常态，产品最终买受人和生产者之间至少间隔两重以上的买卖合同关系。产品发生自损时，受制于合同相对性，最终买受人无法直接向生产者主张权利。从责任划分的正当性上来看，生产者与商品质量的关系更密切，比销售者更具承担产品自损责任的伦理性，也更能实现事先预防；从经济角度上来看，生产者对自己制造的产品更加了解，即使损失之终局责任在销售者时，由生产者承担修理、更换、重做等责任仍效率更高。一种更特殊的情况是，产品瑕疵自生产者投入流通领域之时就已经存在，如果因销售者破产或其他原因导致买受人不能向其主张责任，那么生产者不再承担本应承担的终局责任，如此无异于由买受人自担，有失公正。

（二）时间制度之困境不成立

据《民法典》第620条、第621条，标的物有瑕疵时，受损失方对销售者的合同请求权受到“瑕疵检验期限”的限制。检验期限届满而未提出标的物质量异议的，视为买卖合同标的物质量符合约定。根据《民法典》第620—622条及《买卖合同司法解释》第17条规定的瑕疵检验期限计算规则，检验期限的起算点为收到标的物之时，在此期间内买受人负担检验标的物的不真正义务。此期间为不变期间，最长的合理检验期限不超过两年，但有质量保证期的除外。侵权请求权则适用诉讼时效，其起算点为知道或应当知道损害发生之日。因发现瑕疵（损害）通常在接受标的物之后，其起算

---

⑥ 张平华：《英美产品责任法上的纯粹经济损失规则》，载《中外法学》2009年第5期。

时点晚于瑕疵担保期限，可中止中断，似乎更有利于救济受损失一方。⑦

事实上，瑕疵检验期限对受害人权利救济的不利影响十分有限。首先，应区分诉讼时效和瑕疵检验期限。合同和侵权请求权均适用诉讼时效的一般规则，二者并无差异。真正的不同在于，前者的产生另有“在瑕疵检验期限内发现损害并妥善通知相对人”这一要求。其次，标的物瑕疵根据其发现之难度可分为外观瑕疵和隐蔽瑕疵，能够引发产品自损的通常是难以即时查验隐蔽瑕疵。对于隐蔽瑕疵，应在约定的合理期间内完成检验，但标的物有质量保证期的应在质量保证期内检验。质保期虽然或为卖方单方提出，但既然买方同意购买则无异于双方对这一期间达成了合意。质保期已向买受人明示而使得其具备自担后果的预期。这与格式条款类似，虽为一方提供，但另一方愿意接受就意味着双方达成了合意。存在质量保证期时，合理检验期限不再适用，此时若出现期间过短的现象是因为质保期本身约定过短，而不是制度的缺陷。再次，即使观察侵权责任，实际上仍应遵守“质量保证期”之限制，也即产品自损必须发生在质量保证期或与之近似之期间内才能产生侵权责任。此时较合同法路径相比，受损失一方仅少负担通知相对人的不真正义务，差异甚微。当然，或可认为因《民法典》和《产品质量法》的所有条文中均没有出现“质量保证期”一语，故可在侵权救济中彻底放弃这一限制。不过，这将导致生产者对产品质量作出担保的期间过长，对此将在后文详述。

故而，合同法上瑕疵担保期间过短的问题仅在对产品缺少质量保证期之约定时才可能显露。对于这种情况有最长达两年的合理检验期限兜底。另外，依据《民法典》第622条第2款，约定的检验期限或者质量保证期短于法律、行政法规规定期限的，应当以法律、行政法规规定的期限为准。诸如《家用汽车产品修理、更换、退货责任规定》第17条等规范性文件对商品的质量保证期间作出了强制性要求，其效力层级虽未必达到行政法规，但司法实践仍多参照适用为“合理期间”，使之实际上具有强制效果。⑧ 在以上前提下，无明示的质量保证期间的产品常为尚无质量标准的新兴或小众产品。此类产品的买受人对产品质量通常有较高的议价能力和风险预期，故对之也不应强制规定较长的质量保证期。

---

⑦ 冉克平：《缺陷产品自身损失的救济路径》，载《法学》2013年第4期。

⑧ 朱悦荧诉官照石承揽合同纠纷案，辽宁省沈阳市中级人民法院民事判决书（2018）辽01民终8594号。

（三）救济范围之困境不成立

产品自损常引发其自身以外的人身、财产权益损害，此情形下，既有履行利益损失又有固有利益损失，如果侵权法不扩张保护范围，则前者引发销售者违约责任，后者引发销售者和生产者的侵权责任。《民法典》第186条规定，违约行为侵害他人人身、财产权益时，如同时满足违约责任和侵权责任的要件，权利人只能请求行为人承担其一。这种“择一”模式导致这样一个问题：受害方不能同时向销售者请求就两种损失承担责任，只能在就履行利益损失向销售者请求承担违约责任的同时就固有利益损失向生产者请求承担侵权责任，抑或仅向销售者就固有利益损失请求承担侵权责任。该矛盾在履行利益与固有利益价值相当时较为突出，在产品自损案件中，多为产品自身价值较大又造成其他人身、财产损害，两项损失均难以忽略，如汽车自燃同时造成汽车毁损和人身损害。这是不是合同法救济的不足？

违约行为侵害他人人身、财产权益，理论上称加害给付。在传统观念中，违约行为导致履行利益之损失，侵权行为导致固有利益之损失，因此，对双重损失的情形，无论是采取违约还是侵权救济，都无法完全填补，这是二分逻辑应对中间问题时的窘境。为破解这一困境，客观上存在违约责任向固有利益损失扩张和侵权责任向履行利益损失扩张两条路径。比较法上较为普遍的做法是为加害给付确定契约责任。《民法典》虽未明确使用“加害给付”这一术语，但依托第583条规定的“其他损失”可将其纳入赔偿范围。

对于加害给付所造成的利益损害，学界有三种理解：第一，认为加害给付是指债务人的不适当履行造成债权人固有利益的损害；第二，认为加害给付是指债务人的给付不但导致履行利益损失，而且还造成了债权人的其他损害；第三，加害给付除可能损害债权人的履行利益外，还造成固有利益的损害。[9] 在同时受有双重损失的情形下，欲使当事人完全获得救济，采第一种观点需同时主张两个合同请求权或一个侵权请求权和一个合同请求权，分别对应固有利益和履行利益。此时，《民法典》第186条规定的竞合仅是固有利益救济的竞合。因目前我国诉讼法针对诉讼标的采“旧实体法”说，实体法所规定的法律关系（请求权）在诉讼法上即对应形成诉讼标的[10]，故此

---

⑨ 罗春、陈庆：《合同法和侵权法的边界——加害给付：合同责任？侵权责任?》，载《西南政法大学学报》2005年第1期。

⑩ 叶名怡：《〈合同法〉第122条（责任竞合）评注》，载《法学家》2019年第2期。

种处理方式有“累诉”之嫌，即一给付行为分两案审理。不过，该弊端也可通过追加第三人（针对诉讼主体、客体不一致）或“诉的合并”（针对仅诉讼客体不一致）化解。如有法院认为，原告对赔偿费用提起的请求权为侵权法的请求权，对缺陷产品自身损失提起的请求权为合同法上的请求权，只有两个请求权全部得到实现，受害人才能得到完全补偿。为减少诉累，可就两项损失一并审理。⑪ 采第二种观点或第三种观点时，当事人选择销售者违约责任就可以同时获得固有利益和履行利益的救济，选择销售者侵权责任时只能获得固有利益的救济。

笔者认为，应在前述第二或第三种观点下理解加害给付。对前述第一种观点，在诉讼标的“旧实体法”说下，若认为加害给付仅指向固有利益的损失，在双重损失的情况下其实将出现两个违约请求权和一个侵权请求权，意味着权利人可以同时提出两个违约之诉，这样的拆分无必要且不为司法实践所支持。虽然责任聚合说主张对一个违约行为可以同时发起违约和侵权之诉，但这与《民法典》第186条之文义不符，选择这一学说还需作额外的限缩解释，更加复杂。

综上，只需选择适当的“加害给付”学说即可化解救济不全面的困扰。合同法救济足以应对产品自损同时侵害他人人身、财产权益的情况，为受害方提供全面的救济。

二、产品自损侵权责任之检讨

如前所述，合同法救济真正的不足仅在于未能将生产者纳为责任主体。侵权法救济与合同法救济的区别显然不限于责任主体的差异，故以侵权法突破相对性后，仍需检讨是否会有“副作用”。此外，我国侵权法采“行为－权益－损害”的责任成立逻辑，故判定某损害可否以侵权法救济时必须先说明它在性质上是否属于侵权法保护的“权益”。对于产品自损的性质，有“所有权受损说”和“纯粹经济损失说”说两种学说，二者均存在问题。

（一）产品自损之性质

1. 所有权受损说

侵害物之所有权的方式包括无权占有他人之物、损坏物之实体、侵害权

---

⑪ 胡发安诉云南力帆骏马车辆有限公司产品责任纠纷案，云南省玉溪市中级人民法院民事判决书（2014）玉中民一终字第318号。

利人地位等。从外观上来看，产品买受人一般自接收产品时取得一项所有权，在此之后，产品自损发生，该所有权之客体实体毁损灭失。反对“所有权说”者指出该“所有权”具有特殊性，产品自损意味着买受人从未获得完好的所有权。所有权侵害必须是一个现实的从有到无的过程，将所有权建立在物的应然状态之上（想象中的、完好的物的状态）是错误的。支持者则回应，反对观点混淆了“产品瑕疵”和“产品自损”。买受人仅取得“已具有瑕疵的所有权”时，产品尚未因该瑕疵而毁损灭失，仅为产品瑕疵问题，但当嗣后产品果真因此受损，那就应属产品自损问题。此时买受人所受损害为“物之完整性侵害”，是对所有权的侵害，一如加害行为和损害结果相间隔的侵权。⑫

德国法对“所有权说”有深入的实践⑬，从其判例和学说可归纳出三个要点：首先，产品自损确为有形财产损害（损害物之实体）。其次，该学说以在观念上区分“产品瑕疵”和“产品自损”为前提，产品瑕疵本身在概念上应为产品自损发生之原因而非其一部分，不纳入进一步讨论侵权救济之列。最后，区分“产品瑕疵”和“产品自损”的依据在于判断“物质同一性”，即判断产品自损是否为产品缺陷的必然衍生。当物的瑕疵不能被发现，或即使可以发现但在技术上无法排除以及排除费用过高时，这种“自损”实际上已无法与瑕疵分割，应视作瑕疵的必然结果。产品自该缺陷存在之日起即有毁损的必然趋势。既然无可能实现补救，便无必要将之与瑕疵分割处置，适用不同规则。

笔者认为，所有权说有三个缺陷：其一，该学说在概念上区分“产品瑕疵”和“产品自损”，瑕疵是自损发生的原因，“进一步损害”不是自损后产品相比于合格产品的价值差额，而是自损后产品相对于瑕疵产品的价值差额。这意味着即使发生产品自损，“瑕疵”部分本身所对应的价值也不可获得侵权法救济，权利人仍然不能就全部损害向生产者请求赔偿。其二，就外观而言，产品自损虽在结果上属于物权客体的毁损灭失，但发生原因却又与其他所有权受到侵害的情形有所不同——所有权所受损害应为外力作用所

⑫ 邱国威：《论产品自身损害——兼论产品责任中的纯粹经济损失》，载《时代法学》2016 年第 5 期。

⑬ 金印：《论作为绝对权侵害的产品自损——兼论“物质同一说”的能与不能》，载《政治与法律》2015 年第 9 期。

导致，即使可以区分出“瑕疵份额”和“自损份额”，还是难将瑕疵作用力解释为一种外力。其三，德国法提出的“物质同一说”标准不能解决一项价值矛盾：生产者制造了一个自始无用的“废品”时无需承担侵权法上的责任，但当其制造的是一个起初可以使用，随后却因瑕疵扩大而无法继续使用的产品时，反而要承担侵权责任。外观上的障碍可以通过确定特例予以突破，但价值失序的问题无法解决，该学说只能留待观察。

2. 纯粹经济损失说

侵权法保护的客体范围不但包括权利还包括部分利益，典型的利益即“纯粹经济损失”。产品自损是一种可引发侵权责任的“纯粹经济损失”吗？通说似为肯定说。⑭ 纯粹经济损失最初以案例方式出现，难以将其完全归纳于一个部门法之中。在讨论违约责任时，一般不使用这一概念，但如非要依照其特征来分析的话，合同法上的履行利益和信赖利益损失也满足多数学者提出的认定标准。如果要给予原本属于合同法保护的“纯粹经济损失”以侵权法救济，极易引发救济力度或范围不当的问题。质言之，侵权法是为救济固有利益损失而设计，立法者已然在制定实体法时充分考虑了各主体利益和责任的分配，更围绕这些分配方案的妥善实现配套制定了辅助规则。在纯粹经济损失侵权责任的一般研究中，多数研究者持限制主义观点，即必须满足额外的“故意”“违背善良风俗”或“违反保护他人的法律”等要件责任才可成立。

如何限制产品自损这种纯粹救济损失的侵权救济？依《民法典》第1202条，成立生产者、销售者侵权责任应满足“产品存在缺陷”“造成他人损害”“损害与缺陷有因果关系”三个要件。其中，产品自损属于本条之“他人损害”乃侵权救济支持者之基本立场，因果关系亦无需要特别说明的争议，唯“缺陷”之解释存有争论。

对《侵权责任法》第41条规定的产品之“缺陷”有两种不同解释，其一认为“缺陷”乃存在危及他人人身、财产的危险，不具危险的产品“瑕疵”仍应归合同法救济。⑮ 其二主张对“缺陷”采扩张解释，将原属“瑕

---

⑭ 王利明：《论产品责任中的损害概念》，载《法学》2011年第2期。

⑮ 张平华：《英美产品责任法上的纯粹经济损失规则》，载《中外法学》2009年第5期。

疵”的产品自损也纳入产品侵权责任之范畴。[16]《产品质量法》第46条将“缺陷”解释为“危及人身、他人财产安全的不合理的危险”，文义上确与学理对“瑕疵”的解释有明显区别。“瑕疵”的范围较“缺陷”更广，可泛指存在于标的物上不同程度的质量问题，更接近于《民法通则》第122条中的“质量不合格”。有些研究者认为，在纯粹经济损失说下，将“缺陷”作为一独立要件具有重要意义。因产品自损既为纯粹经济损失，至少应符合纯粹经济损失得侵权法救济的一般标准，即主流观点所主张的侵权责任人需具有主观上的故意。从保护买受人的立场出发，即使将故意的主观要件放宽至重大过失仍然不够。应借鉴在美国法上一些法院提出的，认可对以“危险”方式导致的产品自损可产生侵权责任。依《产品质量法》第46条之规定，“危险”恰好是“缺陷”应有之意。以产品自损是否以危险方式发生，也即是否已属“缺陷”为标准，软化了产品自损侵权责任对于侵权法归责体系的冲击。[17]

笔者认为，如前所述，开拓侵权法路径之目的是更全面地保护受有损失的产品买受人，应尤其关注如何突破合同相对性，在销售者承担责任能力不足的情况下如何构建生产者责任。以“危险性”为标准将关注点错置于对生产者行为的评价上。不论产品自损是否以危险方式发生，“损害”都仅限于产品自身价值的减损而与其他人身、财产损害无关，属同一种损失，不应区别对待。换言之，当产品以无危险的方式发生自损时，销售者责任承担能力不足的情况照样存在，若此时不成立生产者侵权责任又该如何救济买受人？不从目的出发审视限制救济的合理性而依赖救济纯粹经济损失既成的“故意”“故意或重大过失”等要件进行推理，具有一定盲目性，实为削足适履。

此外，以“缺陷”要件为“危险”的实在法依托也难以从实践中得到印证。对“缺陷”要件予以单独释明的法院并不多。予以关注者可分为两类：其一，以产品有无“缺陷”肯定或否认产品责任之成立；其二，以产品是否存在危及他人人身、财产安全的危险肯定或否认产品责任之成立。二者的区别在于，前者未以“危险”之程度要求“缺陷”的成立，“缺陷”

---

[16] 马一德：《论消费领域产品自损的民事责任》，载《法商研究》2014年第6期。

[17] 黎华献：《“产品自伤”之侵权法救济路径的检视与选择》，载《河南财经政法大学学报》2017年第2期。

这一要件仅发挥将生产者一般过错而非故意或重大过失客观化的功能。如在"马会娟诉上海通用汽车有限公司案"中，法院认为："起火原因系车辆自身故障，可见案涉车辆存在不合理的危及人身、财产安全的危险，即存在产品质量缺陷。"法院虽在文义上将"缺陷"以"危险"解释之，但实际上侧重于强调车辆自燃的自发性从而推断生产者生产行为引发了"缺陷"，并未对额外的危险性作出判断。笔者推测，上述裁判现象或许是受《民法通则》第122条中"质量不合格"一语的影响，未关注"瑕疵"与"缺陷"的区分，又或因《产品质量法》将救济范围限定于产品自损之外，对人身、其他财产造成损害的"危险性"在证成"缺陷"与"人身、其他财产损害"损害结果的因果关系过程中自然证成，因为损害之现实在逻辑上当然包含损害之危险性。旧法时期的裁判习惯得以沿袭下来使得法院无对"缺陷"之"危险性"单独察明之意识。在以"危险性"解释"缺陷"的案例中，也需找到以证明无危险而否定产品责任的案例才能说明法院具有运用"危险性"限制责任成立的意识，这样的案例极为罕见。⑱

综上，欲对产品自损以侵权法救济，部分学者以"危险"限制产品自损侵权责任的主张存在疑问，区别对待"缺陷"和"瑕疵"欠缺合理性。司法实践上以"危险"要素认定"缺陷"的案例极少。故而，侵权救济应当是"完全救济"，"缺陷"与"瑕疵"之内涵应当保持一致。如采这种观点，实际上已构建出了一种"纯粹经济损失"一般救济规则的例外。

（二）时间制度之检讨

有学者认为，侵权损害赔偿请求权因适用诉讼时效而优于适用瑕疵担保期间的合同请求权。时间性乃权利之基本属性，权利各依自身性质适用不同的时间制度。《侵权责任法》和《民法典》对产品自损之责任期间都没有作出特别规定。有法院认为，应沿用《产品质量法》第45条规定的最长期间为十年（尚未超过明示的安全使用期的除外）的保护期。⑲ 笔者认为，这种责任配置过于严苛，不论买受人何时接收产品，在无特别规定或约定时，生产者和销售者须在买受人收到产品后十年内承担产品自损的担保责任，这远

⑱ 怀永军诉敦化市额穆镇兴盛建材装璜商店等产品销售者责任纠纷案，吉林省延边朝鲜族自治州中级人民法院民事判决书（2018）吉24民终775号。

⑲ 扬州诚德重工有限公司诉太原重工股份有限公司产品责任纠纷案，江苏省扬州市中级人民法院民事判决书（2018）苏10民终2765号。

超各规范性文件对经营者“三包”责任的一般要求。

十年期间在产品责任中应指向《产品质量法》第 45 条但书规定的“安全使用期间”，这是为保护权利人人身、财产安全而设立的期间，不同于为保证无一般产品质量问题而设的“质量保证期”。《产品质量法》第 27 条规定的“失效日期”与“安全使用期”类似。《产品质量法》制定之时明确排除了对产品自损的侵权救济，混用《民法典》和《产品质量法》的请求权基础及辅助规范，对一项合同履行利益适用为人身、财产权等绝对权而设计的时间制度势必导致利益失衡。此类规则完全没有解释的余地，如欲适用，必须在立法上作出调整，针对产品自损规定“质量保证期”。但这一方法仍非良策。法定期间较为机械，必须以预设的法律事实为起算时点。如果以产品交付销售者为法定质量保证期的起算时间点，无法应对销售者在质量保证期经过后才售出产品的情况。如果以产品交付买受人为起算时点，则因生产者无法控制销售者在多长时间内售出产品，实际上是将销售者经营不善以至产品折旧老化产生的质量风险转嫁给了生产者，仍然有失公平。

（三）救济范围之检讨

有学者认为，将“损害”扩大到产品自损，有利于减少责任竞合情况的出现。[20] 笔者认为，这一优势并不存在。对于销售者侵权责任与违约责任竞合之问题，应分为两种情况讨论。其一，论其以销售者身份承担的侵权责任与违约责任竞合的问题。其二，论销售者同时也是生产者时，生产者侵权责任与销售者违约责任竞合的问题。

1. 销售者违约责任与销售者侵权责任竞合

对销售者侵权责任，《民法典》颁布前学界尚无专门讨论，或因《侵权责任法》第 42 条之规定较为明确，无解释论上之余地。如果认为销售者在法典时代的“赔偿责任”仍然是《侵权责任法》第 42 条的侵权责任，那么其与《产品质量法》第 40 条之销售者违约责任构成竞合。前文已述，从救济效果上来看，依合同法上加害给付的违约责任足可同时保护固有利益和履行利益，这与销售者侵权责任的保护范围一致。从构成要件上来看，加害给付之违约责任需满足销售者违约、造成双重损失、违约行为与损失存在因果关系三项要件，侵权责任需满足产品存在缺陷、造成双重损害、行为与损害

⑳ 王利明：《论产品责任中的损害概念》，载《法学》2011 年第 2 期。

存在因果关系三项要件。产品存在缺陷即意味着销售者违约，故两种责任在构成要件上一致。同理，在仅造成固有利益或违约利益损失的场合，两种责任的构成要件也基本一致。不过，成立侵权责任所要求的“缺陷”要件需借助合同约定或依合同推定的质量标准进行判断，如此倒不如直接选择违约责任。为减少责任竞合可能造成的实践上的误解和混乱，《民法典》删去《侵权责任法》第42条的意义恐不宜参考立法者之设想，仅在于避免重复规定销售者侵权责任，而应发掘其体系价值，理解为对该种责任的否定。相应地，在解释论上，《民法典》第1203条第1款规定的销售者赔偿责任应限缩解释为违约责任。值得注意的是，这种限缩解释不会影响生产者和销售者之间基于《民法典》第1203条第2款的相互追偿权，因为违约责任虽系严格责任，但这仅意味着权利人向销售者主张赔偿时不论销售者是否存在过错，并不意味着销售者实际上没有过错，销售者和生产者之间仍可按各自真实的过错承担最终责任。

2. 生产者侵权责任与销售者违约责任竞合

生产者与销售者为同一主体时，其侵权和违约责任之竞合是真正的责任（请求权）竞合问题。两者的请求权基础分别为《产品质量法》第40条与《民法典》第1202条。关于请求权竞合，有三种主流学说：请求权自由竞合说、请求权相互影响说、请求权规范竞合说。因我国诉讼法学界主要采“旧实体法说”，而请求权规范竞合说以“新实体法说”为前提，故目前仍应基于前两种学说讨论该问题。㉑

自由竞合说不支持绝对的自由竞合，而是主张在某些情况下对当事人的选择施以适当的限制。其中包括当事人之间事先存在着某种合同关系，而不法行为人仅造成受害人的财产损失时，一般应按合同关系处理。㉒ 请求权相互影响说也认为，为顾及法律对契约责任所设的特别规定，只要涉及合同法对侵权法的影响，请求权各自独立的规则就例外地不予适用，否则当事人之间对交易风险作出的自由安排及合同法上关于注意义务标准、时效以及证明责任的特别规定将无意义。㉓

㉑ 扬州诚德重工有限公司诉太原重工股份有限公司产品责任纠纷案，江苏省扬州市中级人民法院民事判决书（2018）苏10民终2765号。

㉒ 段厚省：《请求权竞合研究》，载《法学评论》2005年第2期。

㉓ 郗伟明：《论诉讼标的与请求权规范之竞合——以旧诉讼标的理论的两岸实践为视点》，载《法商研究》2016年第3期。

在实践中，虽然“损害”的丰富语义使得侵权法适用起来较合同法更加便利，法院更倾向于选择适用侵权法规则，但实际上仍难以逃脱合同特约之考察，否则将导致判决不公。如有法院认为：“产品责任系侵权责任，因产品存在缺陷造成损害要求赔偿的诉讼时效期间为二年，且在交付满十年丧失，与双方合同约定的质保期限无关。”㉔ 如此直接排除合同明确约定的质量保证期的适用，在违约方既无故意也无重大过失且未造成对方人身损害的情况下，实难找寻正当性基础，有违诚实信用原则。另外一个案件中，法院虽依据《侵权责任法》第43条判决销售者对汽车自燃承担侵权责任，否定了销售者提出的“质量保证期间已过”的抗辩，但也考虑了“原告未能证明此期间其对车辆进行了合理有效的维护和保养”而减轻被告责任，实则是对“质量保证期间”之约定的变相参考。㉕

综上，《民法典》时代，销售者不再对产品质量缺陷导致的损失承担侵权责任。同一主体的销售者违约责任和生产者侵权责任竞合时，该主体承担的仍然是违约责任。侵权法之扩张对销售者责任的范围并无增益。

三、生产者独立合同义务之构想

从上述分析中可以发现，以侵权法扩张救济的方式突破合同相对性不能完全实现预期效果，还会造成责任方负担过重，引发无意义的请求权竞合问题。笔者认为，产品自损的生产者责任仍应在合同法中寻找可能。纵观域外学说，较为成熟的做法有美国的“明示的担保义务”和法国的“可转移的担保责任”。二者可否为我国法律直接借鉴？除此之外还是否有其他可行路径？

（一）比较法理论之不足

比较法上，合同具有相对性乃基本共识，但仍不乏在其上构建生产者责任的实例。法国法有“可转移的担保责任”，其法律赋予原合同方瑕疵担保责任的可转移性，从而使不具有直接契约关系的买受人与产品制造方等主体产生直接联系，可以就产品的瑕疵问题对其提起直接诉讼。为给该权利提供

㉔ 扬州诚德重工有限公司诉太原重工股份有限公司产品责任纠纷案，江苏省扬州市中级人民法院民事判决书（2018）苏10民终2765号。

㉕ 郑群诉六安德众汽车销售服务有限公司损害赔偿纠纷案，安徽省高级人民法院民事裁定书（2019）皖民申3198号。

正当性基础，有学者提出了“附随权利”这一理论：商品出售不仅代表所有权的移转，也是诉讼性权利的附随和移转，这一权利始终附着于产品之上，因此买受人能够根据于此向产品制造商提出索赔请求。如此便形成了独特的“直接诉权”制度。可转移的瑕疵担保责任的赔偿范围不仅包括因瑕疵而致第三人身体和财产上的损害，还包括营业损失或仅由于产品自身瑕疵引起的损害。㉖

美国法发展出“对间接买受人的明示担保义务”。依普通法之旧有规则，出卖人向买受人就产品的质量和所有权负有担保责任，其形式包括明示担保、商品适销性的默示担保和适用于特殊目的的默示担保。2003 年修改的《美国统一商法典》将明示担保扩展到间接的当事人。具体而言，其第 2－313（A）条规定，若出卖人作出的肯定允诺、描述性或救济性允诺包含在与货物一起包装的记录或跟随货物的记录中，且出卖人合理地期待这些记录可以提供并正在提供给间接的买受人，则间接的买受人可以享有这些权利；第 2－313（B）条规定，出卖人通过广告或类似通信向公众公布货物特征的，如果广告的语言构成对货物事实的肯定、允诺和描述，或对瑕疵货物的救济性允诺，则应向间接买受人承担责任。㉗

笔者认为，上述两种经验均难以引入我国法律中。首先，法国法上的理论在论证“连续交易合同”之正当性基础时将该“直接诉权”类比主物之从物。这种类比不是十分恰当。支配权权利人之变动对消极义务人并无实质不利，请求权权利人之变动则可能增加义务人履行义务的成本。美国法上“对间接买受人明示的担保义务”发源于出卖人对直接买受人独立的担保义务，但我国法律上并不存在独立的产品质量担保义务，瑕疵担保责任并未从违约责任中独立出去。盲目引入这一概念恐将在我国法律上引发长期困扰大陆法系国家的“不完全给付责任”与“瑕疵担保责任”之关系难题。另外，支持者寻找的法律依据是诚信原则条款，该规范具有高度的概括性和抽象性，在解释上具有无限扩张之趋势，实践中操作难度大，不足以成为司法实践中解决产品自损救济这一具体问题的合理依托。合同相对性是合同法基本原则之一，若要对其进行突破，除非有法律的明文规定，实践中通常不敢越雷池一步。

㉖ 张民安：《现代法国侵权责任制度研究》，法律出版社 2007 年版，第 37—39 页。

㉗ 冉克平：《缺陷产品自身损失的救济路径》，载《法学》2013 年第 4 期。

（二）生产者合同义务之构建

在法国，除依“可转移的担保责任”理论外，实践中法院还尽力挖掘可能存在的合同关系来扩展合同法的适用。㉘ 笔者认为，发掘生产者与缺陷产品买受人之间的直接合同关系，认定生产者与买受人缔结买卖合同之外的，以质量保证为主要内容的合同（以下简称“质量保证合同”），是较稳妥的方式。其优势在于，不需要构建复杂的“超合同”理论就可以突破合同相对性原则。在责任成立上得依合同成立的要件进行检验，在保持法律稳定的同时具有较强的可操作性。其表面缺点在于，生产者和买受人间并非总能产生合同关系，但笔者认为，这一缺点应被容许且另具价值。

1. 合同之成立

在生产者与买受人之间成立合同，需双方要约和承诺符合法律规定，达成意思一致。为拓展救济买受人的情境，质量保证合同的成立，可对其要约承诺从宽认定。生产者为使其产品获得市场青睐，除把握好产品质量外，服务承诺也是常用手段之一。服务承诺包括产品质量保证，可通过多种形式传达，如保修卡、商业广告乃至经销售者传达，其对象既可以是特定主体，也可以是不特定主体。此类服务承诺多含有明确的受约束意思。买受人对上述服务一般处于被动选择接受与否的地位，故可认定生产者主动发出的订立合同的要约。

针对生产者的要约，受要约的产品买受人可以按照要约性质或要约提出的要求作出承诺。未对权利人承诺作出特别要求的，基于保护买受人的目的，可以作出如下认定：若商品产生质量问题，则在产品买受人向生产者主张权利之时，即意味着以意思实现的方式完成承诺。承诺的期限应为生产者承诺的质量保证期间。承诺期限的起点为权利人知道或应当知道质量保证服务承诺之日，通常是收到产品之日。如此，则生产者所作的服务许诺转化为其与产品买受人间的合同约定。

值得注意的是，在产品保修卡或其他“三包”凭证中，生产者往往以格式条款要求由销售者填写凭证并签章，但此类文件一般与产品一起封闭在包装中，这意味着生产者要求买受人当场拆箱取出凭证并请求销售者填写。笔者认为，根据当前的交易习惯，销售者一般不会提示买受人填写相关文

㉘ 李昊：《纯经济上损失赔偿制度研究》，北京大学出版社2004年版，第65页。

件，自然也不会履行对格式条款的提示说明义务。网络平台交易更是在客观上无法完成这一流程。因此，买受人可主张该条款不发生效力。即便生产者已经在印刷的“三包”凭证上对该条款以显著方式予以提示，从其意思表示观察，该条款也未必属于生效条件。即使买受人明确销售者的填写或签章为“三包”凭证的生效条件，从权利义务的配置上看，此时买卖交易已经完成且买受人有可能已经使用了一段时间而无法退货，如仅因此形式上的瑕疵就支持生产者的免责主张，显然不符合比例原则，应认为该种格式条款不合理地免除或者减轻了生产者责任，归于无效。

2. “合同义务说”之优势

与难以找到现行法依据的“可转移的担保责任”和“明示的担保义务”相比，首先，以质量保证为主要内容的合同不论是以商业广告等特殊形式为要约，还是以默示或意思实现等特殊方式为承诺，都为《民法典》第473条、第480条所明文规定。其次，从责任主体范围上来看，因要约得向不特定人作出，故质量保证合同甚至不再拘泥于连续的交易主体，能对非买卖关系中的产品权益人予以保护，损害发生于何处，赔偿请求权就归于何人。再次，保持了销售者与生产者作出不同质量保证的自由，明确了生产者和销售者责任的各自独立，切断了生产者和销售者间彼此承担另一方超越己方承诺的保证责任的可能。有法院认为，销售者对生产者单方提供的全国联保服务热线免费的承诺负有审查义务，在生产者未能兑现之时应承担责任。[29] 这一观点显失公允。如前所述，生产者所提供的质量保证得以多种形式出现，其中，生产者的商业广告在形式、区域范围、广告时间乃至数量上均具有任意性，要求销售者予以审查并承担质量保证中允诺的责任将对销售者造成极大负担，在其后还可能产生追偿的问题。而以独立于买卖合同之外的合同要约予以定性，无疑有利于应对这一问题。最后，明确了“三包”凭证这类早已为许多规范性文件所明确要求并在商业实践中广泛使用的文件的法律属性，成功将习惯接入法律，可接受性更强，也因此减小了当事人的举证难度。

3. 质量保证合同之“意思自治”价值

一种可能的质疑是，生产者在附随的“三包”凭证中往往限定了担保

---

[29] 韦彬诉济南十八家家悦超市有限公司买卖合同纠纷案，山东省济南市中级人民法院民事判决书（2017）鲁01民终1436号。

的质量范围和担保期限甚至不作出保证，对消费者不利。笔者认为，此系“意思自治”应有之义。充分发挥其制度价值，对产品买受人之保护及产品交易市场的发展最终是利大于弊。

根据质量保证研究中的信号理论，由于生产者和消费者之间存在信息不对称，如果不能提供有关产品质量的保证，购买者就会推断生产者是因为产品存有质量问题而不愿意承担赔偿责任。售后服务、产品质量保证能够提供产品质量好坏的信号，从而降低交易成本。在存在充分市场竞争的前提下，为使自己的产品更胜一筹，市场中的生产者将在质量保证上形成竞争，最终使质量保证成为“标配”。相反，过度扩张生产者的责任反而会倒逼其通过保险将风险转嫁给所有消费者，最终的结果就是，虽然生产者普遍提供质量保证，但此类产品的价格也普遍升高。同时，若强令生产者负担责任，还会使得销售者渠道的风险分担、费用分担作用被削弱，生产者采取直销策略的动力上升，经销商及服务机构的数量可能下降，反而对交易和维权的便利性造成负面影响。简言之，产品质量保证是一种市场化的信号机制和费用分担机制。生产者是否作出质量保证，生产者和经营者之间如何分担费用，取决于产品使用特性、售后服务的规模效应、产品销售价格等各种因素，消费者、零售商和生产者之间完全可以讨价还价设计不同的交易模式，法律本不应当过度干预。[30]

另一种担忧或许在于，生产者在附随的“三包”凭证中如果没有限定承诺主体为第一手买受人，那么在多手交易时恐不当加重了生产者责任。笔者认为，在多手交易中，物品虽多次流转，但交易行为本身没有加重产品发生质量问题的风险。多手权利人对同一物品进行不同强度的使用与同一主体分不同时期以不同强度使用该物并无区别，未超出“三包”凭证所预设的质量风险。当然，如果后手交易事实加重了产品损坏的风险，如电子产品在运输过程中受潮损坏，此时应考虑排除生产者的责任，而这一过程可以借助证明“损害事实与产品质量问题无因果关系”完成。

(三)“损害”及“缺陷”的解释

综上所述，笔者认为，构建产品自损的生产者责任，应以发掘生产者与产品买受人间的合同关系为最终方法，化责任为义务。故解释《民法典》

㉚ 万江：《商品售后服务全国联保窜货免责的法律救济》，载《现代法学》2017年3期。

第1202条、第1203条规定的“损害”有两条途径。其一，依据特别法优于普通法的原则，将《产品质量法》视为特别法，对产品自损适用该特别法。其二，对“损害”做限缩解释，解释为“缺陷产品自身之外的他人人身、财产损害”。对于第一种解释，反对观点指出，《产品质量法》是产品领域的基本法律，而《侵权责任法》产品责任一章的内容是侵权责任在产品责任范畴的特别规定，《产品质量法》不应被视为特别法，只受新法和旧法更替规则的约束。《民法典》时代更应明确法典是适用单行法的基准。虽然单行法是特殊的、具体的规定，但在法典对单行法的规则作出修改的情况下，应当按照“新法优先于旧法”的原则适用法律。[31] 笔者认为上述观点不无道理，第二种目的性限缩解释更为合理。以此为前提，对于“缺陷”一语，当侵权责任仅救济对产品自损以外的人身、财产权益之损害时，将之按《产品质量法》第46条之规定的“存在对他人、人身不合理的危险”进行解释便与这种损害的范围形成对应关系，不应将之视为对侵权责任成立的特殊限制。限缩解释下，就产品自损，不存在侵权责任和违约责任之竞合。

结语

以侵权法救济产品自损案件中的买受人是不恰当的，也是非必要的。从解决合同相对性不足这一唯一不足出发，侵权法路径不是“对症”的方法。构建侵权法规则时出现的“副作用”和“无用功”本质上反映出侵权法扩张到合同法保护领域后的“水土不服”。在民法研究中，寻求理论体系突破的前提应当是对既存体系内各种可能的穷尽。侵权法和合同法中间地带上的问题素来争议较大，唯一可以确定的是两者相互扩张时均需遵守“必要原则”以保持民法体系的稳定性。从根本上说，合同法着眼于交换正义，以实现当事人对利益风险的自由分配为目的，而侵权法着眼于矫正正义，以全面救济无辜地被侵权人为目的。两法因理念不同，在损害赔偿问题上看似相近，其实不然。在研究中间地带的问题时，研究者应尽力避免基于“全面救济”的美好愿景而使两法相互扩张的范围泛滥开来。

（责任校对：芮心怡）

---

[31] 王利明：《论民法典时代的法律解释》，载《荆楚法学》2021年第1期。

侵权人缺位的见义勇为中受益人的补偿义务

——对《民法典》第183条第2句的规范分析

张百川　雷苗苗*

摘　要：《民法典》第183条第2句规定了见义勇为中侵权人缺位的情况下受益人的补偿义务。但是基于法条中"适当补偿"的表述，受益人的补偿义务在法理解释上多被错误地归因于公平责任，由此引发了理论和司法实践上的双重困境。针对侵权人缺位情况下救助人行使损害补偿请求权的困境，特殊无因管理论或为解释论上的合理出路。针对救济额度需要控制的问题，则可依托内外部控制方法进行限制，内部控制方法表现为对风险的类型化划分，外部控制方法则体现为损害酌减原则和公平责任制度。

关键词：见义勇为；无因管理；公平责任；内外部控制方法

一、问题的提出

《民法典》第183条规定："因保护他人民事权益使自己受到损害的，由侵权人承担民事责任，受益人可以给予适当补偿。没有侵权人、侵权人逃逸或者无力承担民事责任，受害人请求补偿的，受益人应当给予适当补偿。"这一规定延续了《民法总则》第183条，进一步明确了见义勇为中必要费用和损害补偿二元规制的方法。此外，由于《民法典》第979条的全

* **作者简介**：张百川，西北政法大学民商法学院本科生；雷苗苗，西北政法大学行政法学院讲师。

新规定①，带有较强无因管理性质的见义勇为中，受益人被明确应对救助人进行适当补偿。

在我国，适当补偿的法理依据多被架构在公平原则之上，强调受益人和救助人为无过错的适当救济。② 受益人的补偿是出于人道主义，对救助人进行的“本不应”的补偿。该模式一定程度上削弱了救助人获得有效补偿的法理正当性，降低了救济力度。尤其在侵权人缺位时，救助者“流血又流泪”的事件屡见不鲜。③ 为此，早前司法实践往往引用无因管理相关规范救济救助人，使原本为了弘扬见义勇为而特设的《民法总则》第183条有沦为具文的风险。④《民法典》虽统一了法律适用路径，但救济额度过低的问题却更加凸显。此外，“适当补偿”在实践中存在较大弹性，其额度确定仍未有定论。欲厘清受益人的补偿义务，充分保护救助者的合法权益，核心在于找到合理的法律解释路径，在新理论框架下适当扩张救助者的损害补偿请求权。

同时，在侵权人缺位的见义勇为中，只存在救助者和受益人的双边损害补偿关系，故受益人的补偿义务与救助者的补偿请求权完全对应。就文义而言，义务偏向于强调个体之奉献、付出，而本文论述涉及对救济额度进行限制的问题，采“限制义务”等表述似有不妥，因此本文以“救助者补偿请求权”等表述替代“受益人补偿义务”。

二、侵权人缺位的见义勇为中救助者损害救济的困境

（一）理论困境：损害补偿的性质界定不明

《民法典》颁布前，学界对受益人补偿义务的性质主要有三种观点。一

① 《民法典》第979条第1款规定：“管理人没有法定的或者约定的义务，为避免他人利益受损失而管理他人事务的，可以请求受益人偿还因管理事务而支出的必要费用；管理人因管理事务受到损失的，可以请求受益人给予适当补偿。”这一规定改变了原有的要求无因管理中受益人对管理人所受的损害完全补偿的规定。

② 程啸：《侵权责任法》，法律出版社2015年版，第104页。

③ 史大伟：《吉林男子见义勇为被刺三刀，身陷困境状告受益人》，载搜狐网，http：//news. sohu. com/20051123/n227568758. shtml，2022年2月22日访问；胡艺：《见义勇为牺牲者被“自杀”是社会之痛》，载华声网，http：//opinion. voc. com. cn/article/201512/20151208 1714017346. html，2022年2月23日访问。

④ 吴训祥：《论无因管理本人的偿还义务——兼论〈民法总则〉第183条第2句的适用问题》，载《法学家》2019年第2期。

种观点认为，见义勇为，尤其是侵权人缺位的见义勇为，是一种特殊无因管理⑤，相较传统无因管理，具有更大的危险性和主观归属性。⑥ 基于此救助者行为特殊性，其补偿应立足于无因管理，适用《侵权责任法》第23条加以救济，改良的重点则聚焦于对《侵权责任法》第23条进行更加合理的解释。⑦ 另一种观点认为，受益人的补偿责任是一种独立法定之债⑧，不同于传统公平责任⑨，当事人无论有无过错都需承担一定侵权责任，其责任来源是法律的特殊规定。此外，还有一种观点认为，受益人的补偿义务属于公平责任⑩，采用公平原则可统一《侵权责任法》中相关规定的责任体系，避免陷入各项规定原则竞合的尴尬境地，同时可为责任的成立和分配方法的确立提供有力的理论基础。⑪

《民法典》颁布后，《民法总则》和《侵权责任法》废止，相关法条发生变动⑫，无因管理说和独立法定之债说在一定程度上丧失了原有的法律依

---

⑤ 张新宝：《侵权责任法》，中国人民大学出版社2013年版，第74页；周友军：《侵权法学》，中国人民大学出版社2011年版，第36页；王雷：《见义勇为行为中受益人补偿义务的体系效应》，载《华东政法大学学报》2014年第4期。司法实践中采取此说的判决，参见广西梧州港航集团有限公司与梁泽培等水上人身损害补偿纠纷上诉案，广西壮族自治区高级人民法院民事判决书（2006）桂民四终字第1号；鲜某某等与袁翠英等见义勇为人受害责任纠纷上诉案，四川省南充市中级人民法院民事判决书（2013）南中法民终字第232号。

⑥ ［德］迪特尔·梅迪库斯：《请求权基础》，陈卫佐等译，法律出版社2012年版，第116页。

⑦ 王雷：《见义勇为行为中受益人补偿义务的体系效应》，载《华东政法大学学报》2014年第4期。

⑧ 王轶：《作为债之独立类型的法定补偿义务》，载《法学研究》2014年第2期。

⑨ 《侵权责任法》第7条规定："行为人损害他人民事权益，不论行为人有无过错，法律规定应当承担侵权责任的，依照其规定。"

⑩ 马俊驹、余延满：《民法原论》，法律出版社2010年版，第1000页；司法实践的类似立场及反思，参见刘之芬等因其亲属在帮送病人中突发意外死亡诉于万春等补偿案，载最高人民法院中国应用法学研究所编：《人民法院案例选》（2003年第4辑）（总第46辑），人民法院出版社2004年版，第137页；郑花阁诉张鹏等见义勇为补偿案，河南省南阳市中级人民法院民事判决书（2004）南民一终字第75号。

⑪ 王利明：《侵权责任法研究》（上卷），中国人民大学出版社2010年版，第268页。

⑫ 如《侵权责任法》第23条，《民通意见》第132条，《民法通则》第109条都对见义勇为有相关规定，可支持特殊无因管理说、独立法定之债说。具体可参见冯德淦：《论无因管理中管理人遭受损害的救济》，载《财经法学》2021年第6期。

据。此外，《民法典》第 979 条统一确立了无因管理和见义勇为的“适当补偿”义务。公平责任说一时成为主流。立法者似也认为见义勇为中救助人所受损害同受益人之间并无因果关系，规定补偿的目的在于分担损失，弘扬良好风气。⑬

但是，公平责任说并非尽善尽美，其内在逻辑构成和外在学说对比均有不足。就内在逻辑框架而言：第一，主体性质差异。公平责任主要强调的是行为人就自身行为所造成的损害承担责任，主体界定为行为人和受害人⑭，而侵权人缺位的见义勇为中受益人的补偿义务则发生在受益人和救助人之间。第二，责任分配方式差异。公平责任下，当事人的责任分配主要考虑其经济状况等因素，而在见义勇为中受益人的补偿义务则是以受益范围和救助人所受损害的程度酌情加以救济。⑮ 第三，责任以义务的违反为产生前提，法律责任的本质是违反“第一性义务”的前提下产生的“第二性义务”⑯，如果将受益人的补偿义务强行解释为未违反“第一性义务”的公平责任，则与通说相背离。第四，规范意旨方面，受益人的适当补偿责任归属于互惠利他主义的定义域。其目的在于赋予受益人一定补偿责任，保护救助者权益。公平责任则是“意图在严格的前提条件下，并且在损失无法归责于另外的人身时，使得加害人承担起赔偿的义务”。⑰

就学说对比而言，支持公平责任说的理由同样可用于支持独立法定之债说，以独立法定之债说解释补偿义务来源，可得确定责任成立与否及分配比例。在某些情况下，独立法定之债说反而更胜一筹。如此规避了在严格区分公平责任原则和过错推定原则、严格责任原则的前提下，依然将公平责任归入了侵权损害补偿责任的概念群中的复杂构造，明确地划清了相关规定与侵权损害补偿责任的界限。⑱ 由此观之，公平责任说的法理依据仍有较大可议

---

⑬ 全国人大法工委民法室：《中华人民共和国民法典释义及适用指南》（上册），中国民主法制出版社 2020 年版，第 362 页。

⑭ 王利明：《侵权责任法研究》（上卷），中国人民大学出版社 2010 年版，第 268 页。

⑮ 全国人大法工委民法室：《中华人民共和国民法典释义及适用指南》（上册），中国民主法制出版社 2020 年版，第 362 页。

⑯ 张文显：《法哲学范畴研究》，中国政法大学出版社 2001 年版，第 121 页。

⑰ ［德］马克西米立安·福克斯：《侵权行为法》，齐晓琨译，法律出版社 2004 年版，第 191 页。

⑱ 王轶：《作为债之独立类型的法定补偿义务》，载《法学研究》2014 年第 2 期。

空间。

（二）实践困境：适当补偿的额度普遍较低

《民法典》施行前，多部法律对见义勇为均有规定，如前所述，见义勇为类型和其法理依据的不同以及不同法律规范的补偿额度不同，导致实践中存在着《民法通则》《民法总则》《侵权责任法》的混合适用。公平责任说的主张立足“从无到有”的思维，强调本无需救济，故实践中的救济力度往往较低，甚至只进行象征性的救济。[19] 以一起典型的侵权人缺位的见义勇为案为例[20]，经查同年河南省的社会年平均工资为10749元[21]，法院判决的补偿额度约为当地20个月社会月平均工资。但同年公安干警中烈士或因公牺牲的，抚恤金额度为去年全国城镇居民人均可支配收入的20倍加本人40个月的工资[22]，可见救助者所获的补偿金远低于公安干警的抚恤金。

综上，以公平责任说的解释方法有一定弊端。一方面，作为立法主要依据的公平责任说存在的固有问题未能解决，在理论建构上难以达到自洽；另一方面，适当补偿中“补”的价值取向被过度放大，判决中更强调“分担损失”，忽略了救助者所受损害和见义勇为之间具有的联系。因此受益人责任不能完全被解释为公平责任，而更偏向于“无因管理中管理人所受损害

---

[19] 相关案例可参见郑花阁诉张鹏等见义勇为补偿案，河南省南阳市中级人民法院民事判决书（2004）南民一终字第75号；刘满强、彭芹、韩丽娜、王梦等见义勇为人受害责任纠纷上诉案，江苏省徐州市中级人民法院民事判决书（2015）徐民终字第3330号；陶小波与闽侯县博来工艺品有限公司见义勇为人受害责任纠纷案，福建省闽侯县人民法院民事判决书（2016）闽0121民初2357号。判决中所确定的补偿额基本维持在损害额的半数及以下，总的来说大大低于损害额。

[20] 郑花阁诉张鹏等见义勇为补偿案，河南省南阳市中级人民法院（2004）南民一终字第75号。原告郑花阁是死者张国林之妻。2003年7月19日下午，被告张鹏与本村周小军、周迅等人一起到南阳市淅川县城西边灌河游泳。下午19时许，被告张鹏落入深水中，大呼救命，原告的丈夫张国林闻声去救助，但不幸溺水死亡，张鹏则被推到浅水处得救。为此原告要求被告张鹏支付安葬费、死亡补偿费、被抚养人抚养费，合计32530元。一审法院在认可张国林的行为属于无因管理的基础上，基于公平责任判决被告补偿原告18000元，原告不服提出上诉，二审法院维持原判决。

[21] 《中国统计年鉴2004》，载国家统计局网站，http：//www. stats. gov. cn/tjsj/ndsj/yb2004－c/indexch. htm，2022年2月23日访问。

[22] 国务院、中央军委《军人抚恤优待条例》，国务院、中央军事委员会令第413号，2004年8月1日发布；民政部《关于国家机关工作人员、人民警察伤亡抚恤有关问题的通知》（已失效），民函〔2004〕334号，2004年12月24日发布。

的特殊存在方式”。[23]

三、受益人补偿义务的教义学构建

正如前文所述，公平责任说在理论和实践层面存在着较多弊端，亟需新的解释论予以回应。结合目前学界的主要理论，应在特殊无因管理说和独立法定之债说之间作出取舍，寻找受益人补偿义务的理论模型。

（一）独立法定之债说的扬弃

1. 见义勇为者法律地位的弱化

持独立法定之债说的学者认为，见义勇为中受益人的补偿义务应以其自身“受益”为前提，即自身的财产利益因见义勇为得以增加，抑或是人身利益和财产利益得以维护，又或者是上述利益没有损失或没有遭受更大的损失。[24]

我国法律均规定见义勇为应满足“为保护国家利益、社会公共利益或者他人的人身财产安全”的构成要件，其中更有29.4%的法规规定其行为应满足“事迹突出”。[25] 反观无因管理则并不要求这些要件。因此，见义勇为具有更高的法理正当性，是一种更高层次的无因管理[26]，其评价应具有更高的妥当性[27]，其救济力度即使不高于一般无因管理，也应保证至少不弱于后者。

若依独立法定之债说展开，与一般无因管理相比，见义勇为者的法律地位反而削弱，其不仅需要证明自身符合他人利益考量，还需证明其行为确有维护受益人利益之实际效果，而无因管理中当事人只需证明其目的在于保护管理人利益即可。这样的评价体系显然不当。

---

[23] 吴训祥：《论无因管理本人的偿还义务——兼论〈民法总则〉第183条第2句的适用问题》，载《法学家》2019年第2期。

[24] 王利明：《侵权责任法研究》（上卷），中国人民大学出版社2010年版，第612页。

[25] 蒋言：《见义勇为救助人权益的私法保障——兼论〈民法典〉第183条与第979条之协调》，载《河北法学》2020年第11期。

[26] 曾大鹏：《见义勇为立法与学说之反思——以〈民法通则〉第109条为中心》，载《法学论坛》2007年第2期。

[27] 缪宇：《论被救助者对见义勇为者所受损害的补偿义务》，载《法学家》2016年第2期。

2. 不符合目的解释要求

此处进行解释的目的属于实然层面上的目的解释，即比照不同学说间的自洽性，并对不同学说与解释目的间的契合程度进行比较。[28] 对于见义勇为中受益人补偿义务性质的解释，其最终目的在于为《民法典》第183条的适用提供理论模型，这更是以体系性作为法理论解释模型的核心所在。[29] 基于此，独立法定之债说在合目的性方面存在不足。

第一，独立法定之债说顾名思义，其主张见义勇为同一般无因管理之间存在质的区别，故可区分一般无因管理概念形成新的理论模型。然而二者在构成要件方面有相似性，如均强调行为人和受益人之间没有法定或约定的义务、行为人行动的出发点在于为他人利益的意思等。此外，二者适用的范围也有重合，部分情况下适用一般无因管理抑或见义勇为均可自圆其说。[30] 由此观之，一般无因管理和见义勇为二者并非完全排斥，其内涵和外延都具有一定统一性。因此，依独立法定之债说进行类型划分不够妥当。第二，独立法定之债说是在对实体法的归纳分析中产生的[31]，相关理论解释固然可满足债的一般性规则，但是这种从具体到抽象的归纳方法导致了其理论体系内部缺乏概括性的共性规则。因此，在对具体条文的解释过程中，需要通过演绎法和归纳法，借助逻辑推理展开，由此产生额外的解释成本，且难以形成共性的结论，进而压缩了其适用价值。第三，独立的法定之债说诞生时间较晚，缺乏域内外的实践经验验证，难以建构规范理论体系，不利于形成统一的法理论解释模型。

综上，独立法定之债说和特殊无因管理说均满足体系自洽性要求，但前者作为解释准据会带来额外的解释成本，较之特殊管理说不能更好满足解释目的要求，因而解释论不应适用独立法定之债说。

（二）特殊无因管理说的证成

本文讨论受益人补偿义务的私法性质，目的在于为实定法的适用阐述规

---

[28] 王轶：《论民事法律事实的类型区分》，载《中国法学》2013年第1期。

[29] 蒋言：《见义勇为救助人权益的私法保障——兼论〈民法典〉第183条与第979条之协调》，载《河北法学》2020年第11期。

[30] 广西梧州港航集团有限公司与梁泽培等水上人身损害补偿纠纷上诉案，广西壮族自治区高级人民法院民事判决书（2006）桂民四终字第1号。

[31] 蒋言：《见义勇为救助人权益的私法保障——兼论〈民法典〉第183条与第979条之协调》，载《河北法学》2020年第11期。

则，应归属“实然”层面的讨论，即对自洽性和解释目的契合程度进行比较，讨论选择哪种方案更为合适。[32]

1. 价值基础的一致性：互惠利他主义

目前我国的立法中并未指明见义勇为的立法价值基础，但立法者的解释将见义勇为的立法价值基础指向了利他主义。[33] 比较法上，德国将见义勇为的价值基础归于 Joseph Kohler 等学者提出的人类互助理论。[34] 由此观之，我国关于见义勇为的立法价值基础首先应归属于利他主义，而在利他主义概念群中进行讨论，应属互惠利他主义的范畴。

互惠利他主义是一种关注行为效果而允许回报动机的利他主义[35]，救助者对于并无保护义务的人施加援手，但并不反对救助者因救助行为获益。比照互惠利他主义与《民法典》第 183 条的规定，可见二者间存在内在的协调一致性。第 183 条中对适当补偿的规定，可被认为是对于“再次重逢”的拟制，将受益人的损害补偿义务界定为法律强制力保障下的受惠一方回报，从而保证了双方的互惠合作关系。[36] 由此观之，见义勇为的立法价值基础在于互惠利他主义，这与《民法典》第 979 条关于无因管理的立法价值基础相吻合。[37]

2. 理论体系的自洽性：理论障碍的破除

在既往的争论中，特殊无因管理说在理论自洽性方面有着两个突出的问题，第一是救助者法律地位的弱化，其论述逻辑同前述所述的独立法定之债说的弊端较为相似：《民法通则》第 93 条肯定了一般无因管理中管理人对

[32] 王轶：《论民事法律事实的类型区分》，载《中国法学》2013 年第 1 期。

[33] 黄薇、全国人大法工委民法室：《中华人民共和国民法典释义及适用指南》（上册），中国民主法制出版社 2020 年版，第 362 页。

[34] John P. Dawson, *Negotiorum Gestio*: *The Altruistic Intermeddler*, 74 Harv. L. Rev. 1961: 817—865.

[35] 刘鹤玲：《互惠利他主义的博弈论模型及其形而上学预设》，载《自然辩证法通讯》1999 年第 6 期。

[36] 蒋言：《见义勇为救助人权益的私法保障——兼论〈民法典〉第 183 条与第 979 条之协调》，载《河北法学》2020 年第 11 期。

[37] 叶玮昱：《论无因管理的适法性——兼评〈民法典〉第 979 条》，载《经贸法律评论》2020 年第 4 期。

所遭受的损害可主张完全偿付[38]，而作为特殊无因管理的见义勇为中的救助者只能主张部分补偿。[39]《民法典》施行后，改变了原有的对一般无因管理和特殊无因管理中管理人遭受损害区分规制，确定了管理人的请求权为补偿请求权，从而消解原有的评价不一之矛盾，基本确定了特殊无因管理中的管理人法律地位不低于一般无因管理。

此外，部分学者认为特殊无因管理说还存在构成要件差异的问题：即无因管理中以行为人和本人无法定或约定义务为构成要件，而见义勇为则无此要件。在笔者看来，上述的理论障碍不足以否定特殊无因管理说，虽然第183条并未明确提及需要满足“无法定或约定义务”的要件，但是凭借见义勇为的司法价值基础，可将履行义务型的见义勇为排除出第183条的适用范围。

首先，就法定义务型的见义勇为而言，公法领域中，救助者所履行的义务为法定的国家对公民基本权利的保护义务，属于非平等主体间的义务关系，因而不存在适用第183条相关规定的可能性；在私法法定义务领域中，其多以救助人负有特别注意义务为前提条件。在这种情况下，救助人和受益人之间的义务关系为单向的，而非基于互惠合作形成的双方义务关系，同样不属于第183条的范畴。其次，就约定义务型的见义勇为而言，其实质属于约定的互惠利他关系。这种互惠利他关系产生于当事人之意思表示合致，非第183条拟制而出，产生于私人的法律行为而非法律规定[40]，因而同样被排除在第183条的规范范围外。对于较罕见的超出约定范围的见义勇为，救助者的行为动机不能被归因于约定义务[41]，应将其认定为“无法定或约定义务”的见义勇为，属于第183条的规范范围。

3. 理论模型的合目的性：对独立法定之债说弊端的规避

特殊无因管理说建构在无因管理的理论框架之内，本质上仍然从属于无

---

[38] 《民法通则》第93条规定：“没有法定的或者约定的义务，为避免他人利益受损失进行管理或者服务的，有权要求受益人偿付由此而支付的必要费用。”

[39] 《民法分则》第183条规定：“因保护他人民事权益使自己受到损害的，由侵权人承担民事责任，受益人可以给予适当补偿。没有侵权人、侵权人逃逸或者无力承担民事责任，受害人请求补偿的，受益人应当给予适当补偿。”

[40] 蒋言：《见义勇为救助人权益的私法保障——兼论〈民法典〉第183条与第979条之协调》，载《河北法学》2020年第11期。

[41] 黄雪兰：《工伤认定及其赔偿规则之探讨》，载《当代法学》2003年第8期。

因管理的概念群，因而不需要考虑与无因管理的理论进行切分，规避了理论模型建构上出现重合的问题。就内部体系的精密程度而言，特殊无因管理说不同于独立法定之债说，这一理论体系的产生和发展由来已久，最早可追溯到罗马法中的相关规范，经过各国长期以来的发展，其理论体系内部内容已经相当精确，逻辑严密[42]，足以支撑对于受益人补偿义务的合理评价。同时，这一理论属于大陆法系国家对于见义勇为行为的传统评价模型，在一定程度上也可凝聚共识，减少争论。

(3) 特殊无因管理说下救助者补偿请求权的合理扩张

至此，已经基本完成了对于受益人补偿义务的性质论证。在特殊无因管理说的理论框架下，对受益人补偿义务的范围，即救助者的损害补偿请求权，可进行适当扩张。

首先，从理论层面上来说，此时的补偿请求权摆脱了公平责任的桎梏，依托无因管理说构造损害补偿理论。不同于公平责任说下出于公益目的“从无到有”的补偿思维，损害补偿理论强调受益人行为和救助者遭受的损害之间具有因果关系，救济是当然之义。基于此，救助者的补偿请求权应得到适当扩张，获得的救济额度也应相应扩大。

其次，就实践层面而言，补偿请求权适当扩张可更好地保护救助者的合法权益。在既往司法裁判中，为使救助者获得更多补偿，法院多会选择借助《民通意见》第132条立足无因管理作出更有利于救助者的裁决。[43] 德国法早在1937年就通过判例的形式[44]对救助者的损害补偿请求权进行了扩张，即认为当救助者遭受损害时，可视作是救助者与受益人之间订立了一个拟制的合同，其中包括赔偿一切可预见的损害的条款。[45]

回顾德国法的立法路径，可以发现费用的范围认定呈现出逐步扩大的倾

---

[42] 刘鑫：《国外好撒玛利亚人法及对我国的立法启示》，载《法学杂志》2017年第9期。

[43] 广西梧州港航集团有限公司与梁泽培等水上人身损害补偿纠纷上诉案，广西壮族自治区高级人民法院民事判决书（2006）桂民四终字第1号；鲜某某等与袁翠英等见义勇为人受害责任纠纷上诉案，四川省南充市中级人民法院民事判决书（2013）南中法民终字第232号。

[44] John P. Dawson, *Rewards for the Rescue of Human Life*? In James M. Ratcliffe (Edited by), The Good Samaritan and the Law, Doubleday & Company, INC., New York, 1966, p. 68.

[45] 徐国栋：《见义勇为立法比较研究》，载《河北法学》2006年第7期。

向。早期德国法认为无因管理中的“费用”必须是财产性且自愿花费的，因此见义勇为中救助者的人身损害就被排除在了救济范围之外，导致了十分荒谬的结果：如果救助者在见义勇为中损坏了自身的拐杖或者衣物，其可根据无因管理获得赔偿，如果救助者在行为中身负重伤，其反倒无法获得赔偿。[46] 这种结果不仅极大削弱了对见义勇为者的救济力度，也加剧了民法和刑法之间的不协调。德国法的历史沿革中所反映的立法初期问题与我国所面临的问题颇为相似，损害与救济不成比例的问题在现阶段的我国同样严峻，由此观之，我国借鉴德国法的立法经验，对损害补偿请求权进行合理扩大当属应有之义。

四、救助者补偿请求权的控制方法论：内外部控制法

至此，本文探讨的核心问题基本已获解决，尚存的问题在于合理扩张的同时，应采取何种方法以合理控制救助者的请求权。固然不能在公平责任论下将受益人的补偿义务划定过小的额度，但也不能在特殊无因管理论下将受益人的补偿义务无限制扩大。

见义勇为中的救助者所受损害多为人身损害，如完全补偿，受益人所负的补偿额度未免过大，将给受益人带来巨大压力。“法不强人所难”，应对救助者的补偿请求权进行适当限制。基于此，无论是《民法通则》还是《侵权责任法》，抑或是《民法总则》都认为特殊无因管理中的管理人只享有适当补偿请求权。《民法典》颁布后，进一步扩大了适当补偿的适用范围，规定一般无因管理中管理人所受的损失，同样适用于适当补偿，由此观之，在我国的立法沿革中，见义勇为中受益人的补偿义务始终被限制在适当补偿的范畴。

《民法典》颁布后对于见义勇为的限缩依托于《最高人民法院关于适用〈中华人民共和国民法典〉总则编若干问题的解释》第 34 条的相关规定。[47]

---

[46] John P. Dawson, Rewards for the Rescue of Human Life? In James M. Ratcliffe (Edited by), The Good Samaritan and the Law, Doubleday & Company, INC., New York, 1966, p. 67.

[47] 《总责编司法解释》第 34 条规定：“因保护他人民事权益使自己受到损害，受害人依据民法典第 183 条的规定请求受益人适当补偿的，人民法院可以根据受害人所受损失和已获赔偿的情况、受益人受益的多少及其经济条件等因素确定受益人承担的补偿数额。”

上述的规定在见义勇为的损害补偿领域主要存在两个问题，第一，将救济的额度限制在受益范围内的限制方法不当，这样混淆了无因管理和不当得利制度，统一的限制方法不利于社会互助；第二，在涉及人身利益的领域中，以受益额度作为限制的标准不妥，生命是无法用价值来衡量的，将人身利益进行物质的衡量有悖于自然法的理念。由此观之，原有的补偿请求权限制标准存在诸多的问题，有待于探索新的控制方法，吸取域外经验，可以反哺我国对损害补偿请求权的控制方法论。

（一）比较法视角：以德国法和瑞士法为切入点

纵观域外，无论是主张必要费用和损害补偿统一规制的国家/地区（如德国和中国台湾），抑或是主张将必要费用和损害补偿区分规制的国家（如奥地利和瑞士）均主张对于救助者的补偿请求权限制。如德国法强调损害和事务执行之间应具有事实因果关系，且损害必须归因于委托执行；而瑞士法则着重考虑损害发生是否可归因于事务的固有风险，同时综合考量危险程度、法益价值等因素，最终诉诸法官的自由裁量权对救济的额度加以确定。[48]

我国和德国、瑞士同属大陆法系国家，我国民法与其一脉相承。在见义勇为领域，德国和瑞士业已制定相对完善的法律，对解决我国目前的问题颇有借鉴意义。德国法上，《德国民法典》第670条和第683条规定，本人需要承担管理人在管理过程中所产生的费用，且这一费用并不局限于本人获益的范围内。此外，德国法又对必要费用作了扩张解释，将损害补偿请求权纳入了必要费用的范畴。不仅如此，德国学者认为不能仅因为本人没有过错就排除完全补偿原则的适用，固有风险下的损害同样需要救济，这是因为无因管理本身依托于委托合同的媒介，《德国商法典》第110条第1款规定，公司在“直接因执行业务或与执行业务不可分离地联系在一起的危险而遭受损失的”股东应当负担补偿义务。委托合同应当类推适用上述标准，同样的，无因管理也应遵循这一标准，如管理人所遭受的损害来自管理密不可分的风险，则本人应承担完全补偿责任。对于精神损害和死亡补偿金的问题，德国学者同样认为其可被归属于必要费用。尽管如此，德国法也认为应对损

---

[48] ［德］克里斯蒂安·冯·巴尔、［英］埃里克·克莱夫：《欧洲私法的原则、定义与示范规则：欧洲示范民法典草案》，王文胜等译，法律出版社2014年版，第158—166页。

害补偿请求权进行限制，即除了损害和事务执行具有事实因果关系之外，损害必须归因于委托的执行，两者之间需要具有相当性。同时，德国法也强调要综合考量当事人的情况和具体案情，对受益人的补偿责任进行衡平裁减，最大程度保证责任分配的合理性。如显然不必要的、单纯为救助者自身考虑的、违反受益人指示的支出均不属于补偿的范围。[49]

就瑞士而言，瑞士法将考量的重点放在对事务固有风险的判断之上，并不完全以因果关系作为衡量的依据。[50] 具体而言，法官需综合考量危险程度、法益价值、主体财产情况、危险和救助风险的比例关系、事务管理效果、管理人是否具有专业身份、主体过错、可归责于当事人的行为方式和具体情节等因素[51]，最终得出裁决结果。从上述规定来看，瑞士法仍然是对具体的损害补偿额予以衡平裁减，对于受益人的损害补偿额度进行了一定限缩。

总之，德国法还是瑞士法整体上形成了以固有风险为衡量的主要依据，综合其他因素对补偿责任进行衡平裁减的方式。

值得注意的是，德国法和瑞士法对于救助者损害补偿请求权的解释方法在内部解释路径中有一定差别。德国法并未区别对待必要费用和遭受损害，即对见义勇为过程中自愿支出和非自愿支出的费用统一于“必要费用”之中；而瑞士则采用了区分必要费用和遭受损害的二元规制方法，即对于必要费用，主张应全部赔偿，而在遭受损害方面则主张对于完全赔偿原则加以修正，综合考量多种因素对于最终赔偿数额进行裁减。此外，两国法对损害的赔偿额度确定方法也不尽相同。瑞士法进一步细化了因果关系的判断，即以是否属于固有风险作为判断标准，如此在一定程度上回避了“相当性”判断的主体差异，保证了司法裁判一致性。[52]

纵观我国见义勇为领域的立法历程，一直坚持二元模式[53]，对于必要费

---

[49] 吴从周：《见义勇为与无因管理——从德国法及台湾地区法规定评河南法院判决》，载《华东政法大学学报》2014 年第 4 期。

[50] BGE 129 III 181.

[51] 缪宇：《论被救助者对见义勇为者所受损害的补偿义务》，载《法学家》2016 年第 2 期。

[52] 徐国栋：《见义勇为立法比较研究》，载《河北法学》2006 年第 7 期。

[53] 冯德淦：《论无因管理中管理人遭受损害的救济》，载《财经法学》2021 年第 6 期。

用通常适用《民法通则》第93条的规定，原则上应完全赔偿；对于救助者遭受的损害即非自愿支出的费用，则适用《民法通则》第109条的规定，给予救助者适当补偿，更偏向于公平责任论上的二元构造，这一点在《民通意见》第142条上可见端倪，即对于补偿额度只考虑受益人的获益和其经济状况。

综上，从解释方法延续性的角度考虑，我国的控制方法论应借鉴瑞士法的相关经验，以固有风险为考量的主要因素，同时综合考量危险程度，紧急状况等外在因素，确定救助者的损害补偿请求权之范围。此外，我国见义勇为领域立法的重心在于让见义勇为者无后顾之忧，让他们得到及时的救治和妥当的安排。[54] 因此可考虑借鉴德国法的相关经验，适当放宽救济的范围，对精神损害和特殊情况下非固有风险导致的损害，同样赋予救助者损害补偿请求权。

（二）我国控制方法论的展开：内外部控制法

1. 内部控制法：以固有风险为标准的类型化划分方法

在见义勇为过程中，救助者所遭受的损害并不一定都来自固有风险。一方面，救助者的介入可能会带来固有风险之外的风险；另一方面，救助者的救助行为的失当可能会带来固有风险的损害范围之外的损害。针对非固有风险情况，尽管救助者损害同救助的事项之间存在一定关联，但因其超过了固有风险的范畴，阻断了两者间的因果关系。[55] 此时，如果仍按照固有风险的补偿方法，主张受益人全额支出，将使其承担不合情理的负担。因此，在内部控制法中我们可考虑瑞士法的相关规定，将救助者的损害事由是否属于救助行为中的固有风险作为考量的主要因素，对于案件的性质进行类型化划分。对于属于固有风险的，无论是人身损害还是财产损害，原则上需要受益人进行全额补偿。这是因为这些固有风险原本应由受益人个人承担，但是救助者冒着可预料的风险进行救助，分担了原本需要由受益人个人全部承担的损害，基于互惠利他主义和风险分担的考量，受益人应对救助者的损害全额

---

[54] 徐国栋：《见义勇为立法比较研究》，载《河北法学》2006年第7期。

[55] 蒋言：《见义勇为救助人权益的私法保障——兼论〈民法典〉第183条与第979条之协调》，载《河北法学》2020年第11期。

补偿。[56] 而对于并非由固有风险所引起的损害，因为其阻断了两者之间的因果关系，救助者所承担的损害并非受益人本当承担的风险，受益人无需就此全额补偿。

关于固有风险如何判断的问题，实践中可考虑采用两步走的方法：对于因果关系较为简单的，可清晰判断的，将裁量权直接赋予法官，由法官对于案件事实进行查明，当受益人所受的损害同固有风险之间符合相当性的，则属于固有风险类案件，否则属于非固有风险类案件。因为相关事件之间的因果关系很难实现100%的证明，如果要求救助者对于损害和固有风险之间的关系证明，证明责任未免过重，削弱了对救助者的救济力度，因此学界普遍认为只需损害和固有风险之间达到盖然性或者高度盖然性，救助者所受的损害源于固有风险即可得证，如我国台湾学者就主张："如果可能性超过一定比例之时，已经达到高度盖然性，甚至只要达到51%以上之时，此时是就无需按照比例责任来确定赔偿范围，而应全部赔偿。"[57] 若事务的因果关系比较复杂，难以通过简单的事实查证和逻辑推理进行判断，可考虑引入"概率因果关系理论"，在进行自由心证和论证说理的基础上，借助相关条文进行规范性解读[58]，最终根据因果关系之间的概率决定受益人承担的补偿比例。

此外，德国法中认为合理的精神损害也应得到救济。在见义勇为案件中，救助者为帮助他人自身承受了"本不应"的损害，如果根据既往判例中法院所主张的"不是基于不法侵害""精神损害不属于直接损失"等原因对精神损害补偿请求加以拒绝，似过于冰冷，与精神损害抚慰金"补偿、抚慰"的价值相悖。[59] 在既有司法实践中，已有部分法院认可了精神补偿的请求[60]，出于裁判一致性的考虑，也应将精神抚慰金纳入损害补偿的范

---

[56] 蒋言：《见义勇为救助人权益的私法保障——兼论〈民法典〉第183条与第979条之协调》，载《河北法学》2020年第11期。

[57] 陈聪富：《因果关系与损害赔偿》，北京大学出版社2006年版，第204页。

[58] 冯德淦：《侵权损害完全赔偿原则之新阐释》，载《西南政法大学学报》2018年第3期。

[59] 张新宝：《精神损害补偿制度研究》，法律出版社2012年版，第43页。

[60] 龚雄明、崇阳县供电公司与李秋良无因管理纠纷案，湖北省咸宁市中级人民法院民事判决书（2015）鄂咸宁中民终字第468号。黎婂俏与吴雪燕见义勇为人受害责任纠纷案，浙江省象山县人民法院民事判决书（2017）浙0225民初5710号。

围内。

2. 外部控制法：生计酌减制度和公平责任制度

为避免补偿请求关系中一方承担过重的责任，需要在进行类型划分的基础上引入外部控制方法，对于双方所承担的责任进行一定损益。为此可考虑引入生计酌减制度和公平责任制度。

（1）生计酌减制度

该制度重点在于避免受益人承担过重的补偿责任导致生活困难。诚如前文的论述，见义勇为中救助者所遭受的损害往往涉及人身损害的内容，其损害额度往往过高，如果要求受益人对此承担完全补偿的责任，太过苛刻。因此，可考虑通过生计酌减制度，对补偿的额度进行裁减。比较法上的依据有《瑞士债务法》第44条第2款和我国台湾地区“民法”第218条，这些规定都强调如果损害赔偿义务人非以故意或重大过失造成损害，履行赔偿义务会导致义务人陷入窘困的境地，法院可予以酌减。[61] 我国民诉法中也规定，应保留被执行人及其所扶养家属的生活必需费用。[62] 对被执行人尚且如此，对于受益人进行生计酌减在法价值层面合情合理。由此观之，对于救助者的赔偿请求权引入生计酌减制度于理有据。

（2）公平责任制度

这一制度的目的在于避免救助者自身承担过重的负担，特殊情况下救助者遭受损害无法归因于救助行为，但是出于社会公平层面的考量，可酌情增加其补偿的额度。救助者遭受损害的原因并非固有风险，受益人本不需要承担损害赔偿义务。但是由于救助者行为源于紧急状态，为保障救助者的利益，弘扬社会互助，可考量通过公平责任制度赋予受益人一定补偿义务。这在德国法中也有所体现，如《德国民法典》第680条就规定了“为免除危险而管理事务”的情形，设立了故意或重大过失情形除外的豁免。

上述制度都是在承认完全赔偿原则正当性的基础上，对于特殊和极端情况的例外规制。二者并非公平责任制度的具象化体现，而是对特殊无因管理说理论框架下完全赔偿原则的技术性修正。“也正是因为需要坚持完全赔偿

---

[61] 林易典：《论法院酌减损害赔偿金额之规范》，载《台大法学论丛》2007年（第36卷）第3期。

[62] 《民事诉讼法》第250条第1款规定：“被执行人未按执行通知履行法律文书确定的义务，人民法院有权扣留、提取被执行人履行义务部分的收入。但应当保留被执行人及其所扶养家属的生活必需费用。”

原则，才要在外部发展出损害酌减制度，本质上属于自然法和公法对私法的介入。”[63]

结语

《民法通则》实行以来，我国的法律规范长期存在着见义勇为和无因管理的区分规制，造成了司法适用上的困难。《民法典》将二者统一，虽然一定程度上增强了体系性，但是由于“适当补偿”的表述，使得见义勇为中受益人的赔偿义务被错误地架构在了公平责任上。在未来适用《民法典》过程中，受益人的赔偿义务应定义在特殊无因管理说的理论模型中，避免公平责任说下救助者补偿请求权的过度限缩，保护救助者的合法权益。此外，对于救助者的补偿请求权应凭借内外部控制法保障其动态平衡，确保见义勇为在无因管理框架内价值的实现，弘扬见义勇为的良好风气，实现救助者和受益人间权利义务的平衡。

（责任校对：谭婉静）

---

[63] 冯德淦：《见义勇为中救助人损害救济解释论研究》，载《华东政法大学学报》2020 年第 2 期。

死缓人格构造之提出*

——关于死刑缓期执行的适用标准新探

邹子铭**

摘　要： 长久以来，死刑缓期执行之适用标准不明仍未解决；即便学界已提出诸多方案，但均未从量刑角度予以考量。建立以人格为基础的死缓标准不仅有助于行为刑法与行为人刑法的动态平衡，而且是撇清刑法术语暧昧态度的必然之路；同时亦是法治国下明确性与谦抑性的必然选择。死缓人格构造由人格恶性阈值、被害人谅解以及被害人过错三方因素组成。首先，人格恶性可以分为相对恶性与绝对恶性，前者应当适用死缓，后者一般应当不适用死缓；其次，被害人谅解是死缓适用的一项重要条件，但不谅解不得作为立即执行的因子；最后，“犯罪——违法——违背道德——轻微过错”之四元过错体系，分别对应着死缓适用的不同情况。三个结构各司其职的同时又相互交织、相辅相成。

关键词： 死缓人格构造；行为人刑法；人格恶性阈值；被害人谅解；被害人过错

自死缓制度确立至今，死刑立即执行（以下简称死立执）和死刑缓期执行（以下简称死缓）的界限仍未明确。刑事政策上通过“少杀慎杀”勉强划分二者，但并未根本地解决这一问题，且基于政策限制死刑适用的压力，死缓的适用不可避免地扩大。此外，死立执必须报请最高人民法院核准，而死缓同时也可以报请高级人民法院核准。如此便进一步加剧程序失效

* **基金项目：** 本文系2017年度司法部国家法治与法学理论研究项目一般课题“中国死刑司法限制适用路径研究”（项目编号：17SFB2019）阶段性成果；苏州大学第二十四批课外学术科研基金一般项目“我国特色轻罪问题研究”阶段性成果。

** **作者简介：** 邹子铭，苏州大学王健法学院硕士研究生。

的风险，核准程序的不统一亦阻碍死立执与死缓划分的界限。有鉴于此，与其提出相应的刑事政策、司法解释或会议决定，毋宁着手在实体法上进行改造。相较于后者，前者极易陷入适用偏重的窠臼。囿于二者间模棱两可的界限，被告人的生死大权往往由法官掌握，某些应适用死缓的犯罪分子被判处死立执，抑或迫于严格适用死刑的压力，应适用死立执的犯罪分子却被判处死缓。“死刑与死缓之间存在着严重的不协调，死缓并未发挥其应有的严厉性和效用，死缓和死立执的严厉性差距过大，严重妨碍了其惩罚犯罪功能的发挥。”① 于是，为确立死缓适用科学化、规范化、体系化的客观标准，本文将从行为人刑法的宏观角度出发，将死缓适用框定在被告人人格恶性和被害人谅解及过错方面，从而明晰死缓与死立执的界限，破除当前实现刑事法治正义之桎梏。

一、缘起：死缓适用标准模糊

（一）“不是必须立即执行”无明确标准

死缓适用存在前置条件和实质条件。首先，《刑法》第 48 条规定了死刑只能对罪行极其严重的犯罪分子所适用这一前置条件；其次，“不是必须立即执行”则是适用死缓的实质条件。究竟何为“不是必须立即执行”？缺乏统一成文的标准使得裁判者量刑裁判时掺杂主观因素，增加了实践中的适用难度。“‘不是必须立即执行’与其说是适用死缓的条件、标准，不如说是对适用死缓结果的追认。”② 因此，其似乎仅为实现限制死刑过多适用而所欲达成的结果而服务，却并非回答究竟何为“不是必须立即执行”。当前，区分死立执与死缓的标准仅在某些会议纪要以及指导意见中③略有涉

---

① 李翔：《论刑法修正与刑罚结构的调整》，载《华东政法大学学报》2016 年第 4 期。

② 赵兴洪：《确立先例标准促进死缓适用之规范化》，载《法学》2009 年第 11 期。

③ 《全国法院维护农村稳定刑事审判工作座谈会纪要》和《关于为构建社会主义和谐社会提供司法保障的若干意见》中均规定了若存在被害人过错因素从而激化案件发生的，那么原则上一般不应判处死刑立即执行。《全国法院审理金融犯罪那件工作座谈会纪要》以及《全国部分法院审理毒品犯罪案件工作座谈会纪要》中明确规定犯罪数额或毒品数量不严重，以及具备其他法定或酌定量刑情节的则不判处死刑立即执行。《关于贯彻宽严相济刑事政策的若干意见》亦从侧面显现出死刑立即执行与死缓的区别，即“对于因恋爱、婚姻、邻里纠纷等民间矛盾所引发……应酌情从宽处罚”。

及，死缓适用大体包括以下情形：（1）被害人存在过错；（2）民间矛盾引发的刑事案件；（3）犯罪标的额度不严重或存在法定或酌定的量刑情节。然而，此类规定并未体现死缓与死立执的实质性区别，毫无疑问它将是中国刑法总则里模糊的标准之一。④ 即便此类标准在实践中形成了某种范式，但散居于各类规范性文件，无助于司法人员理解及掌握。对此，应当构建死缓适用的共性标准，以明晰何为“不是必须立即执行”。

（二）刑法条文过于“暧昧”

“‘可以’适用死缓”凸显了死缓的次要地位。由于死缓并非独立刑种，加之刑法术语本身的“暧昧”态度，死缓的地位不得不次于死立执。死缓作为一种补充，在非必要适用死立执的情况下才得以适用。司法实践中法官往往在非紧迫或非必要的前提下，抑或是迫于政治或政策的压力，才会选择死刑缓期执行。⑤ 立即执行作为适用死刑的原则，而缓期执行则为适用的例外。此外，刑法术语的“暧昧”限制了死缓的适用，既“可以”适用死缓，也“可以不”适用死缓；由于没有特定的规范标准，“可以与否”大部分由司法人员内心判断；在“同态复仇、杀人偿命”之朴素民意的压力之下，立即执行难免成为死刑适用的首选。最后，部分司法实践中即便符合“不是必须立即执行”的情形，仍然有可能被判处死立执。“不是必须立即执行”的情形在司法实践中呈现多样态，具体到个案中又具有广泛的情节竞合性，并且在把握该情形上，当不同罪有共性的同时，具体个罪又往往会有所侧重。⑥这样就极易造成自由裁量权的不当扩大，导致司法恣意。故有必要厘清死立执与死缓的界限，从而显现出刑罚应有的梯度性，并体现罪责刑相适应的刑法原则。

二、评判：死刑缓期执行的理论分歧

（一）死缓废止论

鉴于立即执行与缓期执行界限模糊，有学者主张废除死缓，认为二者之

④ 陈兴良：《中国死刑的当代命运》，载《中外法学》2005 年第 5 期。

⑤ 苏彩霞：《中国刑法国际化研究》，北京大学出版社 2006 年版，第 147 页。

⑥ 陈兴良：《宽严相济刑事政策研究》，中国人民大学出版社 2007 年版，第 65 页。

间逻辑相悖、缓期执行弊大于利。⑦其一，毋庸置疑的是，死缓作为刑事政策的衍生品，必然是一种“刑事政策——司法实践——理论框架”天生畸形的逻辑，“这种理论逻辑不足以自足，其本身的合理性无从证明，与其说是在立法上缝缝补补抑或是在理论上聚讼不已，还不如直接抛弃死缓制度”。⑧其二，之所以说死缓弊大于利，正是因为死缓与无期徒刑别无二致，即便死缓确实在一定程度上限制了死刑，加之被判处死缓的犯罪人在两年缓刑期间也很难转变为立即执行，这就代表着被判处死缓的犯罪人必然转换为无期徒刑甚至是有期徒刑的结局。⑨ 此外，由于缺乏规范性标准，极易造成本应被立即执行的犯罪人被缓期执行抑或是本应缓期执行的犯罪人被立即执行，演化为诱发司法腐败与恣意的病灶。

主张废除死缓的观点恐怕过于激进。死缓作为刑事政策与政治制度的产物，对死刑限制适用发挥着不可代替的作用，尤其在不能立即废除死刑的前提下，死缓便是权宜之计。相反，倘若废除死缓，被判处立即执行的人数势必大幅度上升；无期徒刑与死刑之间产生巨大落差，刑罚体系产生无法调和的矛盾；没有必要立刻执行的犯罪人将丧失改过自新的机会，同时也是对预防论的否定以及对报应论的强化。

（二）死缓前置论

死缓前置论是指被判处死刑的犯罪人都必须缓期执行，只有在此期间内违反相应条件的才能被执行死刑。⑩主张该理论的学者从限制死刑角度出发，但基于当下各种因素的影响，死缓制度的意义并未充分发挥。因此，若欲在不废除死刑的基础上加以改造或限制，那么必须将缓期执行作为通用惯例、立即执行作为例外。⑪并且，在刑事条文的基础上将“可以”变更为“应当”，助于为司法人员提供明确、指导的术语。“将死缓作为死刑执行的必经程序是全面废除死刑的必要准备，是符合国情需要和刑罚理性发展的必然

---

⑦ 肖松平：《死缓制度之检讨：法律逻辑与政治话语的双重展开》，载《南华大学学报（社会科学版）》2007年第4期。

⑧ 叶良芳：《死缓适用之实质标准新探》，载《法商研究》2012年第5期。

⑨ 贾佳：《〈刑法修正案（九）〉与死缓制度的完善》，载《净月学刊》2016年第3期。

⑩ 陈兴良：《刑法哲学》，中国政法大学出版社2004年版，第213页。

⑪ 吴宏耀、罗海敏：《死刑的程序控制——中国死刑改革的必由之路》，中国政法大学出版社2014年版，第112—115页。

趋势；并且这是一种在保持死刑框架大体不变的情况下的一种小范围变动，它有助于为限制或废除死刑铺垫下浓墨一笔。”⑫

不可否认，死缓作为前置程序确实产生一定抑制死刑的效果，但忽视了中国法治背景。其一，相当于完全抛弃了立即执行。我国采用主客观相统一为入罪标准，适用死立执的前提条件当然要求犯罪人的主观意图极其恶劣与客观手段极其残忍相结合，倘若采用死缓前置论，犯罪人即使实施了严重残暴的罪行仍不会被立即执行死刑，这显然是对入罪标准的隐形突破；其二，社会公众及部分司法人员也可能无法接受。死刑作为中国数千年来不可缺少的刑罚方式之一，报应观念早已深入人心，单一的执行方式亦很难被贯彻。申言之，这种死缓前置程序即便着重突出了刑罚的预防功能，但却和报应和预防兼具的刑罚目的相悖。

（三）死缓先例论

死缓先例论认为应建立死缓适用的个性化标准以构造一套先例体系。可以说，死缓先例是一种司法解释，产生于法官在审判各类死刑案件中总结得出的个性标准，“通过明确死缓适用标准，守护中国刑法的第二条生死线，践行‘国家尊重保障人权’的宪法原则，因而它是目前规范死刑裁量最为可行的方法。”⑬

这种观点存在着难以操作的困难：第一，主张死缓先例论的学者并未详细论证应由哪个层级的人民法院颁布先例，这就产生了效力冲突的磕绊；遑论死缓先例是中级、高级人民法院审理的抑或是最高人民法院死刑复核的先例，仍不明晰。第二，司法实践中同案不同判的现象经常出现，那么“从先例中提炼出的规则能否适用于待决案件仍需法官斟酌，如在决定是否将‘因具有自首情节而判处死刑’这一先例规则适用于待决案件时，法官必须对先例于待决案件的相似度进行比对”。⑭如此一来，这种模式使司法程序更为烦琐。第三，先例标准是指导性的或是强制性的并不明确；若是前者，那么法官的选择性适用无疑是自由裁量权扩大化的一种表现；若是后者，那么与其他规范性文件的效力冲突又将是新的矛盾。

---

⑫ 张文、黄伟明：《死缓应当作为死刑执行的必经程序》，载《现代法学》2004年第4期。

⑬ 赵兴洪：《确立先例标准促进死缓适用之规范化》，载《法学》2009年第11期。

⑭ 叶良芳：《死缓适用之实质标准新探》，载《法商研究》2012年第5期。

三、证成：死缓人格构造之成因性分析

（一）合理性：强化主客观平衡量刑之需

诚然，主客观相统一原则为入罪和量刑提供了规范指南与理论指导，但在司法实践中却成为"喊口号"式的存在。首先，主观与客观的概念模棱两可，"主观"和"客观"指代的是要件还是因素，法教义学有着不同的解释。这导致司法人员难以把握统一的量刑尺度，尤其是在涉及生命的死刑上，一旦造成冤假错案后果无法挽回。其次，主客观相统一是平面化的统一，缺乏科学性。具言之，现阶段主客观相统一只能提供形式意义价值，过于抽象化。量刑中偏重客观因素已成为一个不争的事实；正如学者所言，"重客观轻主观"成为如今主客观相统一的弊端之一。⑮主客观相统一强调犯罪构成有机统一但却未精准地回答它们如何有机统一，易陷入解释循环学的窠臼。

刑法学不应仅是行为刑法，更应侧重于行为人刑法，以考察行为人实施犯罪的心理动因，准确施加刑罚；刑罚适用均应以探索人的因素为出发点。从人格责任论角度出发，犯罪行为是行为人人格的主体的实现，故责任的第一次基础当然是犯罪行为，但人格一方面受环境背景制约，同时又是行为人主体性地形成的，故在行为责任的背后，存在第二次的责任基础，便是对人格形成的责任的非难。正如学者所言，"犯罪行为与人格不可分离，人格的形成虽然受社会环境制约，但又是主体自身的努力所形成的，因而可以针对人格态度对行为人加以非难。"⑯ 因现阶段主客观相统一原则存在内涵模糊不清、适用方面单一、欠缺可操作性等问题，为此需建立成型配套的主观因素体系使其具体化，权宜之计便为构建人格评价体系。正义、秩序与自由作为刑法的三大价值，要求定罪与量刑要考虑客观方面，而且更需要注重人格阈值以作为排除犯罪和罪刑均衡的实质标准。死缓前置论和先例论等都没有站在人的立场上。因此，笔者提议，死缓适用的标准应以人格刑法学为导向，紧紧围绕狭义的犯罪关系主体——被害人与被告人两个维度，通盘考察被告人的人格恶性阈值、被害人是否谅解以及被害人是否存在过错及过错的

⑮ 齐文远、周详：《对刑法中"主客观相统一"原则的反思——兼评主观主义与客观主义》，载《法学研究》2002 年第 3 期。

⑯ 张明楷：《外国刑法纲要》，法律出版社 2020 年版，第 164 页。

大小以此建立起一种三段论的死缓人格构造。这乃是因为刑法学是行为刑法和行为人刑法的统一，但我国刑事诉讼法过于偏重行为刑法。简单来说，行为刑法主要运用于定罪，在客观上强调危害行为匹配何种刑事条款及罪名；行为人刑法主要运用于量刑，刑种及其轻重的判处均离不开对犯罪主体人格的考量。学者们的研究均未从量刑角度考察，不利于实现量刑的形式正义与实质正义的动态平衡。

当然，我国现行刑法规定死刑只适用于罪行极其严重的犯罪分子，这是客观的判断标准，亦表明刑事条文陷入偏重客观的泥淖。在刑事一体化背景下，主客观相统一不仅仅是定罪原则，更应作用于量刑和行刑领域，单凭"罪行极其严重"并不利于保障被告人权益，有违罪责刑相适应原则之虞。理论界热衷于行为无价值抑或是结果无价值的讨论，正表明对行为人刑法关注不足。可见，有关行为人刑法的研究阙如，这并不利于主客观相统一在刑事一体化背景下得以全面贯彻。即便《刑法》第13条有相关行为人刑法的"韵味"，但该条款只能作用于出罪而无法涉及量刑。因此，将人格评估引入死缓适用标准中，不仅契合主客观相统一原则，并且弥补了主观方面关注度不足的缺陷，有利于实现司法正义。

（二）可行性：撇清术语暧昧之路

目前，学界有两种观点来解释死缓的适用标准：一是社会危害性说；二是主客观相统一说。前者认为只需单纯考察行为造成的社会危害⑰，显而易见，这忽视了行为人的主观因素，并不符合主客观相统一原则。而后者标准考察何为"不是必须立即执行"，主要从客观危害性与主观恶性两个角度判断犯罪人是否必须立即执行。诚然，这确实与中国目前主流的入罪模式相契合，但由于主客观相统一自身过于抽象、笼统、模糊，进而造成适用死缓的可操作性不强。所以，主张社会危害性说或主客观统一说的学者均将死缓制度当作主客观因素的附属品而脱离死缓本身加以解释。笔者认为，与其说改变抽象的主客观相统一原则，毋宁单独明确死缓适用标准。

具体而言，应建立以被告人人格为基础、被害人谅解及过错为辅的死缓人格构造以明晰何为"不是必须立即执行"。"'可以'缓期两年执行"的术语表明对死缓制度本身的暧昧，因此有学者主张将"可以缓期两年执行"

⑰ 胡云腾：《死刑通论》，中国政法大学出版社1995年版，第122—124页。

变更为“应当缓期两年执行”方可解决这一痼疾。[18]这种观点有待商榷。一方面，变更后仍然缺乏客观规范的死缓适用参考体系，如何确定死缓适用的例外情况仍然棘手；另一方面，将“可以”置换为“应当”是死缓前置论的另一种表述，即便前置论确实可以提升死缓的地位，但却忽视了犯罪的具体情况，有违罪、责、刑相适应原则。那么，撇清刑法术语对死缓制度的暧昧态度，万全之策正是构建规范化、科学化、系统化的死缓人格构造，从根源上为死缓适用提供明确参照。

（三）必要性：明确性与谦抑性之选

由于“不是必须立即执行”语焉不详所造成适用上的弹性与罪刑法定原则所要求的法律条文明确性相悖，缺乏清晰明确的标准意味着不同的法官可能得出不同的死刑适用结论。在司法实践中，已有诸多案件从立即执行改判为缓期执行，例如早先的刘涌案、李昌奎案、吴英案等案件，侧面显示出法官在死刑适用上把握不准而陷入两难境地。而构建清晰明确的死缓适用标准，不仅有利于在明确性话语体系的前提下限制自由裁量权，还有利于减少错判风险，强化人权保障机能。“没有法律就没有刑罚的原则的真正危险并非来自类推，而是来自不确定的刑法规定。”[19]建立死缓人格构造以契合罪刑法定下的明确性原则，能减少司法恣意与裁判随意，从而确保刑事法治各项机能的动态平衡和高度统一。另外，言及刑法谦抑性，除在入罪层面应谨慎使用刑事手段，还应在量刑层面审慎节制。

回归死刑适用的语境，只要死缓能够实现罪刑均衡，那么就不应判处立即执行。不过，这仍是大致原则，并未解决死缓适用标准的核心问题。因此，必须构建出统一的死缓人格架构以满足死刑量刑的谦抑性的需求。

四、对策：死缓人格构造的具体设计

（一）人格恶性应作为死缓适用的评判标准

刑法意义上的人格是行为人刑法的产物，“刑法责任是以对行为人的违

---

⑱ 彭新林：《酌定量刑情节限制死刑适用：价值、空间与路径》，载《法学》2014年第9期。

⑲ H. Wellesley, Das deutsche Strafrecht. Eine systematische Dasretellung, Walter de Gruyter& co. 11. Aufl. 2011, S. 27.

法性进行人格非难可能性为基础的，对行为人适用刑罚的前提条件的总和”。[20]尽管有学者指出判断罪行是否极其严重应结合行为刑法以及行为人刑法，但仍未实质性解决难题。具体而言，“罪行极其严重”不仅是指法益侵害极其严重，而且包括人身危险性极其严重。[21]目前，尚未建立起评判人身危险性的客观配套体系，始终是主观评判。为此，笔者主张以人格恶性取代人身危险性，作为死缓适用的标准之一。建立一个类似化学 pH 值的人格恶性阈值表：阈值 6.0 以下（不包括本数）的应当适用死缓，阈值 6.0 以上（包括本数）的则适用死刑立即执行。

此外，如何确定阈值处于 6.0 以下或以上？笔者认为，应以犯罪内因子以及犯罪外因子之二元标准综合认定。详言之，犯罪内因子涵摄犯罪前、中、后三方面。犯罪前因子[22]包括初犯或偶犯、激情犯罪、行为人准备实施犯罪的时间长短、犯罪前科等；犯罪中因子包括行为人是否放弃犯罪、犯罪手段残忍度、共同犯罪中的作用力大小等；犯罪后因子包括再犯可能性的大小、认罪悔罪、退赃退赔、自首立功、坦白情节、危害结果等。需要指出的是，笔者并非主张犯罪人需完全具备上述条件才属于相对恶性，而是只需满足犯罪前、中、后各 1 个因子，即总数 3 个即可断定人格为相对恶性。以云南省高级人民法院刑事判决书（2016）云刑终 576 号为例[23]，犯罪人谢某同时具备犯罪前因子之初犯、犯罪中因子之在共犯地位为帮助犯，以及犯罪后因子之积极认罪悔罪并帮助公安机关抓获其他犯罪分子，符合人格相对恶性，故而最终被判处死缓。需要指出，笔者并非表达与犯罪有关因素是评判人格恶性阈值的绝对标准，当犯罪人不满足 3 个犯罪内因子时，仍可由其他犯罪外因子做补充；但犯罪内因子不可或缺。

犯罪以外的因素涵摄社会主流价值观共识因素，如征信系统是否有负面

---

[20] ［日］大塚仁：《人格刑法学构想（上）》，张凌译，载《政法论坛》2004 年第 2 期。

[21] 魏汉涛：《毒品犯罪死缓的司法偏差与匡正——基于 100 份死缓判决书的分析》，载《现代法学》2018 年第 5 期。

[22] 即便在现有的刑法理论中，手段是否残忍、是否认罪悔罪、是否自首坦白等属于法定或酌定从宽量刑情节，但这些因素在司法实践中对被告人所起到的实际减轻量刑的作用并不明显。因此，笔者有意将原被认为法定或酌情从宽处罚的情节转化为评判人格恶性程度的标准，以此便于法官进一步掌握这类因素，进而评判被告人人格恶性程度而决定是否适用死缓。

[23] 谢某运输毒品罪案，云南省高级人民法院刑事判决书（2016）云刑终 576 号。

记录、是否受到过行政处罚以及犯罪人的社会生活状况（见义勇为、救死扶伤、向贫困地区捐钱捐物、献血输血等）。但这需要分情况讨论：其一，当犯罪人只满足1个犯罪内因子，则需6个犯罪外因子配平；其二，当犯罪人满足2个犯罪内因子，则需3个犯罪外因子配平；其三，当犯罪人满足1个犯罪内因子，则需6个犯罪外因子配平。

笔者建议采用扣减制，假设被判处死刑的被告人恶性初始阈值为10；犯罪内因子分值为1.5；犯罪外因子分值为0.5。当满足犯罪有关因子3个以上的，或满足犯罪内因子2个或2个以下及犯罪外因子3个或6个以上的，方可判断被告人为相对恶性。

（二）被害人谅解是适用死缓的重要条件

被害人谅解对死缓适用具有实质性的意义。根据笔者的实证分析，自2015年以来，因被害人谅解而改判死缓的案件数量逐步上升并保持平稳。（详见表1）

表1　2015年以来因被害人谅解而改判死缓的案件数量统计

统计时间	全年改判死缓案件总数	因被害人谅解而改判死缓的案件	占比
2015年1—12月	32	20	62.5%
2016年1—12月	38	22	57.9%
2017年1—12月	41	28	68.3%
2018年1—12月	43	30	69.8%
2019年1—12月	45	31	68.9%
2020年1—12月	30	20	66.7%
2021年1—12月	27	18	66.7%

笔者认为，一方面，正视被害人谅解有助于提高被害人在犯罪关系中的地位，实现法益恢复。从法益侵害角度出发，在国家尚未形成前，犯罪人与被害人是犯罪关系中的主体，法益侵害具有具体性、单独性、聚合性，法益救济或恢复亦需通过被害人自身实现；在国家形成后，犯罪人与国家便成为犯罪关系中的主体，国家并不完全放开私力救济允许被害人自救。在“犯罪—国家”的单一模式下，犯罪首当其冲被视作对国家、社会利益的侵害；法益侵害具有抽象性、高度性、稀薄性。“被害人的个人利益往往被排除在

视野以外。”[24]这种劣势在死刑适用中尤为突出，唯一的方法是以刑事附带民事诉讼使被害人参与到犯罪关系中，但作用微乎其微。调查数据显示，自2001年起，刑事附带民事诉讼的获得赔偿率不足20%，甚至在偏远地方不足10%。[25]即便现阶段司法实践中将被害人谅解普遍认定为酌定量刑情节之一，但被害人谅解在死缓与死立执之间的区分的作用力仍不明显。对此，有学者认为应当建立起“犯罪人—被害人—国家”的三元犯罪结构模式[26]，笔者深以为然。现有刑事诉讼改造的重点之一正在于使被害人参与到犯罪关系中，为其提供理性表达合理诉求的平台，所以在死缓适用的场合上应当强调被害人谅解因素的实质化，这有助于将救济权还归于被害人的同时减少国家对司法权的掌控，修正了传统“犯罪人—国家”二元犯罪结构的痼疾，促进犯罪人与被害人达成和解，优化社会关系。另一方面，有利于减轻司法负担、提高司法效率。退一步而言，即便无意改造现有的犯罪结构，但在“犯罪人—国家”二元结构模式下，被害人参与犯罪关系的唯一方法只能是提起刑事附带民事诉讼进而获得赔偿。倘若犯罪人私下对被害人进行了赔偿并获取了被害人的谅解，那也就意味着被害人的法益得到了恢复，无需再提起刑事附带民事诉讼以救济其法益，减轻了讼累。

不过，需强调的是，被害人谅解只能作为适用死缓的重要条件，却不能是绝对标准，乃是因为不得将被害人不予谅解作为从重处罚的事由。从“杀人偿命”与报应与预防的刑罚目的出发，司法实践中绝大多数被害人并不谅解犯罪人，反而希望被害人被立即执行死刑。[27]这意味着被害人谅解在大多数情况下无从谈起，那么刑罚的预防功能亦无处发挥。令人惋惜的是，最高人民法院曾发布的两个指导案例中均存在被害人不予谅解因素[28]，从而使得被告人被判处死缓并限制减刑或死立执。这明显是一个绝不利好的讯

---

[24] 杜文俊、任志中：《被害人宽恕与死刑适用——以恢复性司法模式为借鉴》，载《社会科学》2005年第12期。

[25] 黄宏、纪承伟、韩淑静：《公民遭刑事侵害多难获赔偿，个人意外需社会关爱》，载《浙江日报》2012年8月17日，第4版。

[26] 叶良芳：《死缓适用之实质标准新探》，载《法商研究》2012年第5期。

[27] 宣刚：《被害人谅解书与死刑适用的困境与出路》，载《内蒙古社会科学（汉文版）》2016年第5期。

[28] 最高人民法院指导案例第4号和第12号（刑事部分），载百家号“法制视界”，https：//baijiahao. baidu. com/s? id = 1689134620646507252&wfr = spider&for = pc，2022年6月19日访问。

息，在死刑裁量中完全不顾犯罪所造成的客观实际结果，抛弃罪刑均衡原则，一味地迎合被害人及其近亲属的要求是一件十分可怕的事情。[29]犯罪人真心悔罪并积极赔偿，抑或是犯罪人罪行极为严重，由于被害人或其近亲属“不谅解或谅解”就导致犯罪人被判重刑或轻刑，显然是对人权保障机能以及罪责刑相适应原则的突破。当罪恶过于严重，超过了极端的界限或人类的界限，当它变得惨绝人寰的时候，那就无从再谈宽恕。[30]即当犯罪的危害结果极其严重、犯罪手段极为残忍、对国民情感造成强烈冲击时，被害人谅解可能并不能成为适用死缓的标准。

因此，应辩证地看待被害人谅解的作用，被害人谅解作用的绝对化意味着私力救济的扩大化，极有可能重陷“犯罪人—被害人”的二元犯罪结构。从应然角度讲，被害人不谅解并非酌定从重情节，不应影响法官的死刑裁判，在缺乏精神和宽容文化而崇尚“杀人偿命”的中国，尤其更应强调这一点。[31]若将被害人不予谅解作为从重处罚的情节，其既侧面强调了被害人的私力救济权，也会侵蚀“犯罪人—被害人—国家”三元犯罪结构模式。一言以蔽之，在犯罪人被判处死刑的场合下，若存在被害人谅解的因素，那么可以对犯罪人适用缓期两年执行，但即使被害人不予谅解，也不能因此作为酌情从重处罚犯罪人的因素。

（三）死缓适用需要考虑被害人过错因素

被害人过错也是适用死缓需要考量的一个重要因素。根据相关数据，侵害生命权、健康权的案件中，其中存在被害人过错的占总数的60%。[32]而在笔者实证调查中收集的610份数据样本中，其中有64份存在被害人过错因素，而在这64份样本中，共有62份适用死缓，约占比97%。因此，处理好被害人过错与死刑裁量之间的关系，不仅进一步深化贯彻落实少杀慎杀的死刑政策，而且还有助于维护罪刑均衡原则。一些犯罪行为发生之前犯罪人与被害人的相互作用排除了将不法行为完全归咎于犯罪人，因此部分犯罪行

---

[29] 黎宏：《死缓限制减刑及其适用——以最高人民法院发布的两个指导案例为切入点》，载《法学研究》2013年第5期。

[30] ［法］雅克·德里达：《宽恕：不可宽恕和不受时效约束》，杜小真译，载《江苏社会科学》2002年第1期。

[31] 付立庆：《案例指导制度与故意杀人罪的死刑裁量》，载《环球法律评论》2018年第3期。

[32] 高憬宏：《和谐语境下的死刑适用》，载《人民司法》2008年第5期。

为应归责于被害人。[33]一般来说，刑事案件的起因可以分为仅存在加害原因、加害原因与被害原因共存两种。既然犯罪事实的引起、危害结果的发生存在“加工”，那也就意味着这种“加工”本应是被谴责的，它与犯罪行为别无二致，同样会产生破坏社会秩序、影响国民安全感、削弱社会正义的效果。不仅如此，被害人过错还能体现被告人的人格恶性阈值程度。[34]被害人过错不仅是刺激行为人自我决定实施犯罪行为的心情之因素，还是引起行为人实施危险行为以及在因果流程中强化行为人实施行为的危险之因素[35]；同时，量刑的公正化和科学化要求正确对待被害人过错。罪刑均衡主义的内涵在于所判处的刑罚与行为的危害程度之间的阈值相平衡，这正需要通过量刑的公正、科学来实现。在行为刑法与行为人刑法的影响下，量刑不仅需要考察行为危害性，还要综合考量犯罪人的人格。从刑罚预防和个别化原则的要求出发，针对行为人主观恶性和人身危险性的大小不同，在死刑裁量时亦应予以体现。[36]在死刑适用的语境中，综合考察被害人有无过错及其大小以及分析引起犯罪事实和发生危害结果的作用流，有助于准确分担责任，实现罪刑均衡要求的量刑公正与科学。

值得肯定的是，被害人过错在司法实践中，尤其是在死刑裁量上已经成为重要的因素之一。[37] 但是，被害人过错在死刑裁量上的地位及标准仍模糊不清，以至于导致两个相似案件的判决存在天壤之别。[38]构建起“犯罪人—被害人—国家”的三元犯罪关系以及修复司法正义，根源在于构建被害人

[33] 陈旭文：《西方国家被害人过错的刑法意义》，载《江南大学学报（人文社会科学版）》2004 年第 1 期。

[34] 如果危害结果的发生其中一部分作用流可以归咎于被害人，那么犯罪人并不是引起犯罪发生的唯一作用力，这就说明犯罪人的期待可能性较弱、忽视刑法禁止规范的意识可能性较大、责任非难性较低。

[35] 冯军：《刑法问题的规范理解》，北京大学出版社 2009 年版，第 77 页。

[36] 彭新林：《被害人过错与死刑的限制适用》，载《法学杂志》2017 年第 11 期。

[37] 《全国法院维护农村稳定刑事审判工作座谈会纪要》和《关于构建社会主义和谐社会提供司法保障的若干意见》均强调，凡是案件起因因素可以部分归咎于被害人的，就不应当判处死刑立即执行。

[38] 《蒋爱珍案》，载百度百科，https：//baike. baidu. com/item/蒋爱珍/7282583？fr=aladdin，2022 年 8 月 24 日访问；参见《陕西高级人民法院二审公开审理张扣扣案》，载北大法宝网，https：//www. pkulaw. com/news/dfd8fd1e121fe2b9bdfb. html？keyword=张扣扣&way=listView，2022 年 8 月 24 日访问。

过错的规范性标准。令人遗憾的是，直至死刑废改运动盛行的今天，刑法学界对被害人过错与死刑适用之间的关系的研究成果阙如。迄今为止尚未建立起一套成型客观的被害人过错标准体系以供司法人员参考，这就导致不同的地方有着不同的被害人过错认定标准，影响司法裁判的统一性与公正性。按过错程度而言，被害人过错当然可以分为严重过错、一般过错和轻微过错三种，同时这也是学界的通说以及司法实践中的通例，被害人过错在裁判文书上主要体现为“引起案件的发生”“对激化矛盾负有直接责任”“明显过错”等，但这种过错的评价标准主要来源于法官的自由心证，而非客观化、科学化的评价标准。

笔者认为，“严重、一般和轻微”术语或“引起案件的发生”“对激化矛盾负有直接责任”过于主观化，这就为扩大自由裁量权埋下了风险。为此，有必要构建起“犯罪—违法—违反道德—轻微过错”体系层次化的被害人过错标准以供司法人员参照，从而在适用死刑的场合下清晰明确地决定适用立即执行还是缓期执行。根据笔者掌握的实证分析数据，被害人具有以下过错之一的，方可对犯罪人适用死缓。(详见表2)

表2　适用死缓的被害人过错事由

序号	刑事案号	被害人过错事由	性质
1	(2009) 商中刑一初字第07号	被害人醉酒后到被告人处无端争吵并引起斯打，经劝解后再次谩骂	违法
2	(2015) 百中刑初字第30号	被害人与他人发生婚外情	违反道德
3	(2015) 六刑初字第28号	被害人多次用言语侮辱被告人	违法
4	(2015) 酒刑一初字第1号	被害人用刀威胁并刺伤被告人在先	犯罪
5	(2015) 广法刑初字第33号	被害人与被告人早有矛盾并主动挑衅	违法
6	(2015) 黄中法刑初字第1号	被害人为谋取利益长时间对被告人采取非法限制人身自由、侮辱、殴打、恐吓等行为	犯罪
7	(2016) 内09刑初字12号	被害人殴打被告人在先	违法或犯罪
8	(2016) 粤刑终1397号	被害人在工作岗位责骂顾客被告人	违法

续表

序号	刑事案号	被害人过错事由	性质
9	(2106) 晋10刑初字38号	被害人因其女儿感情问题多次到被告人家寻衅滋事	犯罪
10	(2017) 湘刑终28号	被害人在婚姻期间内出轨	违反道德
11	(2017) 津刑初第43号	被害人欠被告人债务不还并不承认债务存在	违法
12	(2017) 浙07刑初50号	被害人破坏被告人婚姻家庭关系	违反道德
13	(2018) 内05刑初65号	被害人作为被告人女友的前夫，通过电话、短信、微信等形式多次恐吓被告人及其女友	违法或犯罪
14	(2018) 云05刑初18号	被害人殴打被告人在先	违法或犯罪
15	(2018) 冀10刑初19号	被害人殴打被告人在先	违法或犯罪
16	(2019) 甘09刑初12号	被告人与被害人案发前并无争执，系被害人主动从屋内冲出并手持自来水管殴打被告人	犯罪
17	(2019) 川32刑初3号	被害人纠缠被告人妻子并与其发生性关系	违反道德
18	(2019) 云06刑初5号	被害人与被告人争执在先并追至被告人家里质问被告人	违法或犯罪

基于上述实证分析，不论是被害人存在何种类型的过错，18名被告人最终的判决结果均是死缓。诚然，上述案例中被害人过错并不是决定适用死缓的唯一因素，笔者亦无意表明凡是被害人具有过错则必适用死缓这一观点，而是主张每一过错的属性不同则意味着死缓适用作用力大小的不同。尽管有的学者主张，被害人过错只能是不法的不正当行为而不包括不得被法律谴责的道德行为。[39]但这种观点值得商榷。认定被害人过错的目的不是为了对其进行谴责或量刑，而是作为对被告人的责任可非难性高低的判定的手段。认定被害人过错是手段，它服务于被告人量刑之目的，这种影响量刑的

[39] 蒋鹏飞：《作为辩护理由的被害人过错：概念界定、理论基础与认定标准》，载《中国刑事法杂志》2009年第8期。

因素可谓是人性的体谅。[40]即便道德过错纳入过错体系标准将会导致可谴责性、责任可非难性的复杂化、烦琐化，但基于刑法正义的需求，完全可以通过立法或良风善俗解决这一问题。基于此，刑事法律意义上的被害人过错，不仅包括道德上的过错，同时也包括法律上可以谴责的行为。[41]

笔者建议，犯罪行为的过错，阻却死立执的作用力极大；违法行为的过错，阻却死立执的作用力较大；违反道德的过错，阻却死立执的作用力适中；轻微过错的，阻却死立执的作用力较弱。这就为通过主观判断传统被害人过错的症结提供了客观化、全面化、体系化和规范化的标准。在刑法场合下，如果被害人对损害结果的发生也负有一定程度上的责任，那么将损害责任完全归咎于违反刑罚规范的人是不公平的；在责任承担的场合下，并不是说对案件发生负有一定责任的被害人进行谴责，而是根据可谴责性的大小决定刑罚的轻重，考察被害人过错，降低了被告人可谴责性程度。[42]

进一步而言，至于被害人过错而对适用死缓的作用程度仍需分情况讨论。其一，当被害人过错构成犯罪时，以刑罚为标准：（1）被害人行为构成3年以上有期徒刑的，对犯罪人应当适用死缓；（2）被害人行为构成3年以下有期徒刑以及徒刑以外其他刑罚的，对犯罪人可以适用死缓。其二，过错为违法行为时，应当考虑对犯罪人适用死缓。其三，过错为违反道德的，可以考虑对犯罪人适用死缓。其四，过错程度轻微时，一般不阻却对犯罪人适用死立执。另外，被害人过错与案件发生必须具有刑法意义上的因果关系，否则，被害人过错不得成为死缓适用的评判标准。最后，需要指出的是，笔者并未一味地片面强调被害人过错是适用死缓的唯一因素，而是既要充分考虑被害人过错的性质和程度，又不能把整个案件的犯罪事实割裂开来，不能孤立地就被害人过错谈被害人过错。[43]在考虑被害人过错的同时，仍应结合上文所提及的犯罪人人格恶性程度和是否获得被害人谅解等各项条件，最终对犯罪人是否应当适用死缓作出评判。

---

[40] 初红漫：《故意杀人案件死刑限制之被害人过错情节的提取与界定》，载《重庆大学学报（社会科学版）》2018年第5期。

[41] 杨丹：《被害人过错的刑法涵义》，载《比较刑法研究》（第一卷），中国人民大学出版社2007年版，第171页。

[42] R. A. Duff, *Responsible Victims (Partly) Justified Offends*, The Ohio State Journey of Criminal Law, 2010, p. 215.

[43] 彭新林：《被害人过错与死刑的限制适用》，载《法学杂志》2017年第11期。

（四）死缓人格构造在裁判中的适用公式

前文已述，死缓人格构造以被告人人格恶性阈值为核心，被害人谅解及过错为辅助，那么审判者如何统筹该标准从而裁量是否适用死缓？笔者认为，一方面，倘若被告人人格阈值被证成相对恶性的，此时方可判断适用死缓，被害人谅解或过错可以在此基础上进一步减轻刑罚。另一方面，倘若被告人人格阈值被证成绝对恶性的，此时也不得盖棺论定不适用死缓，而是需进一步考量被害人谅解或过错标准：第一，若取得被害人谅解的则当然适用死缓；若未取得谅解，则需进一步考察被害人是否存在过错；第二，若被害人存在过错，则需考察过错具体类型所对应的不同情况；若不存在过错，那么不应当适用死缓。

结语

在充分肯定死缓制度作为限制死刑适用的一种司法策略的同时，亦应当反思死缓适用标准模糊的问题。幸运的是，学界并未停止对这一问题的探讨，并主要提出了“死缓前置论”“先例论”“独立刑论”等学说。但是，这类学说始终未从量刑本质出发。对此，笔者所提出的死缓人格构造与前述理论迥异之处在于既不是死刑适用的前置化体现，更不是如同“先例论”那般主张适用死缓的个性化标准，而是在死刑适用的基础上，根据人格从而判断出是否应适用死缓。

以被告人人格恶性、被害人谅解及过错组成的死缓人格构造，是从行为人刑法的角度出发并有助于实现量刑形式正义与实质正义二元统一的集大成者。三个分子并不是毫无联系或各自独立的，而是相互统一结合的有机整体。一方面，各分子各司其职的同时又互相作用，最终服务于死缓。被告人人格恶性程度的评价，离不开对被害人是否谅解及过错的考察；反之，获得被害人谅解或被害人过错程度较高的，亦可以为人格恶性提供因子。另一方面，并不是说只要满足人格构造的其中一个分子即可适用死缓，而是须综合考察被害人谅解和过错两个因素，不得偏重于某一因素。死缓人格构造的三个支撑点并不是各自独立、单独作用的，而是相互交织、相辅相成的。对犯罪人人格恶性的考察离不开被害人的谅解和被害人的过错，反过来，人格恶性阈值亦反映着被害人引起案件发生的作用流程度的强弱。

需要指出的是，笔者无意通盘强调死缓适用绝对依赖主观因素，而是在理论界和实务界侧重于客观因素而忽视主观的今天，提出死缓人格论以引起司法者注意；是否适用死缓不仅需要判断罪刑是否极其严重，同时需要考察犯罪主体人格，从而深化落实主客观相统一原则。笔者认为，即便是死缓在死刑适用中占比较高的今天，量刑也必须完完全全地站在人的角度，即对犯罪人恶性的考察以及对被害人谅解和其过错程度的考量乃是正当的注解。对于人格的衡量，并不在于法官运用自由裁量权的主观定夺；死缓人格构造是一个客观化、科学化、系统化的死缓适用体系，法官在此基础上根据各种客观指标客观地判决被告人的刑罚，准确适用死缓。除此之外，死缓人格构造仍应与法定的或酌定的量刑情节共同作用，法官应当综合评判，对犯罪人判处更为正当合理的刑罚。

（责任校对：刘　宁）

国有土地使用权出让合同的性质探讨*

——以民事合同与行政协议的区分标准为中心

陈敬立**

摘　要： 国有土地使用权出让合同的性质存在着民事合同与行政协议的争议。从传统公私对立的视角出发，主体说、目的说、行政优益权说、公权力说等都无法准确界定合同性质，反而陷入无法识别的困境。在承认土地出让具有阶段性的前提下，借助“双阶理论”区分复合法律关系的功能，能够确定内容要素是区分民事合同与行政协议的关键。通过“合同内容”标准的检验，国有土地使用权出让合同应被认定为民事合同。有关诉讼模式争议也值得反思，当前的行政协议救济模式有较大的局限性，而民事诉讼模式更具优势。基于公私融合的时代背景，在国有土地使用权出让合同的性质识别与诉讼救济问题上都需要进行价值平衡。

关键词： 国有土地使用权出让合同；行政协议；双阶理论；内容要素

一、问题的提出

国有土地使用权出让合同，也称建设用地使用权出让合同，实践中一般认定为民事合同。但行政法理论与实务界对其性质提出了不同的见解，将其纳入行政协议的范畴。

此种冲突首先反映在立法上，《最高人民法院关于审理涉及国有土地使用权合同纠纷案件适用法律问题的解释》（法释〔2005〕5号）间接将其认

---

* **基金项目：** 本文系国家社科基金重点项目“民法典实施中的国家利益保护问题研究”（20AFX016）阶段性成果。

** **作者简介：** 陈敬立，武汉大学法学院硕士研究生。

定为民事合同[①]，《民事案件案由规定》直接规定“建设用地使用权出让合同纠纷”为案由之一，《民法典》则规定建设用地使用权的取得设立需要依法订立出让合同。但是，2020 年 1 月 1 日施行的《最高人民法院关于审理行政协议案件若干问题的规定》（以下简称《行政协议司法解释》）直接列明该解释的适用范围包括“矿业权等国有自然资源使用权出让协议”。

定性分歧亦反映在司法实务中。在《行政协议司法解释》颁布前，最高人民法院对该合同性质的判断问题争议极大，支持民事合同[②]与行政协议[③]的判决相互对立，总体上呈现“民事审判庭认定为民事合同，行政审判庭认定为行政协议”的特征。而在《行政协议司法解释》颁布实施后，最高人民法院民事审判庭仍有判例将国有土地使用权出让合同认定为民事合同[④]；行政审判庭亦有判例否定行政协议的定性。[⑤] 争议问题并未因《行政协议司法解释》颁布而得到彻底解决。

值得思考的是，为何会出现国有土地使用权出让合同性质认定的争议问题？其原因在于缺乏明确的标准厘定合同性质。因此，当务之急在于找到区分民事合同与行政协议的合理标准。

二、国有土地使用权出让合同的性质判断

国有土地使用权出让合同性质的识别标准需要上升到对民事关系与行政关系的区分。沿着“民事”与“行政”的区分脉络，存在众多标准。

---

① 该司法解释注明“……结合民事审判实践，制定本解释”。

② 烟台泰盛置业有限公司诉海阳市国土资源局建设用地使用权出让合同纠纷管辖权异议案，最高人民法院（2017）最高法民辖终 328 号民事裁定书；滁州市伟华置业有限公司诉定远县国土资源和房产管理局建设用地使用权出让合同纠纷案，最高人民法院（2019）最高法民申 2276 号民事裁定书。

③ 萍乡市亚鹏房地产开发有限公司诉萍乡市国土资源局不履行行政协议案，最高人民法院指导案例 76 号（2016 年）；临安风顺旅游用品厂诉浙江省杭州市国土资源局临安分局、浙江省杭州市临安区人民政府行政纠纷案，最高人民法院（2018）最高法行申 11070 号行政裁定书。

④ 华宁福华汽贸服务有限公司诉华宁县自然资源局建设用地使用权出让合同纠纷案，最高人民法院（2020）最高法民申 4269 号民事裁定书。

⑤ 中日青年交流中心秦皇岛办事处诉秦皇岛市自然资源和规划局、秦皇岛市人民政府国有建设用地使用权出让协议案，最高人民法院（2020）最高法行申 13827 号行政裁定书。

（一）实务标准

最高人民法院在相关指导案例中详细阐述了应考虑的识别要素，认为界定行政协议与民事合同应从主体要素、目的要素、内容要素、意思要素四个方面入手，并在此基础上从形式标准和实质标准两个层次进行识别。⑥尽管如此，法院对各要素内涵的理解天差地别。

首先，主体要素要求协议双方当事人具有特定性，形成典型的行政机关与行政相对人的固定构造。有判例认为，淮南国土局与禹洲房产公司所进行的交易国有土地使用权行为，应当是属于其作为民事主体以意思表示为核心作出的民事法律行为，而不是行使管理职权的具体行政行为。⑦ 而也有判例认为，葫芦岛市资源局与鸿亿公司签订的建设用地出让合同包含大量具有行政法律关系的内容，资源局是为了达成管理目标和公共利益，才依据自身法定职责范围与私人主体签订协议，不应当认定为平等主体协商的合同。⑧

其次，目的要素要求协议必须是为了实现行政管理或者公共服务目标。有判例认为，土地转让是为了完成土地建设以及完善相应配套设施，其体现了国土部门代表国家履行相应行政职责，符合实现公共利益的根本要求。⑨而也有判例认为，行使国有土地所有权的处分权能所体现的目的，不能跨越权利设定而过分扩张至公共利益的实现和管理目标的达成。⑩

再次，内容要素要求协议内容必须具有行政法上的权利义务内容。有判例认为，土地管理部门需要承担向受让方提供土地使用权的主给付义务，同时享有收取土地出让金的权利；受让方可如期合法取得土地使用权进行建设使用，但也要承担及时支付足额出让金并按照法定和约定要求合理使用土

---

⑥ 大英县永佳纸业有限公司诉四川省大英县人民政府、四川省大英县回马镇人民政府不履行行政协议案，最高人民法院（2017）最高法行申195号行政裁定书。

⑦ 淮南禹洲房地产开发有限公司诉淮南市国土资源局建设用地使用权出让合同纠纷案，最高人民法院（2016）最高法民终729号民事判决书。

⑧ 葫芦岛鸿亿房地产开发有限公司诉葫芦岛市自然资源局、葫芦岛市龙港区人民政府土地出让行政协议案，辽宁省高级人民法院（2019）辽行终1048号行政判决书。

⑨ 安阳市易祥置业有限公司诉汤阴县国土资源局建设用地使用权出让合同纠纷案，最高人民法院（2018）最高法民申3890号民事裁定书。

⑩ 烟台泰盛置业有限公司诉海阳市国土资源局建设用地使用权出让合同纠纷管辖权异议案，最高人民法院（2017）最高法民辖终328号民事裁定书。

地、不随意改变用途等义务，合同双方的主要权利义务大体上是对等的。⑪相反判例指出，出让方土地管理部门同时作为管理者有权对合同履行过程进行监督，当受让方未按约定合理使用开发土地或者擅自变更土地用途时有权予以纠正，甚至享有无偿收回使用权等权利，上述合同内容更多体现协议的行政性。⑫

最后，意思要素与形式标准内容一致，要求行政协议如同普通的民事合同一样体现双方当事人之间的协商自治。有判例认为土地出让合同的签订成立过程离不开土地管理部门和受让方的协商，双方需要对出让合同中涉及的具体权利义务内容在意思表示上达成一致。⑬

（二）学说观点

学界提出了众多标准区分民事合同与行政协议。合同主体标准主张直接以主体身份作为区分标准⑭，但此标准过分流于形式。合同目的标准主张仅以公共利益作为合同定性标准⑮，但此标准的问题在于公共利益概念本身具有相当大的模糊性。行政优益权标准主张以合同中所包含的“监督权、单方变更或解除的权利、制裁权”等行政优益权作为判断标准，但学者批评到出让方具有优势权利并不是行政协议的特有“专利”。⑯ 除此以外，新近还出现了一些较有影响力的观点：

一是市场行为标准。有学者认为，行政协议区别于民事合同的最大特征在于合同订立是否具有市场行为性，行政机关在与相对人订立协议时，若是作为管理者的身份，此时订立合同不是市场平等交易，仍是属于行使行政权

---

⑪ 黄石市自然资源和规划局诉黄石华夏置业有限公司、黄石国力置业有限公司国有土地使用权转让合同纠纷案，湖北省高级人民法院（2019）鄂民终1120号民事判决书。

⑫ 葫芦岛鸿亿房地产开发有限公司诉葫芦岛市自然资源局、葫芦岛市龙港区人民政府土地出让行政协议案，辽宁省高级人民法院（2019）辽行终1048号行政判决书。

⑬ 烟台泰盛置业有限公司诉海阳市国土资源局建设用地使用权出让合同纠纷管辖权异议案，最高人民法院（2017）最高法民辖终328号民事裁定书。

⑭ 陈无风：《行政协议诉讼：现状与展望》，载《清华法学》2015年第4期。

⑮ 王学辉：《行政何以协议：一个概念的检讨与澄清》，载《求索》2018年第2期。

⑯ 张海鹏：《论国有土地使用权出让合同的民事定性——兼评76号指导案例》，载《求是学刊》2019年第4期。

的范畴。[17]

二是资源公共性标准。有学者则从资源稀缺视角出发，认为国有土地使用权出让合同具有行政性的原因在于资源的公共性，行政协议需基于资源公共性和实现全民利益所要求的物有所值原则内嵌于土地等公共资源管理制度体系之中。[18]

三是公权力标准。有学者从分配行政的理念指出，土地出让中“行政许可+有偿取得”是行政权主导的纵向分配，区别于横向分配——“可以流转”的民事权利性。[19] 亦有学者将其称为“行政权作用”，其含义在于行政机关仅凭行政权的高权性和单方性即可导致实际法律关系的产生，外在体现为行政机关利用行政权时的干预程度与控制能力。[20]

（三）分歧与共识

在最高人民法院总结的标准中，各要素定义本身流于形式，要素之间存在重叠包含关系。在理论层面，民法学者与行政法学者所赞同的标准因知识背景与研究领域的原因呈现两极分化的态势。

具体而言，现有标准存在以下特点：一是论证领域明显不同。两方观点都坚实地建立在各自领域的知识体系之上；二是对要素内涵的理解天差地别。主体要素上的分歧在于行政机关在土地出让中到底扮演何种角色。目的要素上的分歧在于如何确定“公共利益”这一概念的适用范围。内容要素上的分歧在于双方聚焦的合同内容条款不一致。只有在意思要素上双方观点达成了一致。

有学者批评到，国内理论界大多从既定理论出发对行政合同进行说明研究。[21] 德国法上的“双阶理论”为我们提供了一个新的视角重新审视这一问题。

---

[17] 王利明：《论行政协议的范围——兼评〈关于审理行政协议案件若干问题的规定〉第1条、第2条》，载《环球法律评论》2020年第1期。

[18] 陈国栋：《行政协议审判依据的审查与适用——76号指导案例评析》，载《华东政法大学学报》2018年第3期。

[19] 王天华：《分配行政与民事权益——关于公法私法二元论之射程的一个序论性考察》，载《中国法律评论》2020年第6期。

[20] 王学辉、邓稀文：《也谈行政协议族的边界及其判断标准》，载《学习论坛》2019年第1期。

[21] 张树义：《行政合同》，中国政法大学出版社1994年版，第3页。

三、“双阶理论”与“合同内容”标准

立足于公私合作的理念，“双阶理论”一方面能够化解主体要素与目的要素的争议，另一方面又突出了内容要素的核心地位。“合同内容”标准应当以合同的主权利义务为核心，进而区分民事合同与行政协议。

（一）识别标准争议之渊源

法国复合标准模式的行政合同理论影响了我国行政协议制度的发展，其将“公共服务之标的”标准与“超越普通法之要素”标准作为识别行政合同的主要手段。其主要内容为：当合同与公共服务之间存在直接且明确的关系，即合同作为直接执行公务的手段，那么此合同则径直被认定为行政合同；若不能直接体现公务关系，则需要辅之以“超越普通法之要素”进行判断，只有存在此种要素时才能认定为行政合同。[22] 最高人民法院总结的区分标准大体借鉴了法国的标准。

学界引入法国行政合同理论却忽视了我国立法与司法的适配问题。中国行政协议制度在实体法上缺乏法国式的公共服务价值取向，在程序法上所对应的诉讼模式本身不具备高度的独立性，不存在法国的绝对二元司法体制。在中国，私法合同制度必然不断地质疑法国式行政合同的合理性，法官不得不依附于私法合同的框架来处理实务问题，无法摆脱私法干扰重塑独立可行的行政合同制度。[23]

据此，我们需要引入新理论对各要素的功能进行梳理，既不能走向单一化的思维模式，也不能忽视各个要素之间的协调问题，德国法上的“双阶理论”提供了一种全新的思考模式。

（二）“双阶理论”的基本原理

1.“双阶理论”的提出

“双阶理论”的提出源于德国法中的补贴救济问题，德国学者汉斯·彼得·伊普森1956年在《对于私人的公法上辅助》一文中首度使用“双阶理论”的概念。其认为行政对于私人所为债务保证申请的决定行为，并不只

---

[22] 陈天昊：《在公共服务与市场竞争之间 法国行政合同制度的起源与流变》，载《中外法学》2015年第6期。

[23] 李颖轶：《论法国行政合同优益权的成因》，载《复旦学报（社会科学版）》2015年第6期。

是为了形成第二阶段之资金辅助给付的前阶段或者前提条件而已。若此时是一个拒绝申请的决定，则必须进一步确认，此一决定并非一个单纯仅具民事法性质的法律行为，而应属一个不进一步形成后续法律关系的公法上高权行为。若是一个许可申请的法律关系，则必须在法律关系的内部再区分相互结合的部分公法与部分私法的两个法律关系。伊普森认为前一阶段适用公法救济，后一阶段适用私法救济。㉔

2. 公私法的区分标准与我国现状

通常意义上的“双阶理论”指的就是“行政前置＋民事合同”，但其后期发展出“行政前置＋行政合同”的模式。因此，第二阶段既可以适用私法，也可以适用公法，需要根据更为具体的标准来认定属于私法关系还是公法关系。㉕

在德国实务适用“双阶理论”的过程中，对公私法的区分采修正主体说，即国家或其他主体以公权力主体的身份享有权利或承担义务者，若适用的法律规范专属于国家的职务性规范，则认定为公法；若某一法律规范对任何人均可适用，则应认定为私法。㉖“双阶理论”后一阶段的合同性质亦取决于公私法的区分。

而在我国，公法与私法的区分未见通说，“主体说”㉗“利益说”㉘“权力说”㉙ 都是常见的观点。在民事合同与行政协议的区分问题上，主体要素与“主体说”相关，目的要素与“利益说”相关，内容要素与“权力说”相关。可见针对此问题，我国采取的是综合标准。

㉔ 严益州：《德国行政法上的双阶理论》，载《环球法律评论》2015 年第 1 期。

㉕ 尹少成：《PPP 协议的法律性质及其救济——以德国双阶理论为视角》，载《政法论坛》2019 年第 1 期。

㉖ 严益州：《德国行政法上的双阶理论》，载《环球法律评论》2015 年第 1 期。

㉗ 公法主体至少有一方是国家或由国家授予公权并以公权主体之身份参与法律关系者，私法主体都是个人、非公权者的团体或非以公权主体身份参与法律关系的国家或公权者。参见梁慧星：《民法总论》，法律出版社 2017 年版，第 34 页。

㉘ 凡是旨在维护公共利益的法是公法，凡是旨在维护私人利益的法为私法。参见孙国华、杨思斌：《公私法的划分与法的内在结构》，载《法制与社会发展》2004 年第 4 期。

㉙ 公法以国家权力为本位，通过国家自上而下地调整利益；私法以个人权利为本位，通过当事人的意思自治调整利益。参见李龙：《法理学》，武汉大学出版社 2011 年版，第 91—92 页。

有观点虽赞同“双阶理论”，但仍指出虽然具有行政特征的内容大部分经过协议形式转化为合同权利义务，其依然离不开行政法律的体系规制。[30]所谓的行政性质内容，是指行政机关用以维护公共利益的一些特权条款。[31]上述质疑受到了“权力说”的影响，也说明修正主体说在合同定性上存在适用与理解的问题。

本文在引入“双阶理论”的同时，也赞同修正主体说。但随之需要回答以下问题：一是如何回应我国实务中基于综合标准形成的判断要素；二是修正主体说自身能否进一步的细化（详见“合同内容”标准部分）。针对前一问题，可以通过对“双阶理论”的功能化，处理识别要素的理解差异问题。

3. “双阶理论”的功能化：解构识别要素

“双阶理论”起初所欲解决的是行政机关采用私法手段时的“依法行政”问题，后来其正当性基础转变为强调公私合作的“行政正确”。其基本观点认为，在承认公私法区分的基础上，要打破“公法是强行法，私法是自由法”的传统对抗思想，而是从实用角度出发，更加关注公私法的运行效果。[32]

“双阶理论”的精髓是“阶段化思维”，使其拥有统合公法与私法各自优势的空间。在公私融合的发展阶段，契约被频繁地引入行政管理，在公法中发挥重要作用。[33]但是，必须认识到公法与私法之间的界限处于不断变化的动态之中，公法与私法之间的基本划分仍然具有极强的实践基础和理论意义。[34]“双阶理论”区分法律关系不同阶段分别适用公法救济与私法救济的做法契合了“行政正确”中的公私合作理念。

据此，可以得出以下两点结论：第一，在“行政前置”与“合同履行”

---

[30] 陈鑫范、吴明熠：《土地使用权出让合同的混合属性解析及其司法救济适用——基于双阶理论的思考与修正》，载《北京科技大学学报（社会科学版）》2019 年第 4 期。

[31] 何登辉：《双阶理论视阈下自然资源特许出让协议的应然定性》，载《内蒙古社会科学（汉文版）》2017 年第 3 期。

[32] 严益州：《德国行政法上的双阶理论》，载《环球法律评论》2015 年第 1 期。

[33] 张淑芳：《私法渗入公法的必然与边界》，载《中国法学》2019 年第 4 期。

[34] 赵娟：《“楚河汉界”与“貌离神合”——对公法与私法之间关系的基本认识》，载《江苏社会科学》2007 年第 6 期。

两个阶段中，尽管后一阶段是否属于私法受到公私法区分标准的影响，但前一阶段一般认为是纯粹的行政法律关系。第二，“合同履行”阶段由于公私法区分标准的不同，不一定被认定为私法属性。但只要承认“双阶理论”具备适用性，基于“公私合作”的理念，第二阶段就存在“私法关系”发挥功能的可能性。

综上，对主体要素与目的要素的理解可以得到全新的阐释：一是“行政主体”与“民事主体”并非对立关系，在法律关系的不同阶段可体现为不同的身份：在行政前置阶段，行政主体表现为管理者身份，依法行使职权；在合同履行阶段，具有平等者身份，依约履行合同。二是“公共利益”与“私人利益”并非对立关系，在法律关系的不同阶段可以为体现不同的价值追求。在行政前置阶段以公共利益为导向；而在合同履行阶段则以合同利益为主，兼顾公共利益。

（三）“合同内容”是核心识别标准

1.“双阶理论”与“合同内容”标准的关系

一方面，在标准构造的体系性上，“合同内容”标准是对“双阶理论”后一阶段定性问题的补充，也即修正主体说的具体化。修正主体说虽然从法律适用的主体范围角度区分公私法，但是具体合同内容所适用的法律本身具有混合性，即某些规范的主体为行政机关，而某些规范适用于一切主体。在坚持修正主体说的基础上，针对合同内容，可进一步明确以下两个问题：一是以何种权利义务为识别对象；二是该权利义务为何适用于一切主体。

另一方面，在我国司法的实务操作上，引入“双阶理论”本身有助于确立“合同内容”标准的核心地位，内容要素在我国实务中并不突出。有学者指出，直截了当的目的标准和主体标准相对于较为复杂的法律关系标准在司法实践中得到更为广泛的适用。[35] 亦有学者指出，实际上行政庭法官并未将“内容要素”作为识别行政协议的必要条件，其主要功能在于补强对于行政协议的识别。[36]“双阶理论”转变了主体要素与目的要素的主要功能，引导“公私对立”走向“公私合作”。因此，内容要素成为核心标准，主体要素与目的要素成为辅助要素。

---

[35] 陈无风：《行政协议诉讼：现状与展望》，载《清华法学》2015 年第 4 期。

[36] 陈天昊：《行政协议的识别与边界》，载《中国法学》2019 年第 1 期。

2. “合同内容”标准的具体内涵

内容要素要脱颖而出，需借助“合同内容”标准澄清民事合同与行政协议的区分问题。但是，对于如何理解“合同内容”标准，有以下几种思考路径：

一是按照合同内容的占比大小决定合同性质。有学者认为，当合同关系中同时存在行政性质和民事性质的内容时，所占比例更大、更起到主导作用的法律关系决定了合同性质。[37] 但简单以合同内容比重定性无法解决合同的双面性争议。

二是从内容含义与要素地位进行判断。有学者指出，行政庭法官认为内容要素是指私法主体无法进行自由处分而具有极强公法性质的内容，且并非识别合同的必要条件；民事庭法官则针对性地强调内容要素是识别行政协议不可或缺的要件，其内涵为无法通过民事法律规范予以解释说明并实质性地阻碍了案件实体争议解决的内容。[38] 上述争论体现了内容要素与其他要素之间的张力，已被“双阶理论”的功能所化解。

三是从行政优益权的角度判断合同性质。行政优益权是行政协议区别于民事合同的重要标准，其主要是指行政主体一方享有的主导行政协议签订、履行及单方解除、变更行政协议的强制性权利等。[39] 如前所述，此种理解可能会以偏概全，民事合同中存在利于一方当事人的优势条款亦属常见。

上述观点均有一定的参考意义。对于“以何种权利义务为识别对象”和“该权利义务为何适用于一切主体”两个问题，本文认为，一方面，应当将识别的范围限制在合同的“主权利义务”；另一方面，对“主权利义务”进行是否属于“典型的行政权利义务”的判断。

第一，某一种或某一类合同区别于其他合同的独立价值在于其主权利义务的不同。主权利义务的区分功能在界定民事合同与行政协议的问题上发挥着重要作用。有观点认为，一个合同只要约定了部分行政性权利义务，则必须受公法调整，就可称之为行政协议。[40] 按照这种观点，任何民事合同都有

---

[37] 崔建远：《行政合同之我见》，载《河南省政法管理干部学院学报》2004 年第 1 期。

[38] 陈天昊：《行政协议的识别与边界》，载《中国法学》2019 年第 1 期。

[39] 王海峰：《试论行政协议的边界》，载《行政法学研究》2020 年第 5 期。

[40] 李卫刚、赵珂冉：《行政协议识别标准的模式化研究》，载《西北师大学报（社会科学版）》2020 年第 2 期。

转换为行政协议的可能，二者的界限完全被打破，这是不合理的。

第二，典型的行政权利义务关系说明了规范主体的非普遍性。若合同内容中核心的主权利义务涉及传统意义下行政机关单方性行政行为的权利义务；或者合同的主权利义务实质包含公民在公法上与国家互动的权利义务，那么该合同即因具有行政性可被认定为行政协议，反之若不具有上述任意要素则为民事合同。[41]

四、国有土地使用权出让合同的民事定性

我国土地出让的特点决定了“双阶理论”具有适用空间。“双阶理论”能够排除主体要素和目的要素中“公益取向”对合同性质判断的不必要干扰。“合同内容”标准通过对合同主权利义务的辨别，对定性问题作出实质性判断。

（一）我国土地出让的法律特点

1. 土地出让具有阶段性

我国土地出让流程在形式上具有可分的现实基础，“双阶理论”的形式特征在中国司法实践中初具雏形。据此，可借用“双阶理论”的理念，区分不同阶段主体身份和法律适用的价值取向。

根据《行政许可法》第 12 条的规定，自然资源开发利用属于许可事项；根据《中华人民共和国城镇国有土地使用权出让和转让暂行条例》第 10 条的规定，土地出让还需要多部门拟订方案，并经批准后实施。

在土地出让决策完成之后，国有土地出让随即进入拍卖、招标、协议出让的阶段。根据最高人民法院给地方法院的答复，土地出让的拍卖及公告行为、签署成交确认书的行为均属于行政行为。有学者认为在我国国有土地出让实践中最高人民法院已经不自觉地使用“双阶理论”来解释处理出让合同纠纷。[42]

2. 出让合同具有形式上的混合性

我国土地出让合同内容在形式上具有民事和行政的双重色彩。如前所

---

[41] ［德］哈特穆特·毛雷尔：《行政法学总论》，高家伟译，法律出版社 2000 年版，第 351 页。

[42] 张海鹏：《论国有土地使用权出让合同的民事定性——兼评 76 号指导案例》，载《求是学刊》2019 年第 4 期。

述，认定“双阶理论”后一阶段法律属性的修正主体说在我国法律上有待细化，需要借助“合同内容”标准处理“混合性”问题。

2008年，国土资源局和国家工商行政管理总局联合发布了《国有建设用地使用权出让合同》示范文本，主要内容可分为两类：一是具有民事性质的条款，如土地交付方式、定金、违约责任、合同争议仲裁的规定等；二是具有行政性质的条款，如土地用途、使用年期届满处理、闲置土地处理、违反规划处理等。

争议体现在具有行政性质的条款上。国有土地使用权出让合同所体现的行政职责与合同义务相互依存统一，如同一枚硬币的两面难以分割。[43]从合同范本的实然层面出发，合同内容包含了民事性质条款与行政性质条款，属于“混合合同”。但是，“混合合同说”也被批评仅仅是具文而已，对民事与行政双重属性的认识只是浮于表面，服务于实践的意义有限。[44]

（二）传统标准下的定性矛盾

以“安阳市易祥置业有限公司诉汤阴县国土资源局建设用地使用权出让合同纠纷案”为例，最高人民法院的裁定有以下几个要点：一是民事合同与行政协议有众多共同点，如当事人都应诚实信用，平等自愿，合同一经签订，当事人必须严格遵守。二是民事合同与行政协议有重大区别，民事主体签订合同是为了自身利益，而行政机关签订协议是为了公共利益或者行政管理；出于公共利益需要或者法律政策的调整，行政主体可行使一定的行政优益权，民事主体不享有优益权。三是汤阴县国土局出让土地系代表国家履行国土部门行政职责之行为，目的是实现案涉土地建设及相关配套设施建设，符合公共利益目标，故出让合同具有行政法上权利义务内容，符合行政协议之特征。四是即便将出让合同定性为行政协议，本案仍可适用民事法律规范予以调整。再审申请虽提出出让合同的性质问题，但对于实体处理结果并未提出异议，因此维持原审认定为民事合同的判决。[45]

从传统区分标准的角度分析，要点一所提“诚实信用”确属民事与行

---

[43] 韩宁：《行政协议判断标准之重构——以“行政法上权利义务”为核心》，载《华东政法大学学报》2017年第1期。

[44] 韩宁：《行政协议研究之现状与转向》，载《法治研究》2019年第6期。

[45] 安阳市易祥置业有限公司诉汤阴县国土资源局建设用地使用权出让合同纠纷案，最高人民法院（2018）最高法民申3890号民事裁定书。

政共同之原则，后者实质体现为行政机关之“公信力”；但“平等自愿”显然更具有民事色彩。在要点二中，最高人民法院强调了民事合同与行政协议的区别，径直承认了行政主体可行使“优益权”，否定了行政协议的“平等自愿”，也就否定了要点一中的结论。要点三在突出行政主体职责要素的同时，又论证了公共利益的目的要素；但这不足以得出“合同具有行政法上权利义务内容”的结论，内容要素恰恰应是要点二所提及的行政优益权的体现。要点四基于前三点的论证，其似乎认为国有土地使用权出让合同应当为行政协议，但是又得出性质问题不影响实体处理结果的结论，驳回了原审判决，显然是自相矛盾。

整体上来看，该裁判理由既论证民事合同与行政协议的相同点，又论证二者的不同点，最后却又指出定性问题不影响实体结果，其试图对民事合同与行政协议的紧张关系进行调和。但是该裁判立足于公私法对立的角度，无法合理区分主体要素、目的要素，在论证上反复变化、相互矛盾，无法确定合同性质。

（三）以“双阶理论”解构要素

引入“双阶理论”的原因在于此类合同的背后深刻地隐含着行政机关的身份面向、行政职责、公共利益等重要问题。[46] 这需要摒弃先前的整体公法观或整体私法观，要正确认识到“双阶理论”的意义在于明确了土地出让过程中的复合法律关系，并试图以分割出让阶段的方式寻求不同法律关系之间的界限并加以合理区分。[47]

在土地资源的利用法制分散于不同性质的法律规范之中时，合理划分土地出让的各个阶段并恰当地确定所适用的实体规范便成为了解决该问题的重要手段。

第一，应当明确“行政机关在决定土地出让时是管理者身份，在订立与履行合同时则是民事主体身份”。

在传统视角下，对于行政机关主体身份的具体内涵，不同部门法领域的视角并不相同，此种主观色彩极强的因素不利于合同性质的判断。与其纠结

---

[46] 有观点甚至认为，国有土地使用权出让与行政许可存在一体化现象。参见陈国栋：《行政协议的许可化研究》，载《环球法律评论》2021 年第 6 期。

[47] 郑雅方、满艺姗：《行政法双阶理论的发展与适用》，载《苏州大学学报（哲学社会科学版）》2019 年第 2 期。

于签订出让合同时行政机关的主体地位究竟是管理者还是平等主体，不如承认多重身份在土地出让过程中共存。在政府角色从“管理者”转向“服务者”的当代社会，政府身份在管理与服务相互交织下本来就具有复杂面向。[48]

第二，应当明确“行政机关在决定土地出让时是为了公共利益，在订立与履行合同时是为了土地的用益”。

传统视角下，公共利益与私人利益对立冲突，行政机关的职责只是为了公共利益，出让合同只能代表私人利益，否认了两者并存的可能。在“双阶理论”下，公共利益与土地用益得以共同实现。在前一阶段，土地管理部门出让土地是为了合理利用资源，从而维护全民利益；在后一阶段，出让合同的目的是设立用益物权，实现土地的经济价值，同时也有促进自然资源利用的公益色彩。

前述典型案例的裁判指出对于实体结果来讲认定为民事合同或行政协议并没有太大影响。这正是因为民事合同与行政权力体现的价值追求各司其职，各自发挥功能，共同实现了土地出让的目的。

(四) 以“合同内容”标准明确定性

我国司法实践与学界的争论建立在公私法对立的基础之上，名义上是为民事合同与行政协议的区分寻找合理的标准，实际上是在为各自固守的知识领域添砖加瓦，因而忽视了实然层面国有土地使用权出让合同的内容识别问题，未能对形式上的混合性进行反思。“合同内容”标准就是要解决上述问题。

1. 出让合同“混合性”徒有其表

出让合同中争议条款背后大多存在着两种解释路径。以无偿收回闲置土地为例，用行政用语来讲是行政机关针对受让人违反《城市房地产管理法》的行政处罚。从民法理论出发，该合同条款意味着行政机关作为出让人解除合同，导致土地使用权的返还。出现不同解释路径的原因在于，土地管理部门利用管理者与经营者的双重身份，将所负抽象的公法义务特定为合同义务而遁入私法领域。例如土地受让方需按规划条件、规划用途等使用土地的合

---

[48] 江国华：《行政转型与行政法学的回应型变迁》，载《中国社会科学》2016 年第 11 期。

同义务并非仅体现纯正的私法属性，同时也源于向管理部门所负的公法义务。[49]

针对此问题，有学者建设性地指出可以将合同中具有行政属性的内容从出让合同中剔除以实现纯化出让合同的目的，使其具有完全的私法性。[50] 也有学者提出区分合同中的“约定条款”和“法定条款”，分别适用民事法律和行政法律。[51]

“混合性”观点的错误原因在于：行政机关原本仅仅依靠行政职权即能行使收回土地的权力，其是否订入合同都不会影响其行政职责实现。即使上述义务并未订入合同，行政机关也得以在法定情形下行使收回土地的权力。而一旦这类特权进入合同成为所谓的行政优益权，就被认为影响了合同性质，明显不合理。

2. 出让合同主权利义务具有私法属性

“纯化合同方案”和“区分法定条款”的认识均有其合理之处。据此，我们需要明确国有土地使用权出让合同的主权利义务是什么，以及回答法定职责遁入私法后是否就成为合同的主权利义务。

第一，基于《民法典》的规定，国有土地使用权出让合同的内容核心在于设立用益物权。国有土地使用权出让合同系设立建设用地使用权的基础，土地出让合同的意义在于创造出可供市场利用的土地使用权。

从合同主要内容来看，土地使用权人应当按照约定支付出让金等费用，国家将土地所有权中的使用权能交由受让人享有和支配，获得界址和面积都确定的土地标的物，同时定有明确的使用期限。[52]

此种权利义务不属于典型的征收征用式的行政权力，更加类似于政府采购中的货物买卖关系。此种平等交换式的法律关系当然性地适用于一切主体。因此，国有土地使用权出让合同的核心权利义务并非行政法上的权利义务，应当依据“合同内容”标准将其认定为民事合同。

---

[49] 朱广新：《论违约行使土地使用权的法律后果——以私法规范在行政管理中的应用为视角》，载《法律科学》2012 年第 2 期。

[50] 宋志红：《民事合同抑或行政合同——论国有土地使用权出让合同的纯化》，载《中国土地科学》2007 年第 3 期。

[51] 湛中乐：《我国土地使用权收回类型化研究》，载《中国法学》2012 年第 2 期。

[52] 最高人民法院民法典贯彻实施工作领导小组：《中华人民共和国民法典物权编理解与适用［下］》，人民法院出版社 2020 年版，第 754—755 页。

第二，所转化的公法条款并非土地出让合同赖以存在的主权利义务，不能决定合同的性质。所谓的行政优益权条款并不涉及土地使用权的设立问题，而大多属于出让人基于特殊管理地位所拥有的监管权力。

土地出让合同中存在行政优益权条款，仅仅是出让合同的特征而非其本质，不能将其作为合同缔结的原因，其所体现的公法因素只是行政机关职责的反射。有观点指出大量条款仅仅是对现有法律规范地再重复，形式意义大于实质意义，无论是否规定受让人的法定义务，都不能妨碍行政机关对其进行监督检查。[53]

五、驳斥“以控权为由”的行政定性

一种典型的观点认为，《行政协议司法解释》纳入“矿业权等国有自然资源使用权出让协议”是为了高效整顿国有资源领域政府一方基于优势地位所出现的任意毁约、监管不力以及权力寻租等乱象，借以防止国有资产的流失。[54] 这即是说，国有土地使用权出让合同应当定性为行政协议，并适用以“控权”为价值取向的行政诉讼程序。如果将其定性为民事合同会导致民事程序的适用，就与《行政协议司法解释》的价值取向相悖。

但是，现有诉讼模式的规范构造反而支持对国有土地使用权出让合同的民事定性：一是行政协议的救济模式在实体问题上并没有强烈的“控权”倾向，反而让国有土地使用权出让合同纠纷的处理复杂化；二是适用民事程序符合我国司法实践，且留有更大的发展空间，兼具稳定性与灵活性，更能适应公私融合的趋势。

（一）“行政定性”下的救济局限性

第一，《行政协议司法解释》并没有创造出符合行政协议本质的救济模式。一方面，该解释过度“参照适用民事”导致其独立性成谜，在实体规范上的控权意义不明；另一方面，合同实体定性并不能从具有控权取向的行政程序反向推导。

该解释第10条表明，行政协议案件仅在合法性问题上采取举证责任倒

---

[53] 欧阳君君：《自然资源特许使用协议的性质认定——基于对双阶理论的批判性分析》，载《中国地质大学学报（社会科学版）》2015年第4期。

[54] 黄永维、梁凤云、杨科雄：《〈关于审理行政协议案件若干问题的规定〉的理解与适用》，载《人民司法》2020年第4期。

置，其他事项的举证责任同民事诉讼；其第27条规定，行政协议在实体上“选择”参照适用民事规定，在程序上“补充”参照适用民事规定。有学者批评到，通过系属诉讼模式的不同反向推导实体争议的法律关系性质或者纠纷类型缺乏合理的逻辑证成性。[55]而在实体问题上，合同性质、主体资格、意思表示真实、合同成立、合同效力、缔约过失、双方履行行为、后合同义务、变更行为、解除行为和其他终止行为等问题均可以适用民事法律规范。[56]“实体选择适用”的司法现状反映出行政协议自身规范的空心化。

行政协议本身作为功能导向的手段创新，旨在塑造纾解传统高权行政模式与现代公共行政模式的简单联结，整合公私法各自的力量顺势实现管理目标。[57]因此，行政协议救济至少应兼具“民事”与“行政”的双重优点。但行政法学界既无法从学科内部完善行政协议的法律规范适用规则，也无法从民法学科汲取相关知识予以弥补[58]，只能机械地援引民事法律规范，同时又欲以跨部门法的姿态单方面地处理国有土地使用权出让合同定性问题。此种片面的处理方式难谓合理。

第二，《行政协议司法解释》在立法理念与救济执行上忽视了“协议性”，这原本是民法学者与行政法学者之间最大的共识。相关程序制度构造仍旧囿于传统行政诉讼的固定思路，反而导致了争议解决的复杂化。

尽管《行政协议司法解释》的目的是为行政协议案件建立适配的诉讼体系，但是该解释仍然暗含了传统行政诉讼模式对“行政行为”的控权倾向。诉讼模式争议的根本原因在于两者的价值取向不同，行政诉讼强调对行政机关的控权，民事诉讼则强调双方地位的平等。行政机关在协议履行中自证行为合法性、相对人违约适用非诉执行制度等有关规定深刻地反映了“控权”的价值倾向。

例如，在国有土地使用权出让合同纠纷中，相对人违约的主要情形为拖

---

[55] 于立深：《行政协议司法判断的核心标准：公权力的作用》，载《行政法学研究》2017年第2期。

[56] 李静云、朱彬彬：《民事法律规范在行政协议司法审查中的适用及限制——以194件行政协议案件判决书为样本》，载胡云腾：《法院改革与民商事审判问题研究——全国法院第29届学术讨论会获奖论文集（上）》，人民法院出版社2018年版，第436页。

[57] 徐键：《功能主义视域下的行政协议》，载《法学研究》2020年第6期。

[58] 韩宁：《行政协议研究之现状与转向》，载《法治研究》2019年第6期。

欠土地出让金。在民事规范上，受让人迟延履行出让人即可诉请支付出让金。合同违约救济问题却被转换为行政法上的非诉执行。行政协议能否作为非诉执行的合法性来源本身就存疑：一是因为协议约定没有受到立法程序中关于公众参与程序和立法机关备案审查程序的控制，往往也没有协议内容公开和相关程序的要求[59]；二是因为具有普适性的契约原理否定决断契约的权利属于缔约双方，其自身不能自动地成为公权力强制执行的合法依据。[60] 此外，金钱之债的履行在多大程度上体现了所谓的公益目的存在很大的疑问。非诉执行的处理方式反而将问题复杂化。

（二）"民事定性"下的程序优越性

第一，国有土地使用权出让合同为民事合同，所生纠纷适用民事程序是司法实践形成的惯例。采用行政协议救济模式在绝大多数情况下并不影响实体结果。我国当前尚未形成统一的公私主体协商合作的制度体系，正确适用已经成熟的诉讼模式远比任意开启全新的诉讼路径更为稳妥。

有学者认识到我国当前难以实现行政协议法模式，一是因为行政协议识别标准争议过大，立法与司法解释不能平息争议，行政协议类型化无法在短时间内形成共识；二是因为行政协议的理论与实践积累是一个长期过程，行政协议立法无法一蹴而就，统一、完整、精细的行政协议法律制度体系路远迢迢。[61]

《行政协议司法解释》并未在传统的控权诉讼构造上作出突破，其对协议性案件是否具有普遍适用性仍需探讨。而我国在长期实践中已经形成了审理国有土地使用权出让合同的民事规范体系，面对行政协议理论的冲击，现有的规范体系仍然能够充分解决问题。在理论上固然可以从诉讼模式优劣判断权益保护的强弱，但是落实到实践操作上，争议解决首先应当明确争议归属，然后再进行实体处理。

第二，在引入"双阶理论"确立"合同内容"标准的情况下，程序完

---

[59] 张卿：《论行政协议非诉执行制度的优化》，载《行政法学研究》2022 年第 1 期。

[60] 于立深：《行政契约履行争议适用〈行政诉讼法〉第 97 条之探讨》，载《中国法学》2019 年第 4 期。

[61] 王春蕾：《行政协议准用民法的逻辑证成》，载《行政法学研究》2021 年第 4 期。

备的民事诉讼解决机制更能适应公私融合的潮流。“民事定性”既能够保证司法实践处理纠纷模式的延续性，也能充分发挥民事诉讼结构体例完备的优势。在公私融合背景下宜作为公私主体协商合作中纠纷解决机制的出发点。

“保护公共利益”与“尊重个人权益”两种价值取向在相当长的时间内，势必处在激烈的碰撞起伏之中。实务中法院判例的分歧就体现在价值层面：行政庭法官基于公共管理目标更加偏向公共利益的价值实现，在确保公共利益顺利实现的基础上，尽量不侵犯私人的合法权益；而民事庭法官则自始至终坚守私人权益的根本地位，担忧公权力的过度介入会使私人权益受到强权的威胁。[62]

对于土地出让问题，单纯寄希望于公法体系或私法体系中的任意一个可以独自发挥统一规范作用是不明智的。[63] 国有土地使用权出让合同属于民事合同，在内容要素上以私法性质为原则。只有当合同纠纷出现民事法律不能解决的情况，才应考虑将不能解决的部分纳入行政诉讼的范畴。民事定性预留了公私融合的发展空间，能最大程度地维护双方当事人的利益，而非陷入优先保护一方的怪圈。

结语

只要固守公私对立的理念，就无法对国有土地使用权出让合同的性质作出准确界定。这也反映出我国司法实践对当前时代下政府进入市场领域后管理身份与平等身份共存状态的不适应。当下，“保护公共利益”与“尊重个人权益”两种价值取向在我国均具有完全的正当性。当代公私法在实现个人价值和社会进步等根本价值上具有高度的一致性，二者交叉互补的情形成为发展趋势。[64] 引入“双阶理论”明确“合同内容”标准是对现有合同定性争议的缓和。要合理确定国有土地使用权出让合同的性质，需要人民法院在长时间里通过无数司法判例来形成共识。除此之外，立法者也应努力创造出符合公私主体协商合作的制度体系。

（责任校对：彭佳颖）

---

[62] 陈天昊：《行政协议的识别与边界》，载《中国法学》2019 年第 1 期。

[63] 胡改蓉：《PPP 模式中公私利益的冲突与协调》，载《法学》2015 年第 11 期。

[64] 杨寅：《公私法的汇合与行政法演进》，载《中国法学》2004 年第 2 期。

CAFTA 区域生物遗传资源多边惠益分享机制研究

梁嘉铭*

摘　要：我国及东盟国家都拥有巨量生物遗传资源，多边惠益分享机制对于衡平提供国和使用国的利益具有重要价值。CAFTA 区域有扎实的政治基础，但多边惠益分享机制构建困难凸显，面临国际条约规定过于原则、国内立法不健全及区域合作机制不完善等多重阻碍。为回应实际需要，需明确机制构建的公平公正、国家主权及法定监管、多元参与及分类监管等原则，并选用“公法模式为主体，私法模式为辅助，自律模式为补充”的综合模式。在实践中，既要健全惠益分享目录和来源信息披露制度，完善知情同意制度，明确共同商定条件及健全争端解决机制等法律制度，也要通过完善多元管理机构，引入共同信托基金等措施，以点带面实现制度创新。

关键词：CAFTA；生物遗传资源；区域合作机制；多边惠益分享

一、生物遗传资源惠益分享机制的背景导入

（一）生物遗传资源及多边惠益分享机制的基本认识

对生物遗传资源这一概念各国学者并没有形成统一观点，与之相关联的概念有“生物资源”“遗传资源”“遗传材料”。生物遗传资源不仅是各国的重要战略资源，也直接关系到国家的生态利益及安全。特别是在早期频发的“生物剽窃”事件中，发达国家常使用不正当手段从发展中国家获取高

* **作者简介**：梁嘉铭，广西师范大学法学院硕士研究生。

价值的生物遗传资源，并借助自身技术优势，通过专利制度实现独占，导致发展中国家的生物遗传资源遭到严重侵害。为更好保障自身权益，发展中国家普遍要求落实“公平惠益分享”原则，并以此为目标推动 1992 年《生物多样性公约》及 2010 年《生物多样性公约关于获取遗传资源和公正和和平分享利用所产生的名古屋议定书》（下文简称为《名古屋议定书》）等国际条约的出台。针对生物遗传资源的惠益分享机制，最为典型的《关于获取遗传资源并公正和公平分享通过其利用所产生惠益的波恩准则》（下文简称为《波恩准则》）规定“惠益应以一定的方式用于促进生物多样性的保护和可持续利用”，主要是指在获取提供国的遗传资源后对于所产生的利益，不仅属于使用国，而且提供国也应得到公平的分享[②]，以期更好实现双方利益的衡平。

（二）生物遗传资源多边惠益分享机制的设立目的

多边惠益分享机制允许生物遗传资源原材料的提供国参与惠益的分享，该提供国仅提供原材料，没有进行创造性劳动，与“进行创造性劳动的一方才有权分享收益”理念相悖。但知识产权制度追求“科学合理衡平相关人的利益”，不能止于权利表征进行分析。显然，设立生物遗传资源多边惠益分享机制的目的在于：一是生物遗传资源是属于人类共同继承的财产且在研发中占据重要的地位，并不能够从传统市场进行简单获取；二是生物遗传资源的有限获取性以及特定性致使提供者的贡献很难被取代。因此如不能建立起有效的多边惠益分享机制，使用者将难以持续地获取研究样本，甚至遭到抵制，导致双输局面的出现。

中国－东盟生物遗传资源多边惠益分享机制设立目的具体如下：其一是我国和东盟国家因其独特的地理环境及气候条件，生物遗传资源的总量较多。[③] 其二是自身并不能够进行独立开发，需要引入外来力量进行协助。其三是在当前利益格局基本固定背景下，由于发达国家的强烈反对，多边惠益共享机制仅作为提倡性内容被纳入《名古屋议定书》，全球范围内很

---

② 李保平：《中国履行〈遗传资源获取与惠益分享的名古屋议定书〉关键问题研究》，中央民族大学 2020 年博士学位论文。

③ 何平：《加强民族地区生物遗传资源的保护和开发》，载人民网，https：//baijiahao. baidu. com/s？id = 1652489359102371797&wfr = spider&for = pc，2019 年 12 月 10 日访问。

难直接实施。因此，在实践中可考虑在既有的中国－东盟区域合作平台内推进生物遗传资源多边惠益分享机制的构建，更好维护发展中国家的利益。

二、CAFTA 区域生物遗传资源多边惠益分享机制的现实基础

（一）CAFTA 区域生物遗传资源多边惠益分享机制的立法现状

目前多边惠益分享机制的国际条约层面倡议性的内容居多，对各国缺乏约束力。首先，多边惠益分享机制最先在《生物多样性公约》第三项目标“公正和公平利用遗传资源所阐述的惠益”中提出，但相配套的制度并未得到落实，仅是在第 15 条“遗传资源的取得”、第 16 条“技术的取得和转让”以及第 19 条“生物技术的处理及其惠益的分配”进行较为原则的规定。其次，《波恩准则》进一步明确了惠益分享机制的内涵，虽依旧属于自愿性的国际协议，但细化了多边惠益分享机制的建构内容，包括利益相关者的参与、获取及惠益分享机制的步骤等，从而为成员国提供一个透明、非歧视的机制框架。但其未就惠益安排明确可操作的规定，难以有效地实现对生物遗传资源合理使用。最后《名古屋议定书》为促进《生物多样性公约》的落地发挥了重要作用，我国也在 2016 年 9 月正式签署了该协定书。④《名古屋议定书》的核心规定主要围绕获取以及惠益分享机制，也包括了履约的一般要求和附属性规定，第 10 条不仅规定了“缔约方应考虑制定全球多边惠益分享机制的必要性与相关模式”，也规定了“惠益应该用于支持全球生物多样性和其组成部分的可持续利用”，相较于此前的双边惠益机制，进一步明确了多边惠益机制建设的必要性。

在多边惠益分享机制的国内法律层面，东盟国家由于密切的联系并且较早开始立法工作而取得了较大进展。但是，我国至今并未出台专门性法律规范，相关法律规范只是散布于各单行立法中。比如《种子法》第 11 条第 1 款⑤、

---

④ 王锴权、赵富伟、臧春鑫：《我国履行〈名古屋议定书〉的挑战与对策——兼谈对农业遗传资源获取和利用的影响》，载《农林经济管理学报》2017 年第 4 期。

⑤ 《种子法》第 11 条第 1 款规定：“国家对种质资源享有主权。任何单位和个人向境外提供种质资源，或者与境外机构、个人开展合作研究利用种质资源的，应当报国务院农业农村、林业草原主管部门批准，并同时提交国家共享惠益的方案。”

《渔业法》第8条第1款[⑥]、《森林法》第28条[⑦]、《野生动物保护法》第17条[⑧]和第36条[⑨]以及第37条[⑩]、《畜牧法》第二章专章规定了畜禽遗传资源的保护[⑪]，还包括如《进出境动植物检疫法》等法律以及《野生植物保护条例》等行政法规，也还有《畜禽遗传资源进出境和对外合作研究利用审批办法》等部门规章。2004年后，国家先后发布并实施《全国生物物种资源保护与利用规划纲要》《中国生物多样性保护战略与行动计划(2011—2030年)》等，将生物遗传资源的获取以及惠益分享作为战略任务，2017年我国《生物遗传资源获取与惠益分享管理条例（草案)》出台并向社会征求意见。但由于在讨论过程中存在诸多争议，该草案至今未获得通过。

相较我国国内较为坎坷的立法历程，东盟国家之间、我国与东盟国家之间多边惠益分享机制的构建正在稳步推进。一是在东盟国家之间，2000年签订了《东盟关于生物与遗传资源获取的框架协定（草案)》，就成员国生物遗传资源惠益分享制度安排设定了最低标准。[⑫] 2005年，东盟国家进一步订立了《成立东南亚生物多样性中心的协议》建立了一个跨国政府间组织，更好促进东盟区域内生物多样性保护以及生物遗传资源利用惠益分享。二是

---

⑥ 《渔业法》第8条第1款规定："外国人、外国渔业船舶进入中华人民共和国管辖水域，从事渔业生产或者渔业资源调查活动，必须经国务院有关主管部门批准，并遵守本法和中华人民共和国其他有关法律、法规的规定；同中华人民共和国订有条约、协定的，按照条约、协定办理。"

⑦ 《森林法》第28条规定："国家加强森林资源保护，发挥森林蓄水保土、调节气候、改善环境、维护生物多样性和提供林产品等多种功能。"

⑧ 《野生动物保护法》第17条规定："国务院野生动物保护主管部门应当会同国务院有关部门制定有关野生动物遗传资源保护和利用规划，建立国家野生动物遗传资源基因库，对原产我国的珍贵、濒危野生动物遗传资源实行重点保护。"

⑨ 《野生动物保护法》第36条规定："国家组织开展野生动物保护及相关执法活动的国际合作与交流；建立防范、打击野生动物及其制品的走私和非法贸易的部门协调机制，开展防范、打击走私和非法贸易行动。"

⑩ 《野生动物保护法》第37条规定："从境外引进野生动物物种的，应当经国务院野生动物保护主管部门批准。从境外引进列入本法第35条第1款名录的野生动物，还应当依法取得允许进出口证明书。海关依法实施进境检疫，凭进口批准文件或者允许进出口证明书以及检疫证明按照规定办理通关手续。"

⑪ 参见《畜牧法》第二章第9条至第17条。

⑫ 秦天宝：《国际与外国遗传资源法选编》，法律出版社2005年版，第126页。

我国与东盟国家之间，2009 年我国和东盟在第六届中国－东盟博览会，就将传统中医药纳入我国和东盟经济、社会合作的重点领域，并且通过《中国－东盟卫生合作与发展南宁宣言》将传统医药方面的合作纳入工作流程中。⑬ 同年通过的《中国－东盟环境保护合作战略（2009—2015）》，明确提出要通过协作“促进自然资源和生物多样性的可持续管理”。2021 年通过了《中国－东盟环境合作战略及行动框架 2021—2025》，将进一步强化双方对生物多样性的保护以及利益分享的合作，助力全球生物多样性的维护。

（二）CAFTA 区域生物遗传资源多边惠益分享机制的实践情况

在 CAFTA 区域，生物遗传资源的多边惠益分享机制实践主要有大湄公河保护框架以及澜湄合作框架。前者是 2005 年我国和亚洲银行合作推出的环境计划，即生物多样性保护廊道，共有缅甸、老挝、泰国、越南、柬埔寨等五个东盟国家参与其中。2009 年发布的《中国－东盟环境保护合作战略（2009—2015）》进一步明确，中国－东盟要将生物多样性作为双方进行环境合作的优先领域。2010 年，在第 13 届中国－东盟领导人会议上通过了《中国和东盟领导人关于可持续发展的联合声明》，重点指出双方要在生物多样性及生物遗传资源惠益分享机制层面进行合作。后者是中国、柬埔寨、泰国、老挝、越南及缅甸六国主导的新型区域合作平台。自 2016 年 3 月确定以后持续推进，并于 2017 年 11 月在北京正式成立澜湄环境合作中心。此后，以现有的合作为基础，将合作方向确定为生物多样性保护，并以此为目标制定“绿色澜湄计划”，其中不仅涉及生物遗传资源的保护，也涉及惠益分享机制的构建。

中国和东盟国家是邻邦，双方在生物遗传资源的保护与惠益分享层面进行了多层次且深入的合作。如我国和东盟国家共同签署的《农业合作谅解备忘录》中，将水产养殖以及水稻种植等列为农业科技层面的合作重点，我国的中科院国际合作局在 2015 年成立东南亚生物多样性研究中心，与东盟各国进行了广泛合作。2018 年，中国科学院进一步和缅甸自然资源与环境保护部共建“东南亚生物多样性研究中心”，标志着我国和东盟国家在生

⑬ 刘雪凤、王帆乐、刘秀娟、吴凡：《论中国——东盟遗产资源保护合作机制的构建》，载《中国科技论坛》2017 年第 7 期。

物多样性层面的合作进一步深化。[14] 值得注意的是，惠益分享实践也取得了突出的成果。以水稻遗传资源为例，越南从我国引进的杂交水稻使其水稻产量增加了40%以上，“云光”系列的杂交水稻在老挝、缅甸等东盟国家都表现出良好适用性。此外，广西药用植物园等单位也和老挝医用研究中心等东盟机构在传统医药资源领域进行了深入合作。[15] 此外，广西孕育着数量庞大的动植物群落，相当部分未被破坏，具有重要的科研价值。在我国和东盟的合作框架下，就生物多样性保护及遗传资源的惠益分享进行了积极的探索，特别是在世界银行、联合国开发计划署的支持下，启动“广西综合林业发展和保护项目”，就廊道规划、生态系统恢复、惠益分享机制等七方面和老挝、缅甸、越南进行协同推进，为我国和东盟国家进一步构建更大规模的生物遗传资源多边惠益共享机制提供了重要的技术支持、政策参考。

我国和东盟国家在 CAFTA 区域内形成了包括双边条约、多边条约在内的全面合作体系。但由于利益分配等原因，惠益分享机制的构建层面出现了积极性不足的状况。当前，我国和东盟国家惠益分享机制的适用对象主要局限于传统医药以及少量的植物，对动物遗传资源、微生物遗传资源以及其他植物遗传资源并没有进行深入的合作。就合作形式而言，更多是以非正式的论坛交流和科研机构的对接为主，大规模、全覆盖的官方合作项目较少。此背后的原因如下：一是我国和东盟国家各成员国的经济发展水平差距较大，现更多是出于履约要求而被动实施，缺乏主动实施的动力；二是当前经贸合作仍是我国和东盟国家的合作重心，特别是在 RECP 通过之后，服务以及贸易谈判，推动市场的开放以及投资便利化依旧是各国政府的关注重点，在进行谈判时也就不会将足够精力投入生物遗传资源的多边惠益分享机制构建。为了更好推进多边惠益分享机制的构建，可借鉴发达国家的经验，设置专门的贸易政策管理及执行机构，制定并推动我国和东盟国家的专门合作协议，并且应当发挥企业界的作用，利用企业的信息优势以及智库的专业水平，更好推动多边惠益分享机制的完善。[16] 这不仅有利于提升各国生物遗传资源管

---

⑭ 陈敏、凃道勇：《深化中国——东盟生物多样性保护合作的思考》，载《国际经济合作》2019 年第 5 期。

⑮ 贾引狮、宋志国：《中国东盟知识产权合作若干问题》，知识产权出版社 2014 年版，第 120 页。

⑯ 朱继胜：《“南南联合”构建新型“TRIPS - plus”规则研究——以中国 - 东盟自由贸易区为例》，载《环球法律评论》2016 年第 6 期。

理水平，从而更好避免不良竞争获得更大的议价权，而且能够进一步深化各国协作。

三、CAFTA区域生物遗传资源多边惠益分享机制的问题审视

（一）国际条约中相关规定过于原则，且存在冲突

由于发达国家的阻碍，现有的国际公约中有关生物遗传资源的多边惠益分享机制并没有得到有效的落实。以《生物多样性公约》为例，虽然规定了生物技术转让等具体的惠益分享措施，但也仅是框架性的规定，将措施的细化以及实施权限留给了各国的政府来落实⑰，进而导致了发达国家的拖延与不作为。1999年，TRIPS公约规定要构建统一的专利法体系，但却没有考虑到第三世界国家在价值体系及生命道德等方面与西方国家存在的差别。⑱ 有土著团体表示，TRIPS公约将会致使当地传统医药植物以及种子，还有当地关于农业、健康、生物多样性保持的传统知识被盗用等负面情况频现，也会导致当地居民生命质量的进一步恶化。⑲ 因规定过于原则，进一步导致生物遗传资源惠益分享规定的不明确性，实施机制也被进一步弱化。

《生物多样性公约》与《与贸易有关的知识产权协定》在生物遗传资源的惠益分享机制规定中存在一定的冲突，体现在以下两方面：一是两者在公平公正进行惠益分享的理念层面存在冲突，前者主要聚焦于生物遗传资源提供者，强调生物遗传资源在未经允许的情况下不能够随意开采。后者主要是立足于使用者的角度，因提供者不能量化使用者获得了何种程度的惠益，且生物遗传资源经过了加工后就脱离了原有形态，是使用者的智力成果，加之自然状态下的生命并不符合可专利标准，因此提供者不能够获得惠益分享。二是两者在来源披露和事先知情同意上的规定也有所不同，前者要求使用者获取生物遗传资源时应当要尊重提供者的国家主权，需要严格履行来源披露

---

⑰ ［德］莱万斯基：《原住民遗产与知识产权：遗传资源、传统知识和民间文学艺术》，廖冰冰、刘硕、卢璐译，中国民主法制出版社2011年版，第235页。

⑱ ［印］范达娜·席瓦：《失窃的收成——跨国公司的全球农业掠夺》，唐均译，上海人民出版社2006年版，第116页。

⑲ 丁丽瑛：《遗传资源保护的权利设计和制度构建——以知识产权为中心》，法律出版社2006年版，第118—194页。

规范[20]，并且要获得提供者的知情同意，即保障最低程度的知情权；而后者则仅规定了专利申请的形式要件，没有强制规定信息披露以及需要提供者同意的证明文件。

（二）国内立法不健全，法律保护实效性弱

我国是《生物多样性公约》《名古屋议定书》以及《波恩准则》等国际公约的缔约国，理应履行生物遗传资源惠益分享层面的义务。但在《生物遗传资源获取与惠益分享管理条例（草案）》未获通过的当下，现行立法中并没有作出进一步的细化规定，导致了其实践操作性较弱。同时，我国和东盟国家针对生物遗传资源所进行的国内立法存在两大较为严重的问题：一是没有涉及或很少涉及如何应对外国剽窃的规定。这无形中增加了惠益分享机制的不稳定性，也削弱了共同打击外国剽窃的合力。比如菲律宾所独有的大花紫薇被日本的一家医药公司剽窃，而后在此基础上研发出了治疗糖尿病的专利药。[21] 二是已有立法主要聚焦于生物遗传资源的保护以及采集，而对生物遗传资源的惠益分享机制没有进行明确的规定，在相当程度忽略了采集和后续利用的关联性。在这样的背景下，后续关于生物遗传资源的使用监测面临无法可依的问题。[22] 生物遗传资源惠益分享的相关立法规定主要聚焦于货币利益，淡化乃至是忽视了非货币利益。对于知识产权共有、技术转让等问题鲜少进行规定，导致部分国家困于“资源提供者”的角色，而不能平等且可持续地参与到生物遗传资源的长期利用环节，自身的开发利用能力也无法提升。三是在生物遗传资源的惠益分享机制操作过程中存在以下问题：首先，关于生物遗传资源的目录管理制度缺失。不仅不利于明确生物遗传资源的归属，也使得我国和东盟国家的生物遗传资源无法充分利用，致使资源的浪费。其次，事先知情同意以及共同商定条件制度缺失。这导致了惠益分享机制缺乏公平基础，使得生物遗传资源的获取以及利用无法形成闭环。最后，争端解决机制不完善。虽然《生物多样性公约》和《名古屋议定书》

---

⑳ 董玉荣：《利益视域下遗传资源权利保护的路径研究》，载《知识产权》2018年第4期。

㉑ 王艳杰：《菲律宾遗传资源正遭受严重的生物剽窃》，载第三世界网络研究发展议题国际非营利性智库/研究中心网站，https：//twnchinese. net/？ p = 5138&paged = 19，2022年6月15日访问。

㉒ 牟桐、于文轩：《我国生物遗传资源惠益分享法律机制的优化路径》，载《生态与农村环境学报》2021年第9期。

都规定了生物遗传资源争端的解决机制，但有关惠益分享机制的争端解决措施并未明确规定。同时，生物遗传资源的惠益分享具有相当的模糊性，已有机制并不能直接适用，加上缺乏争端解决的专门机制，导致出现纠纷后难以得到高效解决。

（三）CAFTA 区域合作体制不完善

我国和部分东盟国家直接接壤，并具有很多共同的生物遗传资源。然而，目前仅有三个正式成立的政府间合作项目，分别是于 2006 年建立的中老跨境联合保护区域，2015 年成立的东南亚生物多样性研究中心以及 2017 年建立的澜湄环境合作中心。这三个合作项目更多是合作规划，没有形成常态磋商机制，更没有划定生物多样性保护的重点区域以及物种类型。我国和东盟国家缺乏在多边惠益制度下规定的专门公约，虽然当前已有一些规划和合作示范区，但是国际协作仍不到位，协作难度仍然较大且无法对生物遗传资源进行有效利用。因此，其不仅合作理念定位存在偏差，而且合作规制模式并不健全。此外，跨境信息交换机制也存在缺位，特别是当前生物遗传资源的各类信息基本分布在各国内部，我国和东盟国家难以在 CAFTA 框架下对全域生物遗传资源的整体情况进行全面掌握，为后续区域合作及法规完善埋下隐患。由于缺乏足够的协调，也没有构建专门且权威的跨境合作机构，容易导致合作出现交叉，浪费大量资金且效率较低。㉓

四、CAFTA 区域生物遗传资源多边惠益分享机制的保障之路

（一）CAFTA 区域生物遗传资源多边惠益分享机制的宏观设计

1. CAFTA 区域生物遗传资源多边惠益分享机制构建的原则

生物遗传资源多边惠益分享机制构建的法理基础是关民共享利益理论，这一点在《生物多样性公约》以及《波恩准则》中也得到了确认。在生物遗传资源的多边惠益分享机制构建中，要遵循以下原则：一是公平公正原则，这不仅是《名古屋议定书》中的首要原则，也是惠益分享机制应当要遵循的基本原则，否则就违背了互利共赢的目标。二是国家主权及法定监管原则，生物遗传资源属于国家主权管理的范畴，其具体权利由主权国家行

㉓ 贾迪楠：《大湄公河次区域跨境生物多样性保护法律制度的完善研究》，昆明理工大学 2016 年硕士学位论文。

使，其他国家及公司不能进行无端干涉，这也需在《生物多样性公约》中被确认。三是多元参与及分类监管原则，在CAFTA框架下由于东盟部分国家较为滞后的技术研发水平，应当允许中国、新加坡等国家进行更为充分的参与，也鼓励并便利其他利益相关者的参与以保证利益的平衡分配。而分类监管则要求对不同类型的生物遗传资源进行分类管理，如为商业和学术目的应当分别采取不同的惠益分享机制。四是应当遵循便利获取及可持续利用原则，提供者在依法对本国生物遗传资源进行监管的基础上，应当要保障申请者能够高效地进行申请，不设置不合理的限制。但也不能够全面放开，否则将会导致本国技术发展起来后面临没有生物遗传资源可用的困境。因此，应当要进行合理的规划，综合确立开放的范围、强度和节奏，尽可能做到均衡。

2. CAFTA区域生物遗传资源多边惠益分享机制的模式选择

当前生物遗传资源多边惠益分享机制主要有公法模式、私法模式以及自律模式三种。《生物多样性公约》将模式选择权赋予了缔约国，并未作出任何硬性的规定要求。[24] 在具体模式的选择中，要重点考虑以下三项因素：本国拥有的生物遗传资源是否丰富；本国在生物遗传资源利用中是属于提供国还是使用国；本国内生物遗传资源的利用程度以及生物剽窃事件是否严重。[25]

结合我国和东盟国家对于生物遗传资源的利用现状，应当采用“公法模式为主体，私法模式为辅助，自律模式为补充”的监管模式。我国和大部分东盟国家具有丰富的生物遗传资源，但囿于研发技术水平的局限性，其在生物遗传资源利用中的地位大多都属于提供国，生物遗传资源的利用程度较低，且经常出现生物遗传资源被剽窃的现象。采取公法为主体的管制模式能从根本上降低生物剽窃的风险，减少由此引发的法律纠纷和经济损失。以私法模式为辅助，能更好落实惠益分享的提供者和利用者的意思自治，简化繁杂的交易程序，提升效率并增进双方的效益。以自律模式为补充，可以在立法还不完善的国内法律背景下，通过行业自律来有效减少生物剽窃的发

㉔ 秦天宝：《欧盟及其成员国关于遗传资源获取与惠益分享的管制模式——兼谈对我国的启示》，载《科技与法律》2007年第2期。

㉕ 秦天宝：《遗传资源获取与惠益分享的法律问题研究》，武汉大学出版社2006年版，第281页。

生，并促进惠益机制的落实。综合应用这三种模式，有助于其达成效益最大化。

（二）CAFTA 区域生物遗传资源多边惠益分享的实施机制

1．健全生物遗传资源惠益分享名录与来源信息披露制度

我国和东盟国家拥有丰富的生物遗传资源，但管理水平以及科研能力滞后，还存在大量未被记载的生物遗传资源，使得现有的统计数据失真从而阻碍后续的利用和惠益分享。无论是为了防止生物剽窃还是强化利用力度，健全生物遗传资源惠益分享名录都是基础和前提。因此，需要持续推进各类型的生物遗传资源调查，尽快摸清本国生物遗传资源的家底。为有效落实这一任务，应当通过立法对生物遗传资源的收集活动进行明确规定，而不能够仅停留在原则性的条款，要细化到收集方式等方面，做到全面收集及实时反馈，从而对本国拥有的生物遗传资源做到心中有数㉖，为后续的规划打下坚实基础。同时，为了保障多边惠益分享机制能够得到有效的贯彻，需要完善来源信息披露制度，具体是指生物遗传资源的技术要申请专利时，需披露申请中生物遗传资源的来源信息，使专利申请的目标国能知道生物遗传资源的获取渠道及相关信息，包括启动条件以及披露范围两部分。关于启动条件，国际层面存在两种观点，多数发展中国家认为来源披露的启动条件要宽松，即降低启动的门槛，让直接或者间接利用生物遗传资源的情况都能够被公众知悉，而发达国家则普遍坚持要严格启动要件，从而保证能够实现更多专利的排他性占有。本文认为应当采取宽松标准，只要利用了他国的生物遗传资源就必须要披露信息来源，不管是直接利用还是间接利用，从而是更好保证多边惠益机制的落实。关于披露范围，来源信息的披露主要包括两类，一是应当披露申请专利所依托的生物遗传资源信息，二是应当披露惠益分享的承诺，从而为后续落实过程中的监督打下基础。

2．完善事先知情同意制度

秦天宝教授指出，生物遗传资源的使用直接关涉一个国家的主权以及经济效益，事先知情同意制度不仅是对生物遗传资源所用国国家主权的尊重，也是对生物遗传资源安全性保护的要求。其不仅是应对生物剽窃的有效手段，也保证了生物遗传资源所有国的知情权及批准权，具体包括“事先”

㉖ 张渊媛、钟震宇、程志斌、吕凤春、蔡譞、白加德：《主要利益相关方在履行〈名古屋议定书〉中的关系与义务》，载《生物多样性》2021 年第 2 期。

“知情”和“同意”三要件。[27] 一是要满足“事先”要件，需要在进行开发活动前或生物遗传资源出口之前向相关管理部门进行申请，告知想要获取的生物遗传资源，采取哪个标准则由各国自行确定。但也应考虑情势变更的问题，如用途发生变化之时应当如何进行申请，特别是当前一份生物标本蕴含着丰富的遗传信息，有时也没有办法进行全部的报备，毕竟某些特征未经过实验也无法发现。二是要满足“知情”要件，在实体层面申请人应提供足以了解获取活动背景、目的等不同维度的全面信息，这些信息也要确保获取之后惠益分享的合理性。在程序层面，申请人应当要保证这些信息是通过合理方式提供，不仅要秉承诚信提供真实的信息，还要便于理解。三是要满足核心的“同意”要件，管理机构应当向申请人提供明确的赞同意见，且应采取书面形式作出。同时，还应注意事先知情同意制度不应过分复杂，否则将导致申请人铤而走险，造成双输的局面。

3. 明确共同商定条件

《生物多样性公约》中对于生物遗传资源获取和惠益分享机制所确定的基本制度是“共同商定条件”，该项制度的目的是为生物遗传资源惠益分享机制的提供者和使用者营造出一种更公平的交易环境，即生物遗传资源的使用者需要和提供者进行谈判，就获取生物遗传资源以及后续的惠益分享达成一致。虽然《生物多样性公约》中多次强调共同商定条件的重要性，但并没有明确其具体内容，只要提供者和使用者均能够接受，那便是共同商定。当前各国的相关立法更多是通过规定最低标准的方式来间接确定共同商定条件，即规定各方在惠益分享机制中明确应当规定的条件，或必须考虑的利益。[28] 当前一般是通过合同的形式来确定共同商定条件，在我国《生物遗传资源获取与惠益分享管理条例（草案）》中也仅是规定协议中要明确生物遗传资源的用途、惠益的形式、比例及分配方式等。然而，共同商定的具体模板并没有进行确定。结合当前各国惠益分享机制的实践，可从介绍性条件、实体性条件以及法律性条件来进行确定。介绍性条件主要包括序言、当事方等，使得协议各方能够有大致的了解。实体性条件主要包括相关名词定义、

---

[27] 秦天宝：《论遗传资源获取与惠益分享中的事先知情同意制度》，载《现代法学》2008 年第 3 期。

[28] 秦天宝：《遗传资源获取与惠益分享的法律问题研究》，武汉大学出版社 2006 年版，第 401 页。

生物开发活动安排、生物遗传资源所有权的安排等提供方和使用方在惠益分享方面的权利以及义务。法律性条件则主要是包括协议的有效期、保障条款等履约保障。这样的制度安排，不仅可以利用公法模式来保障惠益分享机制的实质公平、降低交易成本和风险，还可以最大程度保障双方意思自治，实现提供者和使用者的双赢。

4. 健全争端解决机制

我国和东盟国家就生物遗传资源惠益分享机制中所出现的纠纷，应当有效借助 CAFTA 这个现有的平台，尽可能通过有效磋商来进行解决。由于没有专门机构，应当进一步建立中国—东盟生物遗传资源磋商机制，构建起包括领导人会议、部长级会议、秘书处以及工作小组等多层次的组织体系，并且尽可能做到条约化，定期围绕生物遗传资源的监测、纠纷解决等问题进行高效的交流磋商。同时考虑到生物遗传资源利用所要求的高度专业性，需建立专门争端解决机构。在磋商失败后，可以先将争端提交给专门解决机构进行调解。如果调解成功，则出具有强制执行力的调解协议。如果调解依旧失败，则由该争端解决机构来进行裁决。在这过程中可以聘请第三方组织等专业机构来进行调查取证，使裁决结果尽可能公允，从而更容易被接受与执行。

（三）CAFTA 区域生物遗传资源多边惠益分享的合作体制

1. 建立生物遗传资源多边惠益分享的多元管理机构

为了更好协调我国和东盟国家之间的合作事项，及进一步细化职能部门的权限和职责，我国应当建立专门机构负责落实审批、监管以及保障等工作。同时，我国和东盟国家应当在 CAFTA 框架下设置生物遗传资源委员会作为专门的管理机构，其具体事项包括：生物遗传资源的审批、共同商定条件的确定等，并定期发布实施报告，推动机制的正常运行。该专门管理机构可以在领导人会议及部长级会议的基础上，确定各缔约国在生物遗传资源多边惠益分享机制中的权利和义务，同时可负责维护信息交流机制的运作以及支持基金的监督。

除了国家层面的支持外，其他层面的支持也应同时推进。一是各地方也应当要设立专门机构来推进惠益分享机制的落实，特别是生物遗传资源丰富的地区，要完善地方性法规，使得生物遗传资源的惠益分享有法可依并契合地方特色。二是要推进非政府组织的参与，充分发挥其沟通的纽带作用，推进公众对生物遗传资源的保护，并且监督政府更好落实生物遗传资源惠益分享。三是要发挥科研机构的智力支撑作用，更好地提升对生物遗传资源的监测、保护等方面的能力，将农、林、牧、药材、生命科学以及环境保护等多部门的资源进行更好的整合。

2. 引入 CAFTA 区域生物遗传资源惠益分享共同信托基金

无论是健全生物遗传资源惠益分享名录与来源信息披露制度，还是利用生物遗传资源进行研发和争议解决，都需要大量的资金进行支持，而仅靠企业或政府支持不足以支撑其运作，且各国政府因国情不同也难以就资金的筹集和使用达成一致意见。为更好解决资金不足的难题，可以建立起区域生物遗传资源惠益共享机制相配套的共同信托基金。不仅可从惠益分享的资金中抽取部分投入基金以补偿相关人员，还可通过政府按比例缴纳以及自愿捐款来进行资金的筹集，更好分配我国与东盟国家因生物遗传资源提供而获得的利益。此外，基金会作为一个独立的实体，具有更强的专业性，在降低维权成本的同时，还能提升各成员国的维权能力，更合规地从生物遗传资源的使用者处获取正当的专利收益。对于基金收益的分配，基金会作为独立的第三方，在通过专业界定后，将一部分货币性收益分配给生物遗传资源的提供国，补贴相关机构因境外获取生物遗传资源支付的成本，特别是需要偿还因为惠益分享而导致的个人利益损失，鼓励企业的向外发展及充分调用科研人员的参与积极性，充分挖掘生物遗传资源的价值；而剩余部分的资金，一部分作为基金会的日常运行基金，另外一部分则可用于区域内的基础设施建设以及生物多样性保护等可持续发展领域。

（责任校对：曹　辰）

思想源流

阿基米德主义法哲学批判

——德沃金《哈特的后记与政治哲学的要义》释读

高　宇*

摘　要： 以哈特为代表的“阿基米德主义”主张法哲学研究是中立性、描述性和概念性的，而非参与性、解释性和实质性的。这种“描述性”法哲学的内核是“元话语——初级话语”的二元对立结构。德沃金通过对日常实践争论与“描述性”一词的细致考察，严厉批评了这种主张，并试图瓦解其内在结构。不过，德沃金认为概念性与解释性可以兼容一致，并展开了基于价值实在论的“解释性”哲学理论。德沃金又把“解释性”哲学推进至“整全性”哲学，希图彻底取代阿基米德主义法哲学。

关键词： 哈特；德沃金；法律实证主义；解释性；价值实在论

德沃金与哈特，这两位现代最有影响的美国法哲学家与英国法哲学家之间的理论争论是20世纪英美法哲学史上的重头戏。他们争论的核心问题之一就是法哲学的性质问题，哈特认为自己的法哲学是描述性的，德沃金则否认这种法哲学的可能性，主张法哲学只能是解释性的，二人分别在各自的代表作《法律的概念》与《法律帝国》中详尽阐发了自己的观点。此后，哈特在未完成的遗稿中反驳了德沃金的批评，遗稿后被作为《法律的概念》第二版后记公之于世。对此，德沃金专门撰写长文《哈特的后记与政治哲学的要义》来回应哈特的反驳，该文后被德沃金纳入其文集《身披法袍的正义》一书中。在这篇长文里，德沃金将哈特的法哲学明确界定为“阿基米德主义”，重新组织了论证，并将伦理学、政治哲学中的阿基米德主义一并纳入批驳的视野。鉴于法哲学的性质问题属于法哲学的“元问题”，其争论在英美学界产生了持久的影响，围绕此一问题产生大量论争。支持德沃金

---

* **作者简介：** 高宇，清华大学法学院博士研究生。

的学者认为其解释性理论通过对“方法论实证主义”的瓦解有力地批驳了法律实证主义，法律实证主义阵营则不遗余力地回应，坚持哈特的基本主张，其他学者则努力走出“中间道路”或“第三条道路”，甚至探索新的可能性。①

德沃金《哈特的后记与政治哲学的要义》这篇重要论文不仅是对哈特与自己就法哲学的性质问题进行论战的一次总结，而且清晰地展现了德沃金本人深邃复杂的法哲学观，从中我们可以窥见德沃金超出一般法哲学家的思想视野与理论抱负，德沃金所进行的是一项整合法哲学、道德哲学与政治哲学的哲学大工程。对这篇论文的细致分析，不仅有利于增进我们对德沃金以及哈特思想的理解，更有利于深化我们对法哲学乃至哲学本身的把握。有鉴于此，本文试图对这篇重要论文的核心论证展开分析，考察德沃金对阿基米德主义法哲学的批判是否恰切，并进一步思考德沃金“整全性”哲学理论的可能意义。本文的基本结论是：法哲学的知识结构由描述性理论与解释性理论共同构成，德沃金给哈特所贴的“阿基米德主义”标签是不适当的，但与此同时，德沃金的整全性哲学理论则是对解释性理论的深化，并且代表着包括伦理学、政治哲学在内的实践哲学领域的未来走向。全文分为四个部分，分别对应德沃金核心论证的内在逻辑环节。在这篇长文里，德沃金首先详细剖析了哈特的“描述性”法哲学，将其明确界定为“阿基米德主义”，并指明其“元话语—初级话语”的内在结构；鉴于德沃金认为这种“阿基米德主义”不仅流行于法哲学界，在伦理学、政治哲学界也是主流哲学，于是为了驳倒阿基米德主义法哲学，他系统深入地解构了阿基米德主义哲学的内在结构—“元话语—初级话语”；接着，德沃金开始证明自己的“解释性”哲学，并提出了价值实在论的哲学立场；为了彻底取代阿基米德主义法哲学，德沃金又把这种“解释性”哲学发展成“整全性”哲学。至此，通过由表及里、层次分明的批判，德沃金似乎既瓦解了阿基米德主义法哲学，又为新法哲学的筑造打好了地基。相应地，本文第一部分简述德沃金界定的“阿基米德主义法哲学”的基本内涵，并阐述相关的哲学背景，再对

① See Brian Leiter, Beyond The Hart/Dworkin Debate: The Methodology Problem in Jurisprudence, The American Journal of Jurisprudence, 48 (2003); Andrew Halpin, The Methodology of Jurisprudence: Thirty Years off the Point, Canadian Journal of Law and Jurisprudence, 1 (2006).

德沃金的基本立场与策略做一概括；第二部分细致考察德沃金对“元话语——初级话语”的解构活动，尤其指出德沃金对“描述性”一词的误解所导致的对哈特“阿基米德主义”的误解；第三部分阐明德沃金的解释性理论的内在逻辑，揭示其本体论与认识论方面的哲学渊源；第四部分展示其“整全性”哲学的总体思路，指出其对实践哲学的积极意义。

一、阿基米德主义法哲学

(一)“阿基米德主义”之界定

法律是什么？如何识别有效的法律？这些是基本的法哲学问题，哈特在《法律的概念》一书中试图解决这些问题。他提出的解决方案有两个重要特征，首先，他认为，这一方案是一个描述性的而非道德或伦理评价性的方案：其目标是理解而非评价法律的普遍而复杂的社会实践。其次，这一方案是一个哲学的而非法律的方案。② 哈特与德沃金在这一问题上的争论乃是哲学争论，德沃金的文章可视为二人的一场哲学对话。争论发生在对哲学本身的理解上，哈特的哲学观与其方案的第一个特征紧密相连——哲学是一项客观中立的描述性活动，旨在“理解普遍而复杂的社会实践”，是一种“描述社会学”。

如此，这种哲学该如何区别于社会学？社会学对社会实践进行经验研究，哲学直接研究的不是社会实践，而是关于社会实践的各种话语，包括初级话语与元话语两种。哲学并不关注一切话语，它首先关注那些关涉人类基本社会实践的核心话语，例如法律、自由、正义等等。这些元概念主要构成了元话语，而围绕元话语展开的价值判断或日常争论构成了初级话语。例如，自由是免于束缚，是元话语；自由比平等重要，是初级话语。元话语的意义源于客观的社会实践，哲学家相信元话语的意义大体确定，哲学的工作就是通过逻辑分析、概念研究来客观中立地描述这些意义，进而澄清种种日常争论。对元话语意义的描述，实际上也就是对客观的社会实践的描述，就此而言，哲学倒像是一种停留于语言层面的社会学。由此亦可见，社会学通过观察、调查乃至实验的方法来研究社会实践，尽管这些研究的成果可以成为哲学研究的反思材料，但哲学的研究方法主要是逻辑分析或概念研究

---

② ［美］德沃金：《身披法袍的正义》，周林刚、翟志勇译，北京大学出版社 2010 年版，第 163 页。

《法律的概念》一书就是哈特对“法律”的概念研究，这是一项法哲学工作。“他们将他们所研究的实践的初级话语——非哲学家关于对或错、合法或非法、真或假、美或俗的反思和争论的话语——与他们自己关于‘元’话语的二级平台区分开来，在二级平台中，初级概念被界定和探讨，初级主张被澄清和安放到哲学范畴中。我称这种哲学见解为‘阿基米德主义的’，这是一个阿基米德主义的黄金时代。”③ 按照德沃金的说法，阿基米德主义哲学的前提是元话语与初级话语的区分，哲学家基于中立状态分析元话语，普通人基于价值判断述说初级话语。

说哲学是一项客观中立的描述性活动，有悖于常人对哲学的一般印象，这种印象实际上来自传统哲学。在古希腊，哲学几乎与科学同义。随着近代自然科学的迅猛发展，科学逐渐接手了哲学探究客观真理乃至世界本质的任务，哲学转向认识论，以笛卡尔为代表的近代哲人继续主张哲学为科学奠基。后来，就连人类的认识领域也被科学入侵了，哲学猛然醒悟自身与科学的根本差异——哲学从古至今都是个体意义上的经验反省、逻辑分析、概念研究，唯有科学才能进行触及事质的经验研究。于是，哲学发生了众所周知的“语言转向”。哲学不是从现象进步到现象背后的机制，而是从现象退回到关于现象的陈述，退回到我们的概念方式。……所谓语言转向，精义在此。④ 不过，语言转向之后，哲学也没有获得统一的认识，因为哲学家对语言转向本身的理解就有差异，甚至有的哲学家在前后期对语言转向都有不同的理解。⑤ 显然，阿基米德主义哲学就产生于对语言转向的某种理解，上述

③ ［美］德沃金：《身披法袍的正义》，周林刚、翟志勇译，北京大学出版社 2010 年版，第 164—165 页。实际上，德沃金在之前的一篇著名论文中已经就“阿基米德主义”做过界定。

④ 陈嘉映：《哲学 科学 常识》，东方出版社 2007 年版，第 220 页。

⑤ 分析哲学家石里克与达米特都把维特根斯坦视为推进二十世纪哲学语言转向的决定性人物，尽管维特根斯坦终其一生都是“语言哲学家”，但其前后期却对语言哲学有着几乎完全不同的理解。实际上，分析哲学中的两个主要流派，逻辑实证主义与日常语言学派就反映了这些哲学家们对语言转向的不同理解。关于语言转向，参见徐友渔：《评“哲学中的语言转向”》，载《哲学研究》1991 年第 7 期；王路：《论“语言转向”的性质和意义》，载《哲学研究》1996 年第 10 期；江怡：《世纪之交再话“语言的转向”》，载《国外社会科学》1998 年第 5 期。

哲学图景的草草勾勒，也意在将阿基米德主义哲学置于哲学史的视域之中。⑥ 客观中立的描述，这样的说法看似与传统哲学相差甚远，实际上仍保留了传统哲学力求描述世界整体图画的科学精神的痕迹。基于中立状态分析元话语与基于价值判断述说初级话语，扼要说，元话语与初级话语的区分，说到底反映的仍然是真理与意见的区分。哲学的性质改变了，精神却保留了。这种追求真理的科学精神，长期以来使许多哲学家都努力把哲学建成一门科学，阿基米德主义者也是其中一例。

（二）德沃金的立场与策略

这种阿基米德主义哲学广泛流行于伦理学、政治哲学以及法哲学等一切实践哲学领域，可以说它是占主导地位的实践哲学观。哲学家“从外部和高处俯视”人类各种实践。德沃金欲反驳哈特，就必须从根底上驳倒阿基米德主义实践哲学，毫无疑问，德沃金的这项作业也是哲学的而非法律的。针对哈特的法哲学方案，德沃金立场鲜明。他认为，关于如何识别有效的法律的一般理论，如哈特本人的理论，并非某种对法律实践的中立描述，而是对它的一种解释，其目的不单单是要描述它，而且是要证成它——以表明为什么实践是有价值的，以及应当如何导控实践以保护和提升该价值。”⑦ 德沃金反对哈特的“中立描述说”，他认为一切法哲学理论都是蕴含了哲学家本人价值倾向地对法律实践的解释。这样一来，哲学家的法律理论就与普通人的日常法律主张没有了根本性差异，只不过前者比后者更抽象。显然，德沃金试图消解的正是元话语与初级话语这一根本性区分。⑧

“为了更为详尽地描述阿基米德主义的哈特版本”，德沃金虚构了索伦

⑥ 有些论者否认20世纪法哲学与语言哲学的关联，甚至断言语言哲学中的争论对法哲学没有产生实质性影响，See Michael Green, Dworkin's Fallacy, or What The Philosophy of Language Can't Teach Us About The Law, Virginia Law Review, 89 (2003). 这种观点是站不住脚的，仅以哈特为例，牛津语言哲学对哈特法哲学的影响不容否认，See John Finnis, H. L. A. Hart: A Twentieth - Century Oxford Political Philosopher Reflections by a Former Student and Colleague, The American Journal of Jurisprudence, 54 (2009).

⑦ ［美］德沃金：《身披法袍的正义》，周林刚、翟志勇译，北京大学出版社2010年版，第164页。

⑧ 值得注意的是，Dan Priel与德沃金一样认为阿基米德主义是占据时代主导地位的实践哲学，不过，他对阿基米德主义的批判采取了不同于德沃金的另一条论证路径。

森案。[⑨] 该案中的律师和法官在识别适用于该案的法律时，是否应作出自己的价值判断？德沃金断言，法律争论是典型的、全然的道德争论。[⑩] 当然，这里的法律争论是狭义的，专指疑难案件中的法律争论。他认为两造都应该基于各自的价值判断来努力解释各自的原则，哪组原则总体上最能支撑和证成侵权法，哪组就是要识别的法律。由此，索伦森女士有可能获得最好的结果。哈特的观点则完全相左，他认为律师和法官通过参考立法、判例和社会习俗等法律的社会渊源就能识别出法律，无需考虑道德。法律的这些社会渊源的客观存在，正是哲学家中立描述的对象。律师和法官应当明了，并避免通过道德方面的解释来识别法律。哈特的这一观点被德沃金称为"渊源命题"，显然，在德沃金看来，"渊源命题"是阿基米德主义的哈特版本的典范。

哲学旨在"理解普遍而复杂的社会实践"。这一点，德沃金同意哈特。实际上，描述与解释，均与理解毗邻。"我们都认为，如果我们着手研究法律的概念，而非某种特殊呈现的法律，如苏格兰的产品责任法，我们将更好地理解法律实践和现象。……但我们各自对这一概念研究的本质和恰当方法的不同主张可能被认为是不易理解的。"[⑪] 德沃金也认为概念研究可以增进我们对法律实践的理解，只不过在概念研究的本质与方法上，他与哈特持不同主张。哈特认为概念研究是描述性的，德沃金主张概念研究是评价性的。通常认为实证研究或经验研究才是描述性的，为何哈特却坚持概念研究是描述性的呢？概念研究通常也与评价性研究相对，为何德沃金却主张概念研究是评价性的呢？[⑫]

---

⑨ 案情大致如下：索伦森女士多年来一直服用一种被11个不同的制药公司以不同的商标生产和销售的药品，这种药副作用很大（厂家知情），给索伦森带来永久心脏损伤。但她不能证明哪个厂家的药丸实际损害了她，于是她将所有生产该药物的医药公司一起告上法庭，根据从企业获益的人必须同时承担企业的成本这一原则，要求每个厂家按照索伦森治疗期间该厂此种药品的市场占有率对她赔偿。医药公司则以侵权法的一项原则来答辩，即：未被证明伤害是其所为，任何人不对之承担责任。

⑩ ［美］德沃金：《身披法袍的正义》，周林刚、翟志勇译，北京大学出版社2010年版，第167页。

⑪ ［美］德沃金：《身披法袍的正义》，周林刚、翟志勇译，北京大学出版社2010年版，第168页。

⑫ Perry，Postema以及Stavropoulos等学者也赞同法理学的"概念性"特征，但拒绝法理学的"描述性"特征，即所谓"方法论实证主义"（Perry语），See Brian Leiter, Beyond The Hart /Dworkin Debate：The Methodology Problem in Jurisprudence，The American Journal of Jurisprudence，48（2003），p. 30—31.

二、解构“元话语——初级话语”

(一) 日常政治争论中的概念性问题

阿基米德主义认为，对自由与民主等政治概念的定义或分析（例如，自由与民主之间存在冲突）是描述性的，这种概念研究仅仅是对自由与民主的社会实践的中立描述；自由是什么？民主是什么？自由与民主之间是否存在冲突？这些问题是概念性的、描述性的；自由应让位于哪些价值？民主是好是坏？这些问题则是实质性的、规范性的，是见仁见智的价值判断问题。进言之，阿基米德们主张哲学关心的是“是”或“存在”，而非好坏或善恶。这些关于自由与民主的各种解释之所以是阿基米德主义的，是因为，虽然它们是关于规范性社会实践——关于自由和民主之争论的日常政治实践的理论，它们却声称自己不是规范性理论。他们宁愿声称自己是哲学性的或概念性的理论，仅仅是对社会实践的描述，在构成此种实践的争论中保持中立。⑬ 不过，阿基米德主义面临两个相互关联的困难：首先，日常政治争论也包含概念性问题，而且往往是争论的核心；其次，尽管“描述性”一词意义颇多，但没有一种意义适用于阿基米德们。这两个困难何以相互关联？第一个困难是说，日常政治争论也包含元话语；第二个困难意味着，元话语的二级平台不是描述性的而是解释性的，因而与初级话语无异。这两个困难合在一起，上下围攻，刚好摧毁了“元话语——初级话语”的二元对立结构。如前所述，这一结构是阿基米德主义哲学的根本前提。正是在这一致命的地方，上述两个困难相互关联。

的确，日常的政治争论并不总是价值比较，也会发生概念争论。我说民主即多数人的统治，所以司法审查与民主冲突，你说民主不单单是多数人的统治，而是公平的多数人统治，所以司法审查与民主不冲突。我们就民主的概念发生了争论，这一争论源自不同的政治价值倾向——我拒绝司法审查，你欢迎司法审查。所以德沃金认为阿基米德们“忽略了政治性概念在政治争论中实际发挥作用的方式”。同理，哲学家对政治概念的定义也取决于他的价值倾向，“哲学家的争论往往也是政治性的争论。”哲学理论与普通人的主张都是规范性的、实质性的。一种更为常见的折中观点主张，主要的政

---

⑬ ［美］德沃金：《身披法袍的正义》，周林刚、翟志勇译，北京大学出版社2010年版，第170页。

治概念是描述性与规范性相混合的概念，哲学家可以将这两个成分彼此分开。德沃金觉得这是一种变相的阿基米德主义，因此坚持主张“自由、民主等概念是作为价值的解释性概念而发挥作用的：它们的描述性意义是有竞争的，而该种竞争取决于对描述性意义作何种说明才能更好地捕获或领悟那个价值”。⑭ 诚然，阿基米德主义关于元话语与初级话语的区分存在颇多问题，但其中是否有被德沃金忽略的合理之处？自由、民主等概念当真是作为价值的解释性概念发挥作用而没有任何中立描述的余地？

（二）“描述性”一词的用法

社会实践可以多种方式和维度进行描述，“描述性”概念可在不同的意义上使用，阿基米德主义哲学方案的“描述性”究竟所谓者何？德沃金给出了“描述性”的三种意义，相应地，哲学方案分别对应语义学分析、结构分析以及统计学概括。

语义学分析假定政治概念的用法有共享的标准，这一标准决定一个概念的用法是否正确。哲学家对概念的定义正是对这一标准的描述。德沃金认为，不是所有的语词都存在共享的使用标准，政治概念就不存在。例如，司法审查是否危及民主？似乎不容易找到“民主”的标准用法来作出裁断。阿基米德们的错误就在于假定了他们所研究的概念存在共享的使用标准，这是一根需要拔去的“语义学之刺”。⑮ 结构分析假定了具有物理结构或本质的政治种类的存在，正如“自然种类”的存在，哲学则力图描述这种政治种类的结构或本质。⑯ 如今，德沃金把这种“本质描述论”假定为阿基米德

⑭ ［美］德沃金：《身披法袍的正义》，周林刚、翟志勇译，北京大学出版社 2010 年版，第 173 页。

⑮ 德沃金对语义学理论的深入批判，See Ronald Dworkin, Law's Empire, Cambridge: Harvard University Press, 1986. chapter 2.

⑯ 德沃金在这里突然提到“自然种类”是试图把描述性与哲学传统勾连起来。人类是如何命名自然种类的？传统的哲学方案是描述论，主张人们通过对事物特性的描述来获得自然种类的名称，分析哲学先驱弗雷格与罗素的指称理论就是如此，尤其是罗素的“描述词理论”（通译为摹状词理论）。不过，科学家的研究却发现，被我们称为“老虎”或“黄金”的事物当中，有一些在基因结构或物理本质方面与这个种类的其他成员并不相同，从而不属于这个种类。描述论出现危机。英国哲学家克里普克发展了描述论，主张区分偶然特性与本质特性，名称描述的不是事物的偶然特性，而是本质特性。参见［英］克里普克：《命名与必然性》，梅文译，上海译文出版社 1988 年版，第二篇演讲；陈嘉映：《语言哲学》，北京大学出版社 2003 年版，第十四章。

主义政治哲学之“描述性”的意义，据此否定这种描述性在政治种类上的使用，因为“自由没有 DNA。”至于统计学概括，以自由这一政治概念为例，哲学方案力图描述大多数人的自由观。但这样一来，哲学又与社会学或人类学难以区分。

对“描述性”一词的三种用法的深入分析暴露了德沃金对阿基米德主义哲学的批判存在的主要问题。首先，德沃金断言政治概念不存在描述性的共享的使用标准有些言过其实。诚然，人们对自由、民主的定义意见不一，但可以肯定政治概念存在一定程度上的用法标准。无论你持怎样的民主观，“多数人的统治”都是题中之义；不管你怎么定义自由，“免于一定束缚”也是应有之义。人们争论民主、自由的事实，表明我们对其有基本程度的共识，否则，无法想象这些概念如何出现在人类语言中。语词的意义不是由哪一个或几个人创立的，而是一个共同体历史实践的积淀。我们既可以对一个语词意义的“公共部分”做客观中立的描述，也可以进一步做价值性解释，当然，这种解释并非随心所欲，而在很大程度上受到语词意义“公共部分”的制约。不过，更大的问题在于其对哈特的误解。实际上，哈特意识到传统法哲学始终在追求法律概念的标准用法，即试图给法律概念下定义，但其认为这种下定义的方法存在许多问题与误导性。⑰ 哈特并非如德沃金所想，主张普通人对法律进行价值争论而法哲学家则在二级平台上定义法律的概念。法哲学家要做的是分析法律概念的实际用法，通过比较千差万别的使用语境，反思并总结出勾连这些社会实践的共同结构。尽管这些词汇的一般用法已为大众所知，但它们并未得到理解；它们之所以不被理解，是因为和其他绝大多数日常词语相比，这些法律词汇以不同的方式呈现出它们的变异性。比如“法律”一词的变异之处部分表现为其适用的情况千差万别，这就使得起初试图从该词的运用当中抽象出一条规则的做法受阻；然而我们确信，即便在此，差异的表面背后所存在的，也是一条某种形式的规则，而不是一个任意的惯例。⑱ 在此值得注意的是，哈特所谓“某种形式的规则”并非“法律”一词的什么用法标准或定义，而是对法律的概念所对应的法律制度之共同结构或“本质”的客观描述。一国之内，大量种类各不相同的规则

---

⑰ ［英］哈特：《法理学与哲学论文集》，支振锋译，法律出版社 2005 年版，第 23 页。

⑱ ［英］哈特：《法理学与哲学论文集》，支振锋译，法律出版社 2005 年版，第 24—25 页。

均被称为“法律”，甚至国际法也被冠以“法律”的名称，这些事实表明作为一种社会制度或社会实践的法律存在一种共同的结构，以区别于其他类型的社会规则。普通人之所以对法律产生疑惑并对其概念发生争论，是因为他们只了解“法律”一词的一般用法，并不理解法律制度的共同结构进而不理解法律的概念。哈特借用语言哲学的方法分析法律的概念，但其意并非进行语言学的探讨（比如给“法律”一词下定义），而是要分析概念的外延即法律制度，描述其种种特征与属性。法律没有生物学意义上的DNA，但是作为一种社会现象，法律具有使其自身是其所是的社会学意义上的“DNA”。概念反映我们如何构想世界的某些面相，一方面其存在于语词与其意义之间，并通过它们被表达出来；另一方面概念则存在于语词与事物的性质之间，并适用于事物的性质。……那些强调概念与事物性质之间紧密联系的人，比如哈特与赖尔都含蓄地承诺了如下观点，即对一个概念的完整理解在于对相应客体的所有必然属性的理解。⑲

哈特的法哲学并非以统计学或社会学的方式来描述这个“DNA”，而是通过概念分析。在很大程度上，当我们研究法律性质的时候所研究的乃是自我理解的性质。一种社会制度如法律的识别并非由社会学家、政治学家或者其他进行类似社会研究的学者引进。它是人类自我意识的一部分，我们借此构想并理解我们的社会。⑳ 诚如布莱恩·比克斯所指出的，基于概念分析形成的概念理论不同于社会科学与自然科学，后者旨在揭示现象之间的因果联系，一般可以通过实验、观察以及对过去事件的分析来检验；前者则一般无法被直接经验证伪，其目的亦并非发现新事实，而主要是澄清旧事实。㉑ 概

---

⑲ Joseph Raz, Can there be a Theory of Law? in Blackwell Guide to the Philosophy of Law and Legal Theory, M. P. Golding, W. A. Edmundson (eds), Oxford: Blackwell Publishing, (2006), p. 325 – 326. “‘概念分析’这个术语会让人有一些困惑，因为它可能会表明，分析的对象是一个概念，而非归属于这个概念的实体。然而，在我使用这个术语的时候，它指的是这样的一个过程，即使用一个概念来分析归属于这个概念的实体的性质。”参见［美］斯科特·夏皮罗：《合法性》，郑双玉、刘叶深译，中国法制出版社2016年版，第17页。

⑳ Joseph Raz, Can there be a Theory of Law? in Blackwell Guide to the Philosophy of Law and Legal Theory, M. P. Golding, W. A. Edmundson (eds), Oxford: Blackwell Publishing, (2006), p331.

㉑ ［美］布莱恩·比克斯：《法理学：理论与语境》，邱昭继译，法律出版社2008年版，第15—29页。

念分析不关注将来的事实也不追求新事实，对此，夏皮罗有一个生动的比喻，即把概念分析视为一种侦探式的工作。一如侦探会在犯罪现场搜集种种证据与线索，在概念分析中哲学家亦需要搜集线索，区别在于，侦探搜集的是事件的真实状况，哲学家搜集的则是社会中的自明之理。法哲学家通过对法律自明之理的汇集、反思与剖析，一方面验证并排除错误的法律理论，一方面则通过比较策略、疑难解决策略、建构主义策略以及考古策略等多种多样的分析工具来确定法律的身份并构建法律理论。这种对法律身份的确定以正确描述法律的自明之理为标准，没有道德的参与，是一项纯粹的描述性工作。[22] 厘清法律制度的一般形式或结构这项哲学工作的出发点正是任何受过教育之人都普遍拥有的，关于现代国内法体系之显著特征的常识。[23]

在德沃金看来，纯粹描述性的解决方案是错误的，只有一种完全解释性的解决方案才是可行的。乍一看，德沃金与哈特之间的争论之所以看起来十分激烈，似乎就是因为双方站在了两个极端——完全的解释性与纯粹的描述性。实际上，对于法律制度，既可以在概念层面描述其必然性质，也可以结合具体文化背景在价值层面进行解释，二者产生的是不同类型的法哲学。哈特主张自己的法哲学是一般性的以及描述性的，因为它旨在客观描述法律制度的一般形式或结构，而不从道德上去证立法律制度。哪怕所描述的对象是评价，仍旧可以是描述。既存在从外在视角进行客观描述的法哲学，亦存在从内在视角进行道德诠释的法哲学。[24] 现代伦理学家多把伦理学划分为分析伦理学（或元伦理学）与规范伦理学，认为描述与评价的基本区分在逻辑上成立。[25] 可见，尽管德沃金试图通过解构“元话语—初级话语”的方式来摧毁阿基米德主义哲学，但实际上他所赋予现代实践哲学的“阿基米德主义”标签本身就是颇成问题的。

㉒ ［美］斯科特·夏皮罗：《合法性》，郑双玉、刘叶深译，中国法制出版社2016年版，第17—30页。

㉓ ［英］哈特：《法律的概念》，许家馨、李冠宜译，法律出版社2006年版，第220页。

㉔ ［英］哈特：《法律的概念》，许家馨、李冠宜译，法律出版社2006年版，第220—225页。

㉕ Brian Leiter认为，描述论与解释论的方法论争论在实践哲学的其他领域如政治哲学与道德哲学中都没有出现，却独独折磨着法哲学，过错在德沃金。

三、基于价值实在论的“解释性”哲学

阿基米德主义的二元结构虽然有问题，但却划清了哲学理论与日常争论的界限。德沃金认为哲学家的概念研究与普通人的日常主张都是解释性的，那么他将面临一个问题：如何区别它们？诚然，二者在性质上没有根本差异，但仍然存在明显的区别。二者的区别不在规范性、解释性或评价性，而在概念性。什么是概念性呢？德沃金说过，普通人在日常争论中也会出现概念性问题，会对自由、民主等概念的本质或定义作出思考。这些思考难道不是概念性的吗？但是，相比普通人的概念争论，哲学的概念研究更具全面性和基础性。概念性与规范性、评价性便可以兼容，一项研究可以既是概念性的又是评价性的。

德沃金用概念性意指价值研究的基础性和全面性，这需要结合其价值哲学来理解。前面说，德沃金否认具有物理结构或本质的政治种类的存在，但他仍然认为存在与此不同的政治种类，而且与自然种类颇有相似之处：首先，它们都是不依赖于主体的实在。其次，它们都有决定表面特征的深层结构。不过，政治价值的深层结构是规范的，而自然种类的深层结构是物理的。正如科学家能够试图——作为一种独特的方案——通过展示这些实体的基本物理结构来揭示老虎或金子的真正本质，政治哲学家也可以试图通过展露自由的规范内核来揭示自由的真正本质。在每种情况下，如果我们愿意，我们都能将这项事业描述为概念性的。物理学家帮助我们察看水的本质，哲学家帮助我们察看自由的本质。[26] 德沃金提出了一种特殊的价值实在论，不同于他所批评的“价值的物理实在论”，这是一种“价值的规范实在论”。[27] 不过，这种规范实在论在德沃金哲学理论内部似乎面临一个矛盾或困境[28]

㉖ ［美］德沃金：《身披法袍的正义》，周林刚、翟志勇译，北京大学出版社 2010 年版，第 178 页。

㉗ 德沃金对价值实在论的系统论述，See Ronald Dworkin, Objectivity and Truth: You'd Better Believe It, Phil & Pub Aff, 25 (1996).

㉘ 实在论哲学在西方历史悠久，第一个系统的实在论哲学理论是柏拉图的“相论”，此后虽时有批判，但许多哲学家仍旧坚持实在论。不过，对实在论的批判在 20 世纪终于日趋成熟，这是一项重要的哲学成果。德沃金的实在论当然也避免不了一切实在论共有的局限性，这个本体论课题且不去追究。关于实在论的困境，参见［美］普特南：《实在论的多副面孔》，冯艳译，中国人民大学出版社 2005 年版。

——既然自由这一价值的存在和特征不依赖于任何人的发明、信仰和决定，同时“哲学家也可以试图通过展露自由的规范内核来揭示自由的真正本质”，那么自由该如何“作为价值的解释性概念发挥作用”？在这个问题上，德沃金似乎深受罗尔斯的影响。在罗尔斯看来，道德理论的建构实际上是一个价值或原则与我们的信念或直觉相互调适的过程。也就是说，一方面，价值或原则不仅要自身一致且融贯，还需和我们的直觉保持一致，当然，这并非普通的直觉而是审慎的直觉；另一方面，为了与价值或原则相一致，我们的一些直觉必须加以修正乃至抛弃。这是一种将道德实在论与道德融贯论分别作为本体论与认识论加以结合的特殊道德哲学。然而，罗尔斯与德沃金都没有清楚地解释直觉在这种方法中的具体位置。一方面，为了对现有道德原则进行限制，它们（直觉）必须被认定为真。另一方面，为了保持道德理论的融贯性，我们又必须随时准备将它们当中的一些忽略或抛弃。我们真的能够做到两者兼顾吗？㉙

究竟如何理解所谓“规范内核”？价值的深层结构不是物理的，是规范的，这话究竟何意？无论人们对正义的本质有多大争议，大概没谁会把正义当成像金子那样存在的物体。金子的本质是什么？正义的本质是什么？这两个形式相同的问题的区别，不仅在于一个是科学问题一个是哲学问题，还在于它们其实有完全不同的逻辑结构。正义的本质是什么，这个问题形式存在误导，它真正需要回答的是，我们应当如何行动。正义是我们试图寻找的指导人类社会实践的原则、标准或理念，探究正义实际上就是探究“行为之应当”，行为之应当即正义之所是。诚然，我们可以中立地描述物理事物，把它当作对象，我们也可以描述社会实践乃至语词的使用，它们都可以对象化。无法对象化的东西就无法描述。什么东西无法对象化？与我们的生活内在地连成一片整体的东西。我们尽可以对价值作出种种描述，但我们描述的却只能是价值的表层特征，价值的深层结构——价值的价值是没法描述的。因为它终究没法对象化，它与我们的生活连成一片整体。如此，上面提到的那个困境才得到了解决，我们反而获得了一个洞悉价值之“揭示——解释”的新视域。这种新视域并非主要来自分析哲学的传统，而是来自欧陆解释学传统。按照伽达默尔的哲学解释学，人作为理解者，与世界的关系并非如传

㉙ ［美］安德瑞·马默：《解释与法律理论》，程朝阳译，中国政法大学出版社2012年版，第75页。

统哲学所想乃是相互分裂的主客体关系，这种关系所带来的主观与客观的区分遮蔽了理解的真实情况。理解的一个重要特征在于——历史性。也就是说，理解总是受理解者所处的特定的历史环境与历史条件等因素的制约，任何理解者总是已经身处一定的世界中，无法摆脱历史结构对他的影响。这种影响不仅造成理解的“前见”，也构成了理解的前提。不过，这种“前见”并非一成不变，而是随着历史传统的演化，尤其是理解者自身的自由选择而不断革新，进而推动着传统与当下进行对话的“视域融合”。[30] 在德沃金看来，价值的深层结构只能是由我们的政治道德观念共塑而成，而这也是价值所能向我们呈现的唯一方式。

那么，价值如何与生活连成整体呢?

四、“整全性”哲学

我们希望更好地理解正义、民主和自由是什么，因为我们认为，如果我们理解和赞同它们，我们都能生活得更好。[31] 追求良好生活，是政治哲学长久以来的传统。价值研究旨在好生活。价值与好生活的关系是什么?

价值有许多种。科学知识的价值独立于我们对好生活的兴趣，德沃金称之为“分离的”价值。传统宗教的价值也是分离的，信仰神祇也许有利于好生活，但神祇并不依赖于我们的生活；艺术的价值也是如此。不过，伦理价值全然不同。正直、谦虚、负责、友爱等美德的价值，全在于助益我们的好生活，我们对好生活的实践兴趣也影响着这些价值本身。这些价值不是我们通往好生活的工具，而是好生活的诸个面相或组成部分。也就是说，它们与生活是一体的。同样，诸如正义、自由、民主和合法性等政治价值也是“一体的”价值。许多阿基米德主义者的错误就在于，视一切价值包括政治价值都是“分离的”。我们不但假定，一种结成整体的价值的存在依赖于它对其他种类的、可以独立列举的价值——如人们可以追求的生活之幸福——所做的某些贡献，而且假定，对一种结成整体的价值的更加精确的描述——例如，对自由实际上是什么更加精确的说明——依赖于对此种贡献的识

---

[30] 刘放桐等：《新编现代西方哲学》，人民出版社 2000 年版，第 495—505 页。

[31] ［美］德沃金：《身披法袍的正义》，周林刚、翟志勇译，北京大学出版社 2010 年版，第 179 页。

别。[32] 如此，我们似乎可以依据贡献高低，将各式各样的价值放置在一个等级结构中。例如，谦虚有利于促成友爱，这是谦虚对友爱的贡献。不过，一个友爱的人也可以因此变得谦虚。伦理价值的支持往往是相互的，而非等级的，我们也很难认为哪一种价值可以实行“价值专政”，之所以如此，在于对“好生活的一般品性”的理解。

何种生活才算好生活？是对人类社会作出贡献、有所作用的生活（“作用模式”，比如爱因斯坦的生活），抑或无须考虑外在贡献、只需表现内在价值的生活（“挑战模式”，比如冒险者的生活）？[33] 德沃金选择了后者。好生活意味着自如地应付生活中的种种挑战，在不断的挑战中提高生活技能，在成长后又寻求新的挑战，不存在能够对不同的目标或价值一较高下的最终标准。挑战模式允许伦理价值的观念漂浮在其他任何价值之间。好生活的这种品性决定了我们恰切地理解伦理价值的方式。我们必须设法整体地、解释性地理解它们，在其他价值的关照下理解每一种价值，不是分等级地而是以立体网络的形式组织它们。……（并非）我们每次一块甲板一块甲板的在海上重建我们的航船……（而是）黎明的曙光在整个大地上缓缓破晓。[34]

政治价值、伦理价值不是分别与生活连在一起，而是彼此相连，共成一个网络式整体。[35] 在这条道路上，德沃金走得如此之远，乃至于几乎否认政治价值、伦理价值存在冲突。照一般理解，自由与平等、友谊与爱国主义难免有时冲突。德沃金却主张我们不能停留于此，要进一步反思，努力找到那种能够表明这些价值其实并不冲突的观念。[36] 不过，德沃金也意识到，“我们或许不能做到”。即便如此，我们也没有权利停下来，我们应继续行于那条通往价值理想的大道。价值众多，生活繁复，我们怎样做到“在其他价

---

[32] ［美］德沃金：《身披法袍的正义》，周林刚、翟志勇译，北京大学出版社2010年版，第182—183页。

[33] ［美］德沃金：《至上的美德》，冯克利译，江苏人民出版社2003年版，第288页。

[34] ［美］德沃金：《身披法袍的正义》，周林刚、翟志勇译，北京大学出版社2010年版，第184页。

[35] 在价值的关系上，以立体网络的观念取代等级结构的观念，颇富哲学史的深意。我们知道，柏拉图曾持一种目的论的价值哲学。在他的价值序列中，最高的价值是至善，其下依次是智慧、勇敢和节制。这种等级结构的价值哲学影响深远，尤其是其中蕴藏的思维方式，后世出现的各种知识论上的“整体主义”不妨说正是对这种思维方式的反动。

[36] 德沃金的相关努力，See Ronald Dworkin, *Justice for Hedgehogs*, Cambridge: Harvard University Press, 2011.

值的关照下理解每一种价值”？我们大概只能紧贴着生活，不断地学习、领悟，尽力呈现我们对生活与价值的“最佳理解”。的确，价值实在与立体网络这两种假定，多多少少总会在逻辑思维层面给我们带来不适乃至不安，但德沃金大概有权利坚持自己的哲学立场。其实，唯当价值作为理想，生活才更富意义，更富可理解性。如果说在价值结构上德沃金与柏拉图是对立的，在“理想主义”方面，他们则又殊途同归。

德沃金立体网络式价值结构的思路，开拓了价值研究更为深广的思想视域。“意图更好地理解政治价值的政治哲学家，必须将他的工作融入那个大的结构中。……这个价值结构不但将政治结构与伦理相联系，而且更一般地将其与道德性相连接，而且在伦理上与政治结构相联系。……这是哲学家集体的责任”。[37] 这个大的结构，德沃金也称为“人本结构”。法律、政治、伦理交织成一片整体，而其根源乃是“人性”。这是德沃金对实践哲学的理解。如果实践哲学的目标不是整体性的，它就不能实践那个至关紧要的洞见——整体而非分离的价值。德沃金对实践哲学的这种“整全性”理解代表着实践哲学的一种新动向。[38]

（责任校对：甘卉）

[37] ［美］德沃金：《身披法袍的正义》，周林刚、翟志勇译，北京大学出版社2010年版，第184—185页。

[38] ［美］杰费里·艾布拉姆森：《罗纳德·德沃金和法律与政治哲学的聚合》，信春鹰译，载《环球法律评论》1989年第4期。

司法调解：基层法律意识形塑*

——以一起车辆租赁合同纠纷案为例

樊卓昊**

摘　要：探求司法调解在现代化法治建设中的作用应当适度摒弃行政化因素的参照，并将司法调解放置于“社会环境——法律系统”的系统论框架下，以观察“商谈共识”形成过程的微观视角聚焦于其主体间性。通过以“议论的法社会学”研究范式为工具对个案的进行话语分析发现，在司法调解的话语实践中，法律意识在法律论证逻辑、法律规范内容、法律程序规则和法律有效性检验四个维度得以形塑。在此过程中，具备规范性和价值性的程序为法官和当事人提供双重保护，形式性共识和实质性共识的形成确保司法调解能够有效且合法律性的形塑法律意识。

关键词：司法调解；主体间性；法律意识；话语分析

一、问题的提出

在“调解优先，调判结合”的政策原则指导下，司法调解作为“三位一体”的大调解格局之一被纳入纠纷解决机制。但部分观点认为，司法调解因其政策导向性、程序管制不足、合法律性成疑、法官个人意向导向性等原因而具备非法治性。因此学者大多倡导“调审分离”，禁止审判员主导调

---

* **基金项目：**本文系国家社科基金项目“中国传统法律文化转化与创新的法律社会学研究”（20BSH027）阶段性成果。

** **作者简介：**樊卓昊，哈尔滨工程大学人文社会科学学院硕士研究生。

解，尝试将调解置于诉前。① 现代化进程中我们应以何种视角看待司法调解？司法调解又在法治建设过程中担任什么角色？

回答这些问题需先回到对于司法调解的合理性探讨，现有研究以宏观、中观及微观维度展开。首先，在宏观维度上，一方面，将司法视为党合法性再生产的场域，在法律治理化的中国法律新传统下②，充斥调解与判决悖论的司法调解因政策导向而在国家综合治理中起着平衡政治要求、人民呼声和法律规定的作用③；另一方面，将司法调解放置广义的“大调解”或 ADR 的格局之下，司法调解可以与非正式司法的伦理相联系而满足纠纷参与者的需求，在和谐解决纠纷的同时实现司法资源和效益的最大化。④ 其次，在中观维度上，一方面，在制度变迁中司法调解制度不仅具备民主、公平正义、社会和谐、文化传承等多元价值，还具备政治导向、法律规范、秩序协调发展创新的功能⑤；另一方面，调解的同等组织结构搭建了具备平等自愿原则的民意沟通平台，从而形成“主体间性结构”，在沟通中滋生出基于自身组织技术之上的技术合理性，因此调解的合法性就根植于基于技术合理性上的沟通合法性。⑥ 最后，在微观维度上，司法调解通过作为说服论证的法律修辞方法得到当事人的认可，并且在达到司法的社会治理功能的基础上有助于

---

① 李浩：《民事审判中的调审分离》，载《法学研究》1996 年第 4 期；刘峥：《民事诉讼调解制度平衡轮编》，载《诉讼法论丛》2006 年第 1 期；唐力、毋爱斌：《法院附设诉前调解的实践与模式选择——司法 ADR 在中国的兴起》，载《学海》2012 年第 4 期；李炳烁：《论司法调解规范化的实践问题与路径选择》，载《法学杂志》2016 年第 12 期。

② 强世功：《权力的组织网络与法律的治理化——马锡五审判方式与中国法律的新传统》，载《北大法律评论》2000 年第 2 期。

③ 邵六益：《悖论与必然：法院调解的回归（2003—2012)》，载《华东政法大学学报》2013 年第 5 期。

④ 范愉：《非诉讼纠纷解决机制（ADR）与法治的可持续发展——纠纷解决与 ADR 研究的方法与理念)》，载《法制现代化研究》2004 年第 1 期；张剑源：《管辖权竞争与当代中国乡村司法的合法性建构》，载《当代法学》2014 年第 4 期。

⑤ 陈旗：《论法院调解制度的创新——基于价值与功能的法理思辨》，载《法学评论》2007 年第 5 期。

⑥ 张洪涛：《调解的技术合理性——一种中观的组织结构 - 功能论的解读》，载《法律科学》2013 年第 2 期。

公信力的提高，实现司法合理性⑦。

上述三个维度中有两个重合点。一是存在法律的治理化倾向。学者倾向于在将法律与政治紧密关系视为缺省点的基础上，探讨司法调解为国家治理带来何种问题，将法治建设视为政策导向，而未发现其内生性作用机制。因此，应该摒弃这两种探求路径：司法调解在本土资源基础上的合理性延续以及司法调解在法律合法性与政治合法性的功能性作用。二是调解的有效性问题。司法调解调和了民间法与正式法的冲突以及纠纷双方的零和博弈。调解程序中，当事人主义可以通过当事人的意见参与和商谈过程产生共识，从而达到对纠纷处理结果的满意，但仍需甄别所产生的共识是否与法治路线契合。如果单纯倚仗共识，苏力所发现的基层法官在司法实践中产生的介于法治知识和地方性知识之间的经验主义知识⑧也是共识的产物。这正是备受诟病的“反法治司法倾向”，因此应该深入过程研究，即探究司法调解产生共识的过程中的法治化倾向。

综上所述，司法调解的研究应采用新的法治思维。首先，社会结构变迁伴随着功能分化，法律虽无法完全剥离于行政，但中国主流法律意识形态呈现出了脱离于政治意识形态话语而独立的倾向。⑨ 因此应当将法律视为社会子系统，并重视其再生产产物——程序。其次，从具有政治倾向的法律供给到以当事人为中心的法律需求的转变中，需要进一步追问司法调解在产生共识的过程中为什么具有有效性？因此，本文采取剥离行政的程序性视角，以微观视角通过主体间商谈的过程探求司法调解在法治建设中的作用机制。

二、议论的法社会学：司法调解的商谈选择

在系统论视角中，卢曼认为现代化社会产生了系统分化，法律作为社会的子系统在经历制度化后产生。社会结构复杂性的增强推进法律程序建构，

---

⑦ 刘兵：《法律修辞：以听众为核心的说服论证——兼论法律修辞方法在司法调解中的作用》，载《民事程序法研究》2010 年第 1 期；侯学勇：《司法调解中的法官修辞及其对司法公信力的影响》，载《法律科学》2014 年第 1 期；闫斌：《论法律修辞的合法性》，载《湖北大学学报（哲学社会科学版）》2015 年第 5 期。

⑧ 苏力：《送法下乡：中国基层司法制度研究》，北京大学出版社 2011 年版，第 165 页。

⑨ 吕明：《法律意识形态的变迁——以我国民事诉讼中的“调解”为样本》，载《法律科学》2007 年第 5 期。

随着条件程序化，法律系统具备了“自创生性”，通过自我生产具备了生产要素可操作性的统一性。[⑩] 进而言之，当社会环境中的自生性规范——民间法——被法律系统筛选调整后进入法律系统内时，这则规范将不受社会环境操纵，而进入法律系统内部程序的自我生产机制中。卢曼并不否认政治与法律的紧密关系，而是强调了从结构上来说，政治的主要影响在于“对借以刺激自己的作用形式的优先选择”。[⑪] 简而言之，政治影响作用于法律创制阶段，经过制度化的规则进入程序中将只会被法律系统自我指涉，在司法阶段被置于司法人员关于“合法——不合法”二元框架的二阶观察。

司法调解处于社会环境和法律系统的交际点，在法律系统内调解被视为法官审判权的延伸[⑫]，这种程序化因素赋予司法调解处理纠纷的独特功能。一方面，司法调解作用于具有公共领域特征的司法性“第三领域”。“第三领域”产生于正式组织体系与非正式组织体系的长期互动之中，它既非简单的国家正式体系，也非简单的社会/民间非正式体系，而是在两者互动合一的过程中所形成的中间领域，具有其特殊的逻辑和形式。[⑬] “第三领域”在司法层面涵盖了具有半正式特点的交互行动，即司法调解。司法性“第三领域”并不是以市民社会为基础的政治参与领域，也不形成公共意见或公共舆论，而是个体理性平等地参与的关于意见的交往网络。在此意义上，“第三领域”具有了准公共领域特征。与此同时，司法性“第三领域”中程序性制约保证了商谈过程个体间的理性平等交流，因此司法调解具备商谈特征。另一方面，法官具有司法立场。司法调解中双方当事人的立场基于私人利益，法官的立场基于价值中立，即便一方当事人有法律工作者为其代理人，双方在法律场域中的不平衡，法官也致力于拉平话语和逻辑，在司法立场上强调事实性解决。

系统论视角下，法律的功能在于稳定个体对他人期望的期望。通过对认

---

⑩ ［德］尼克拉斯·卢曼：《法社会学》，宾凯、赵春燕译，上海人民出版社 2013 年版，第 182—194 页。

⑪ ［德］尼克拉斯·卢曼：《社会的法律》，郑伊倩译，人民出版社 2009 年版，第 215 页。

⑫ 范愉：《调解的重构（下）——以法院调解的改革为重点》，载《法制与社会发展》2004 年第 3 期。

⑬ 黄宗智：《重新思考“第三领域”：中国古今国家与社会的二元合一》，载《开放时代》2019 年第 3 期。

知期望和规范期望的调整可以决定个体自身适应现实或稳定期望，这两类期望在司法调解中产生对抗，当事人面对法律系统内反事实稳定的行为期望时采取学习或不学习的主观态度是司法调解得以进行的前提条件。随着社会结构紊乱下的重组，基层社会经历了由单一的国家政治化的法律供给到多向度的当事人主观性的法律需求，即从“送法下乡”到“迎法下乡”。这一过程暗含了正式法与民间法在相互作用之下的“双向制度化”，即民间法部分被制度化为正式法，制度化的正式法被浸染为民间习俗的一部分[14]，此在行为上表现为由法律规避到法律认同。千叶正士关注到日本在法律移植背景下个体可以以一种“变形虫式的思维方式”既保持正式法与民间法之间的有效互动，又保持法律选择的文化同一性[15]，这一法意识转变过程即是产生法律认同的过程，表现为价值上的肯定和行为上的遵守。法意识涉及法以怎样的意识来进行社会生活，其涵盖法的认识、法的价值和法的感觉[16]，这些因素赋予法行动以动机，因此法律认同的行为转变与法意识变化直接相关。刘子曦指出形塑法律意识的因素包括：有关法律的霸权性话语；行动者个人的生活经历；行动者的法庭体验[17]。但司法调解这一法律实践，对个人意识的影响更直观、有效。形塑法律意识实则有双重内涵：塑造法律意识和校对法律意识。前者是在不具备法律意识的基础上对法律意识地构建，后者是对已有法律意识地证实或证伪。行为者能通过网络媒介、他人经验、个人对庭审过程的参与观察等日常途径产生法律意识，但只有作为司法调解的参与者才能证实或证伪这些法律意识，也只有作为司法调解的参与者才能在实用主义层面中检验法律有效性。

因此，本文以议论的法社会学范式作为研究工具，聚焦于主体间的沟通行为，“把社会理解为法律运作的场域，把法律理解为社会生活的编码”[18]，强调法律内部和外部的话语博弈过程。司法调解处于“社会环境——法律

---

[14] 赵旭东：《权力与公正：乡土社会的纠纷解决与权威多元》，天津古籍出版社2003年版，第315页。

[15] [日]千叶正士：《法律多元——从日本法律文化迈向一般理论》，强世功，范愉等译，中国政法大学出版社1997年版，第125页。

[16] [日]川岛武宜：《日本人的法意识》，胡毓文、黄风英译，吉林人民出版社1991年版，第5—6页。

[17] 刘子曦：《法律意识的两个维度》，载《开放时代》2014年第4期。

[18] 季卫东：《法律议论的社会科学研究新范式》，载《中国法学》2015年第6期。

系统”的交界处，不单单作为促进当事人自主解决双方纠纷的制度装置，还形成秉持着社会环境规则的纠纷当事人与隶属于法律系统内部的审判员之间的互动，分析司法调解的对话过程将能揭示法律意识如何在话语实践中塑造。

三、走进个案：车辆租赁合同纠纷

个案研究方法可以面向事件本身，了解行动者的行为过程、态度形成的原因、背景信息[19]，对案件进行深层次呈现。个案的典型性不是预先给予的实在前提，不是既定的公共认定，而应根据不同的研究问题或焦点加以厘清[20]，因此，本文通过对当事人自发性理解和法官外部介入话语的“日常化”，尝试在对案件的剖析过程中提炼出关于抽象的法律意识的结构性转变。

2021 年 5 月 16 日，原、被告签订《车辆租赁合同》，约定原告租赁被告车辆用于跑滴滴快车业务。同日，原告支付租赁押金 11000 元，被告出具收据一份。被告车辆运营证不属于滴滴公司，不符合滴滴平台规定，原告请求被告解决此事未果，遂提起诉讼，要求被告返还租赁车辆押金 11000 元，支付违约金 5000 元，并承担诉讼费。该案 2021 年 6 月 16 日拟移送诉前调解，6 月 25 日正式收案，7 月 12 日，原告和被告代理律师参与庭审，经过法官调解，双方当日签订调解协议：原告退还车辆，租赁期间车辆发生的损失由原告承担责任，被告退还租赁车辆押金 11000 元，扣除原告应交给被告的车辆租金 2000 元，最终退还 9000 元；诉讼费减半收取，由原被告折半承担。

笔者选取该案进行分析原因有四。第一，丧失共同体伦理的个体在社会交往中产生冲突，往往选择诉诸法律平衡利益，该案双方当事人经人介绍签订合同，关系类似于现代陌生人社会纠纷关系，具有代表性。第二，双方当事人不具备密切关系，可以避免其他非案件事实扰乱当事人现代化法律意识的培养。第三，该案件有具备一定法律知识的律师参与，使得法官在调解过程中横平地依附于法律和实质伦理，以免出现法官侧重于对地方性知识的使用。第四，该双方在案件解决中达成基本共识，可以直观地观测共识的形成

---

⑲ 刘子曦：《法律意识的两个维度》，载《开放时代》2014 年第 4 期。

⑳ 渠敬东：《迈向社会全体的个案研究》，载《社会》2019 年第 1 期。

过程，得以在具备有效性的司法调解过程中勘探当事人的法律意识如何被形塑。

四、微观视角：形塑法律意识的多维度及其受保护机制

本文主要从该案法官与原告当事人主要探讨的营运问题、诉讼时间和车辆损耗的话语分析出发，探讨对原告当事人法律意识的施为性形塑，再从原告当事人前后法律意向的话语分析出发探讨原告当事人法律意识的内在形塑。

（一）法律意识的维度之一：法律论证逻辑

原告起诉状称车辆营运证不属于滴滴公司，无法正常营运，因此法官就围绕车辆不能营运问题开始询问。原告将原因归结为“绑定不了”。随后原告与法官单独调解，法官建议原告接受被告代理人拟定的调解方案：原告归还租赁车辆，被告退还租赁押金9500元。但原告以合同约定为依据，声称不要违约金，需全额退还租赁押金11000元。法官指出合同内容笼统，不能确认车辆不能正常运营的原因与合同约定相关。

随后法官详细了解营运证的办理过程和作用，根据被告所提交证据告知原告，合同并未写明可以营运滴滴出行，只是声明车辆属于网络车运公司，并且车辆营运证在几年前已经办理完成。以下是两人关于营运问题最后的对话：

> 法官：那你当时搞这个没发现有问题吗？有问题签啥呢？
>
> 原告：主要当时只要那运营证就行了。
>
> 法官：那还是没问题，你当时也觉得可以，他也不是故意骗你的，那按合同来说，双方都有点责任，他要是合同里面故意欺诈故意隐瞒那就不行了。
>
> 原告：当时他爹说着，我想着这啥车都是出租车，我打电话问他会跑滴滴不会，他说会，啥车都会跑。
>
> 法官：那现在办那个滴滴运营证多少钱？
>
> 原告：现在运营证办不下来了。
>
> 法官：办不下来你就觉得租他车就可以了？
>
> 原告：是……

在关于营运问题的整个沟通中，法官注重点在于原告起诉原因是否清晰

以及合同内容的约定，最终认定可能是原被告双方在并不了解车辆营运条件变更的情况下签订《车辆租赁合同》。原告注重点在于被告签订合同前告知原告租赁车辆可以营运滴滴出行，但实际上并非如此。在法官逐步询问和解读的过程中，原告首先明晰了自己对诉讼理由的论证并不充分，其次明白了当初约定的合同内容无法支持现在的主张，在最后调解阶段中默认了法官对该案件的初步定性。由此可见，对营运问题的论证彰显了法官在商谈过程中形塑当事人法律意识的第一个维度：当事人对法律论证逻辑的了解。该问题涉及的法律内容即当事人的举证责任，法官在判定原告当事人有过错的基础上尝试让其以法律论证思路找寻自身主张与证据事实之间的连接点，这种法律逻辑是在商谈中通过法官对原告当事人的引导逐渐培养。

（二）法律意识的维度之二：法律规范内容

由于原告当事人并未及时提起诉讼，导致租金损失进一步扩大。因此法官在与原告单独谈话时对起诉时间拖沓的问题进行了解。原告解释道在车辆出现问题的次日就与被告联系，但迟迟没有解决，因是熟人介绍就未尽快诉至法院。随后，原告坚持让被告退还租赁车辆租金 11000 元，法官继续劝说。

此前，原告出于人情的考虑而搁置纠纷。法官肯定了原告现通过起诉解决纠纷的方式，并通过法律规范告知原告因诉讼拖沓而进一步遭受利益损失。同时，法官也告知原告合理的处理方案：及时提起诉讼或向对方发送解除合同通知书，原告在商谈的最后同意了法官对于诉讼事件的论证。

由此可见，该过程彰显了形塑当事人法律意识的第二个维度：当事人对法律规范的了解。法官根据对案件的前理解寻找法条并进行初步判断，在法官和当事人的商谈中，客观事实逐渐呈现，论证本身可以证实或证伪初步判断。并且，法官在商谈中将法律规范语言向日常语言进行话语体系转化，可以让当事人更好地理解和内化法律规范内容。故此，当事人在商谈中对法律规范有了更深的认识。

（三）法律意识的维度之三：司法程序规则

法官注意到了车辆虽未能正常进行滴滴快车运营，但仍然存在行驶损耗问题，并主要以该角度劝导原告当事人同意被告代理人的调解方案。

在对于车辆损耗问题的商谈中，法官陈述了两种可能性：被告以车辆损耗赔偿为由起诉原告、原被告有一方不服从判决而提起诉讼。不论是哪一种结果，法庭上都涉及对车辆的鉴定问题，其中法官特意举例提到了车辆行驶公里数，而原告只是承认法官的话语，并没有做实质性的反驳和明确的意志坚持。这一过程彰显了法官在商谈过程中形塑当事人法律意识的第三个维度：当事人对司法程序规则的了解。如果没有相关的法庭经历和法律知识的学习，当事人实际对诸如上诉、重审、添加诉讼第三人、执行中的资产拍卖和冻结等法律程序规则知之甚少。参与主体间的法律交互实践，是当事人获取相关法律程序知识的重要途经，因此，该维度和司法调解属于必要关系。

（四）法律意识的维度之四：法律有效性校验

在当事人意向上，原告当事人在商谈过程中有四次意向转向。首先，在商讨初期原告对被告代理人的调解方案——原告归还租赁车辆，被告退还租赁押金 9500 元——进行了第一次意向表达：

原告：你看这合同上，那时候签合同的时候说，车也没啥问题。现在可以，你问我要车租金，你得给我违约金啊。

原告认为车辆无法正常营运，要求被告全部偿还车辆租赁押金并赔付违约金。在逐步探讨车辆为何无法营运后，原告将原因归结为“信息导不上去”。法官在与原告单独商谈中简单指出原告拖沓起诉时间，法律上处于不利地位，原告当事人发生了第一次意向转向：

原告：你给他说吧，我只有一个要求，他给我 11000（千元）。

此时原告的诉求在于被告全部偿还车辆租赁押金。在默认法官对于起诉时间拖沓的判断的基础上，原告放弃对赔付违约金的诉求，但坚持合同有约定，被告需要偿还全部租金。因此，原告第一次意向转向的原因在于承认自身未能及时起诉。随后针对合同内容，法官初步认可了原告对于车辆无法营运的基本主张，并初步判断原因在于案涉车辆的营运证不符合原告最初的要求。法官进一步提出让被告减少租金费用，同时，对起诉不及时在法律上的不利性进行具体阐述，指出原告在这方面是“有责任”的，且存在车辆损耗风险问题，被告可能对租赁期间内车辆的损耗进行追究。原告当事人发生了第二次意向转向：

原告：那就给他说说，不同意了就开庭。

此时原告赞成法官的调解方案：被告收取适当的车辆租金费用。原告承认自己未能及时起诉而同意法官的调解方案，意向转向的主要原因在于具体了解规范后明白了自己所处的不利处境：其应依法承担车辆损耗，次要原因在于法官表明将做被告工作，使其少收取租金费用，减少原告损失。法官在具体了解营运证问题后，认为原被告双方都有对营运证问题的疏忽才导致纠纷产生。在法官与被告代理人沟通之后，被告代理人同意在原方案的基础上少收取500元，原告对此并没有具体表态，但在商谈中法官引入车辆的鉴定程序、租赁车辆公里数信息、上诉程序。随后在原告、被告代理人和法官三方商谈中，被告代理人和庭长轮流劝导原告接受调解方案，在谈及车辆具有损耗风险时，原告当事人发生了第三次意向转向：

原告：不是这样算账的，我给他交了11000，我一分钱没挣，老天爷，你再让我赔点钱。

此时原告意愿在于租赁车辆没有给自己带来实质收益，并不同意被告的新调解方案。原告第三次意向转向的主要原因在于对案件的整体评估：自身毫无收益并具有2000元亏损。因此法律程序规则问题在此案件中并没有给当事人意向产生实质性影响，原告对当前损失的重视程度大于对预期损耗的重视程度。随后被告代理人和法官依旧围绕诉讼时间和车辆损耗问题劝解，法官指明原告的主张并不能通过合同内容推定并声称：

法官：对，你只能说合同有问题了，私底下也弄不好，通过咱法院平台，相当于法院出面把合同解除了……这个责任在谁，现在要我看双方都有责任，不是说只是他的责任……你包括（被告）找了个代理被告（指代理律师），人家说的都是执行话（指符合法律法规的话），说白了，不是说就是骗你这2000块钱的……因为这2000块钱没必要这跑来跑去的，是不是？……

随后原告当事人发生了第四次意向转向：

原告：行啊。

原告最终选择了同意调解方案。通过原告当事人的话语考察其对案件处理的意向，可以清晰地呈现当事人在整个商谈过程中的对案件处理方案的接受过程，从仅仅对自身实质损失的坚持转向利用现有证据以法律逻辑支持自身主张，通过对法律内容、法律程序的了解，原告从原初诉求一再退让，最终达成和解。商谈过程中当事人形塑法律意识的第四个维度得以彰显：当事人对法律有效性的检验，即法律是否满足自身诉求，这一诉求并不一定是当事人的原初诉求，而是在商谈过后，当事人在各种因素的综合考量下呈现的最终诉求。

（五）程序对形塑过程的保护

在司法调解中不单单只有对当事人法律意识的形塑，也显示出了法官作为调解主轴所具备的高自由度。在该案中，当事人最后一次的意向转向来自法官和被告代理人的共同劝导，此时法官和被告代理人双方已经达成了初步共识，由三方意见构成的“原告—法官—被告”三角结构变成了两方意见构成的“原告—被告”的二元结构，在司法调解过程中，法官既具备影响多方意见的能力，也具备决定如何中和意见的权力。因此，法官的高自由度可能带来形塑法律意识过程中的非法治“陷阱”：一方面，即便调解合理合法，亦可能会被当事人视作不公；另一方面，多数基层案件中缺乏证据、证人，或证据具有瑕疵，有时存在事实不明或双方当事人都有过错的情形，法官可能利用“法律话术”“强迫”当事人接受调解。

在充满张力的司法调解中，明确且完善的程序可以提供双重保护，使得司法调解充分发挥形塑法律意识的作用。季卫东一直坚持“以程序改造网络”，通过约定促成、理由论证和调整功能实现法治权威㉑，而卢曼认为程序优势在于可以增加可承受的不确定性、开放各种变化的可能性、具备技术上的适用性以及使审判员从决定的结果和责任中解脱出来㉒。进而言之，程序的形式化特点可以减低不确定性对法律结构自身的影响，容纳结构的变动，这一特点可以对当事人和法官提供双向保护，一方面，审判员要在条件程序的规则要求下行为，从而做到对当事人的保护，例如在该案司法调解中，法官在与原告商谈过程中一直强调的：

> 法官：我这样给他说说吧，真要不行还得开庭……

这就是给予原告选择空间，即要么接受这套方案，要么开庭等审判结果，而不是单一意愿强迫当事人选择调解。在这一选择空间背后蕴涵了司法

㉑ 季卫东：《通往法治的道路：社会的多元化与权威体系》，法律出版社 2014 年版，第 82—89 页。

㉒ ［德］尼克拉斯·卢曼：《法社会学》，宾凯、赵春燕译，世纪出版集团上海人民出版社 2013 年版，第 281—282 页。

体系程序化对司法调解的规则制约，法律规定案件审限避免以法官为主导的司法调解过程中存在调解过度的情况，即法官为了调解而“拖而不决”，导致一方或双方当事人被迫接受法官意见。而司法体系程序化对司法调解同样具有内容制约，司法体系审查避免法官恣意扩大自由裁量权或在司法调解中“调解不公”，给予当事人抵御霸权性话语、举报和上诉的权力，达到权力制衡下的平等交流。

另一方面，程序可以防御纠纷当事人将“矛头”指向法官，从而做到对法官的保护，例如在该案调解过程中，法官在厘清双方的过错点后，对原告说：

法官：……尽量给说好，如果真打官司了就没有办法了……

此处体现了审判结果并非法官个人意志可控，即审判阶段“以事实为依据，以法律为准绳”，而事件的真实是证据所确定的，双方当事人的过错在调解阶段可以不深究，但在正式庭审中难以厘清。如果案件进入庭审由法官判决，原告的主张是否得到支持将不由法官决定，而是由被告的答辩及其所提供的证据决定。因为举证责任和诉讼风险已在庭审阶段和调解阶段向原告解释充分，非个人意志可控的程序得以使法官脱身。此外，程序还可以防御纠纷当事人的庭下纠缠和政治干扰，法官可以以此为借口拒绝私下对案件的干预，从而逃脱基层社会中的人情关系和政治旋涡，使法官坚守“以法律为准绳”的信条，在“情、理、法”的治理理念下秉持司法公正。

程序的规则制约和内容制约得以保障当事人的权益，而程序对当事人质疑和私下干预的防御得以保护法官，程序的这种双向保护根源于程序的规范性和价值性，司法调解因此得以形塑具备合法性的法律意识。一方面，程序作为联结过去和未来的纽带㉓使得司法具备规范性，即使是不同时间、不同地域的不同法官审理案件，依旧可以在程序内找到参照标准并运行。程序对法律论证逻辑、法律规范内容以及法律程序规则的明文标识排除了法官个人恣意，而司法调解中规范了法官如何诠释法律，有利于向当事人传递正确的法治思维。另一方面，程序以其自身的确定性消除个体的不确定性，秉持着不同价值观念的个体为了逃脱现代性所带来的对自身期望的颠覆，依附于同一规则而规范自身行为理念，以此产生了程序自身的价值，即个体所承认的

㉓ 季卫东：《程序比较论》，载《比较法研究》1993年第1期。

“程序正义”。现有的基层司法不论当事人还是法官都依旧彰显出“结果主义”的面向，法官在于查明社会事实，以自认为公平公正的态度影响庭审，但这种以治理为基本导向的案件处理过程愈发以程序为框架，程序所具备的规范性和价值性可以为司法调解划出一片独立空间，不同意见的交互因程序的制约而不至于落入非法治倾向。

基于程序的规范性和价值性，在形塑法律意识的过程中产生了两类共识，即形式性共识和实质性共识。司法调解过程中当事人形塑法律意识具有四个维度：当事人对法律论证逻辑的了解；当事人对法律规范内容的了解；当事人对法律程序规则的了解；当事人对法律有效性的检验。前三者是在法官施为性态度下塑造的法律意识，后者是当事人自身经验客观化出的法律意识。纠纷当事人与审判员之间的话语博弈产生了合意，这种商谈下形成的共识根源于商谈过程中对当事人法律意识的形塑分为程序性共识和实质性共识。前者涵盖对司法体系的了解，即法律论证逻辑、法律规范内容、法律程序规则；后者为法律有效性共识，即法律是否切身解决需求。司法调解中两类共识的形成也是法律意识的形塑过程，纠纷当事人对民间法和成文法的前置性了解存在于法律意识当中，法律知识得以在司法调解的实践中实现更新和转化：首先感知了法的认识，通过对认知期望的调整使自身的判断结构和法律制度亲和，其次了解了法的价值，法律制度中对个人权益的保护以及审判员在调解过程中的公正性彰显了法律的正义价值，最后获得了法的感情，纠纷的有效解决使得当事人对法律产生信赖感。以调节当事人期望为已任的司法调解产生当事人的形式性共识和实质性共识，通过在法律实践中对法律的认同形塑了法律意识，而程序确保了形塑过程的合法性框架。

综上所述，司法调解能够有效且合法律性的形塑法律意识的前提条件正是程序，没有程序的制约基层法官会有落入司法调解过程中过度知识添附的泥潭，纠纷当事人面临随时“被调解”的风险，不利于法治精神建设[24]，没有程序的保护基层法官会频繁摇摆于“审判——调解”两极之间，模糊两个一定程度上相互对抗的制度装置之间的界限，造成基层司法的功能超负。因此，通过对程序的构建和完善可以有效弥补司法调解的弊端。

---

[24] 史飚、杨婧：《司法调解中知识添附的悖论》，载《新疆大学学报（哲学·人文社会科学版）》2016 年第 6 期。

结语

在“议论的法社会学”范式的经验研究下，本文发现在司法调解过程中法律意识在法律逻辑、法律内容、法律程序和法律有效性检验四个维度得以形塑。但需要明确的是，司法调解形塑法律意识的这一过程牵涉众多因素：法官个人素养、当事人意志坚定程度、法律工作者职业素养、立法内容等，因此，司法调解并不每一次都形塑每一维度的法律意识，形塑效果也各不相同，各因素的不确定性反而具有降低民众的法律期望的危险。本文选取的个案只是为了彰显司法调解通过对基层法律意识形塑而有助于法治建设的一面，但现实中因为司法调解所处的“真空场域”以及审判员的多重角色影响，司法调解不都向有利于法治建设的方面发展。即便如此，也不能全然否定司法调解的优势所在——调和事实性与规范性、民间法与正式法的对立，而应该在此基础上建立完善的司法调解程序体系，使司法调解得以形塑正确的法律意识，推动法治建设。

（责任校对：吴虹静）

域外法治

衰退的公司起诉*

[美] 布兰登·L·加勒特**著 汪 君*** 译

摘 要：2008年全球金融危机后，"大到不能关"的大银行未被追责，引起全美广泛抗议。至今情况未变。特朗普政府执政期间的数据与奥巴马政府存在巨大差距：奥巴马政府在最后20个月里起诉了71家金融机构和34家上市公司，征收141.5亿美元罚金。而特朗普政府在前20个月里仅起诉了17家金融机构和13家上市公司，罚金总额降至34亿美元。虽然有人认为罚金数额波动乃正常现象。然而司法部的一些正式政策、具体实践以及非正式声明也在悄然改变，这些变化累积起来，呈现出联邦对公司罪犯逐渐软化的态度。各届政府的政策存在一定连续性。例如不起诉的增加和合规监管人的减少，都反映了奥巴马政府的政策在特朗普政府执政期间的连续性。公司案件的个人起诉率始终稳定处于低水平，反映出优先起诉个人的设想一直没有成功，2015年的耶茨备忘录就是例证。该政策现已正式放宽。此外，体制机制也影响起诉政策。例如，司法部和其他执法机构的高层职位空缺，可能会损害这些机构协调解决复杂案件的能力。本文最后提出了结构性改革，建立独立的公司执法机构提升联邦的公司执法能力，避免公司执法结果像钟摆一样反复不定。经济领域的权力不平衡是引发金融危机的根源。如果我们没有吸取上一次金融危机的教训，下次危机将不会遥远。

关键词：公司起诉；不起诉；合规监管人；耶茨备忘录

---

* 本文译自 B. L. Garrett, *Declining Corporate Prosecutions*, American Criminal Law Review 57, 2020, pp. 109—156, 翻译已取得作者授权，关键词为译者所加。

** **作者简介**：[美] 布兰登·L·加勒特（Brandon L. Garrett），杜克大学法学院首任L. 尼尔·威廉姆斯法学教授。

*** **译者简介**：汪君，中国人民大学诉讼法学硕士。

引言

在美国，联邦一级的公司起诉处罚正在下降，长期以来，最重要和最复杂的案件都是在联邦一级提起的。[①] 过去三十年，司法部的公司起诉政策不断演变。[②] 在20世纪90年代，起诉大公司还是新奇现象。[③] 20世纪末，时任司法部长霍尔德强调公司起诉日益重要。[④] 21世纪初，司法部开始利用暂缓起诉协议（DPA）和不起诉协议（NPA）与公司进行大规模和解，彻底改变了公司起诉。[⑤] 2015年，检察官对金融机构的指控达到历史最高峰。[⑥] 检察官开始使用过去长期被忽视的《银行保密法》和《反海外腐败法》（FCPA）等法律。[⑦] 这些变化旨在加强公司起诉。[⑧] 然而，在2017年和2018年，司法部推行了一系列政策，减少起诉对公司的影响。[⑨] 本文对公司起诉相关的变化进行了实证分析。

比较特朗普政府上台后20个月的公司处罚与奥巴马政府执政最后20个月的公司处罚，可以了解变化概况。最新数据显示上市公司和金融机构的起

---

① Brandon L. Garrett, *Too Big to Jail*: *How Prosecutors Compromise With Corporations*, Belknap Press: An Imprint of Harvard University Press, 55 (2014).

② Brandon L. Garrett, *Too Big to Jail*: *How Prosecutors Compromise With Corporations*, 55, 56 (2014).

③ Brandon L. Garrett, *Too Big to Jail*: *How Prosecutors Compromise With Corporations*, 5, 55 (2014).（描述了1994年之前公司的平均罚款较低，20世纪90年代有所上升，并以图示说明了20世纪90年代的逐步上升）。

④ Brandon L. Garrett, *Too Big to Jail*: *How Prosecutors Compromise With Corporations*, 54, 56 (2014).（概述了20世纪90年代对公司起诉方式的变化）。

⑤ Brandon L. Garrett, *Too Big to Jail*: *How Prosecutors Compromise With Corporations*, 55, 56 (2014)；另见 Christopher A. W & Robert K. H, *Corporate Criminal Prosecution in a Post-Anron World*: *The Thompson Memo in Theory and Practice*, 43American Criminal Law Review, 1095, 1097 (2006).

⑥ Brandon L. Garrett, *The Rise of Bank Prosecutions*, 126 The Yale Law Journal Forum, 33, 35 (2016).

⑦ Brandon L. Garrett, *Too Big to Jail*: *How Prosecutors Compromise With Corporations*, 63, 64 (2014).

⑧ Brandon L. Garrett, *Too Big to Jail*: *How Prosecutors Compromise With Corporations*, 63, 64 (2014).

⑨ 见下文三（一）（总结了2017—2018年通过的六项主要政策的变化）。

诉和刑罚正急剧下降。⑩ 有人质疑变化是否发生。⑪ 2017 年初，时任司法部长杰夫·塞申斯表示，尽管司法部提高了对移民、毒品和暴力犯罪的关注，企业不法行为仍是他任期内的重中之重。⑫ 本文是首次对 2017 年后公司执法情况的实证研究。研究发现 2017 年后公司执法和刑罚逐渐下降。⑬ 司法部一系列的政策变化也佐证了这种变化。

本文第二部分评估了奥巴马政府末期实施的变革是否成功地让检察官转向个人起诉。过去的研究表明，DPA 和 NPA 中，通常没有起诉自然人。⑭ 为回应这一批评，司法部在 2015 年秋季推出耶茨备忘录，在公司起诉准则

---

⑩ Corp. Prosecutionregistry, http://lib. law. virginia. edu/Garrett/corporate – prosecution – registry/index. html. 该数据库旨在提供联邦组织起诉的最完整的资源。

⑪ Danielle I, Ben P & Robert G, 4 *Takeaways From the Trump – EraPlunge in Corporate Penalties*, New York Times, Nov. 5, 2018; Rick C, '*Law and Order*' *Trump is Soft on Corporate Crime and Wrongdoing*, PR Watch July, 30, 2018; James L, *Corporate Penalties Dropped As Much As 94% Under Trump*, Study Says, Guardian, July 25, 2018; Kadhim S, *Antitrust Prosecutions in US Fall to Lowest Level Since* 1970*s*; FT Analysis, Financial Times, Nov. 29, 2018; Victoria G, *Jeff Sessions' Corporate Friendly Approach Likely to Outlast Him*, Bloomberg London, Nov. 7, 2018; Jocelyn E. S & Micah F. F, *DOJ Policies Aim to Reduce Enforcement Burden on Cooperating Entities*, Skadden, Arps, Slate, Meagher & Flom, Jan. 17, 2019. 然而，一位评论员援引 Gibson & Dunn 的数据，描述了公司刑事处罚的上升。Christopher H. C, 2018 *Data Show No Slowdown in Corporate Prosecution At DOJ*, Duane Morris, Jan. 16, 2019.

⑫ Matt Z, *Sessions*: *Focus on Violent Crime Doesn't Mean Lax Enforcement for White – Collar Offenses*, The Washington Post, Apr. 24, 2017.

⑬ Corp. Prosecutionregistry, http://lib. law. virginia. edu/Garrett/corporate – prosecution – registry/index. html. 该数据库旨在提供联邦组织起诉的最完整的资源。

⑭ Brandon L. Garrett, *Too Big to Jail*: *How Prosecutors Compromise With Corporations*, Belknap Press: An Imprint of Harvard University Press, 83 (2014) (指出在 255 项协议中仅有 89 件涉及个人起诉); Brandon L. Garrett, The Corporate Criminal as Scapegoat, Virginia Law Review, 1789, 1853 (2015).

中强调重点调查和起诉自然人。[15] 然而，耶茨备忘录不具有追溯力。现在耶茨备忘录已发布4年，可评估其影响。本文详细介绍了个人起诉未明显增加的原因。在2001年至2018年司法部与公司达成的共497项协议中，有134项案件存在个人起诉，占比27%。2018年秋季，特朗普政府修订准则，放宽耶茨备忘录的适用范围，进一步降低了个人起诉的可能。[16]

本文还研究了公司起诉政策在历届政府中延续下来的重点。奥巴马政府的一大变革是采用了新的公司不起诉形式——declination[17]，指如果检察官原欲起诉的公司已进行实质性合作和自我报告，则不会被起诉。[18] 司法部已经将这一政策固定下来。[19] 企业合规计划和合规监管人也延续了之前的实践。在奥巴马政府时期，司法部越来越强调对企业合规计划的严格审查。2017年2月，司法部刑事欺诈科制定了新的指导意见，内容涉及企业合规计划。[20] 特朗普政府拒绝续聘合规顾问，但发布了加强合规计划的指南。[21]

---

⑮ Sally Yates, Deputy Attorney Gen., U. S. Dep't of Justice, Memorandum to Heads of Dep't Components & U. S. Attorneys, *Individual Accountability for Corporate Wrongdoing*, at 1 (Sep. 9, 2015). 对于耶茨备忘录的讨论参见 Brandon L. Garrett, *The Metamorphosis of Corporate Criminal Prosecutions*, Virginia Law Review Oline, 60, 61 (2016); Elizabeth E. Joh & Thomas W. Joo, *The Corporation as Snitch: The New DOJ Guidelines on Prosecuting White Collar Crime*, 101 VA. L. REV. ONLINE 51 (2015); Gideon Mark, *The Yates Memorandum*, 51 U. C. DAVIS. L. REV. 1589 (2018).

⑯ U. S. Dep't of Justice, U. S. Attorneys Manual § 9 – 28. 210 (2018).

⑰ 译者注：declination直译为衰退和拒绝，笔者根据其含义意译为“不起诉”。declination是美国司法部刑事司在2016年4月5日发布的FCPA项目的为期一年的试点，2017年11月29日，该政策纳入司法部手册。我国有律师认为，declination不是一个简单的不起诉决定，它更类似于NPA，司法部先不提出指控，但会与公司谈判，保留重启案件并在随后的案件中使用公司之前所承认信息的权利。declination要发正式的文件“declination letters”表明有足够的证据、因素和条件实施这一决定。参见吉小艳：《FCPA合规和执法新趋势》，载微信公众号“医药法律实务与研究”2018年12月19日。

⑱ U. S. Dep't of Justice, *The Fraud Section's Foreign Corrupt Practices Act Enforcement Plan And Guidance*, Apr. 5, 2016.

⑲ U. S. A. M. § 9 – 47. 120.

⑳ U. S. Dep't of Justice, *Evaluation of Corp. Compliance Programs*, Apr. 2019.

㉑ Brian A. B, Assistant Att'y Gen., U. S. Dep't of Justice, *Remarks at NYU School of Law Program on Corporate Compliance and Enforcement Conference on Achieving Effective Compliance*, Oct. 12, 2018.

2018年10月，特朗普政府不再强调任命合规监管人[22]，这一变化实际上也是既往政策的延续：在此之前合规监管人已不常见。[23]

第三部分研究司法部公司执法政策的六大变化以及实践的相应变化。在2008年金融危机期间，广大民众失去家园、储蓄和生计，华尔街银行却得到救助。全美对此广泛抗议。[24] 抗议者们追问，为什么银行不被追究刑事责任？它们是否"大到不能关"（Too big to jail）?[25] 政府由此进行了一系列改革，旨在加强公司起诉。[26] 现在，钟摆已从大规模公司起诉的浪潮中飘离。本部分还阐述了本届政府的体制问题对公司执法力度的削弱。本文研究了（公司执法）被削弱的程度以及对实践的影响。最后抛出疑问，为什么会出现这种现象？它们可能带来哪些深远影响，对公司问责制带来何种影响？

对于公司问责危机，有观点呼吁司法部在追究公司刑事责任方面发挥主导作用。[27] 然而，这需要一个拥有设定优先事项的政治权力的非独立性机构。在一段时间内，公司起诉领域中政策稳定性强于实践，执法实践的变化相当快。司法部和美国检察官办公室将大量相对少数的移民、枪支和毒品案件作为优先事项。这可能使司法资源更难集中到（需要大量资源的）白领犯罪。在第二部分，笔者研究了奥巴马时代的耶茨备忘录的无效性，以及奥巴马时代的FCPA试点项目下不起诉使用率的上升。

美国需要一个长效性体制结构来调查和起诉公司犯罪。如果美国没有整体战略布局或仅仅是放宽执法，可能会引发新的公司犯罪浪潮。何种措施可

㉒ Brian A. B, Assistant Att'y Gen., U.S. Dep't of Justice, *Remarks at NYU School of Law Program on Corporate Compliance and Enforcement Conference on Achieving Effective Compliance*, Oct. 12, 2018.

㉓ Brandon L. Garrett, *Too Big to Jail: How Prosecutors Compromise With Corporations*, Belknap Press: An Imprint of Harvard University Press, 175, 178 (2014).

㉔ David D, *Banks are Too Big to Fail Say... Conservatives?*, The American Prospect, Mar. 21, 2013; Curt G, *Occupy Wall Street: If Banks are Too Big to Fail, are People Too Small to Matter?*, Guardian, Oct. 17, 2011.

㉕ Jed S. R, *The Financial Crisis: Why Have No High-Level Executives Been Prosecuted?*, The New York Review of Books, Jan. 9, 2014; Michael Rothfeld, *Firms Get Penalized, but Many Workers Don't*, Wall Street Journal, Jan. 17, 2014.

㉖ 耶茨备忘录。

㉗ Jed S. R, *The Financial Crisis: Why Have No High-Level Executives Been Prosecuted?*, The New York Review of Books, Jan. 9, 2014.

以确保各届政府之间更加一致？可以从司法部内部执法模式较为稳定的部门吸取经验。专注于FCPA案件的司法部反垄断局和刑事欺诈科都有专门的资源和人员配置，这种模式有助于确保执法的长期稳定。其他国家，如法国和爱尔兰，近期建立了公司起诉机构或委员会，明确拒绝了“检察官紧握公司起诉的缰绳”的美国式做法。虽然这样的机构仍然会受到资源限制、起诉自由裁量权和政策变化的影响，但常设机构能够更好应对公司执法钟摆式波动的困境。建立更完善、更具一致性的公司问责制度，需要独立的执法资源。

一、公司刑事处罚的减少

本部分介绍了2001年至今所有公司起诉的新数据，侧重于对比特朗普政府的执政初期与奥巴马政府的执政末期的数据，也包含从布什政府到奥巴马政府的过渡时期数据。第一部分描述了2017年和2018年公司刑罚的下降，这是奥巴马政府时期已出现的趋势。第二部分描述了一种发端于奥巴马政府的新型的公司不起诉，即对本应起诉的案件公开不起诉。第三部分研究了银行起诉的变化趋势。第四部分研究了不断变化的合规计划，以及减少合规监管人使用的新政策。

（一）公司起诉数据

对比奥巴马政府执政的最后20个月和特朗普政府执政的前18个月，可以看出公司起诉的实质变化。在特朗普政府上台就职典礼的前几周里，检察官们公布了一系列大规模的企业和解协议，总罚金近20亿美元。其中包括与巴克莱银行达成的7．1亿美元的协议，与苏格兰皇家银行达成的3．95亿美元的协议以及与西联公司达成的5．86亿美元的协议。㉘ 在奥巴马政府的最后20个月中，企业处罚总额高达141．5亿美元，71家金融机构和34家上市公司被起诉。㉙ 在特朗普就职后，绝大部分公司刑事处罚都是奥巴马政府的遗留案件。最大一起是大众汽车排放欺诈的案件，罚款28亿美元，该案最初于2016年立案。㉚ 2017年Telia向乌兹别克政府行贿的FCPA案

㉘ Corp. Prosecutionregistry.

㉙ Corp. Prosecutionregistry.

㉚ Judgment in a Criminal Case for Organizational Defendants, United States *v.* Volkswagen AG, No. 2：16－cr－20394（E. D. Mich. 2017）, at 4.

件，最终以5．48亿美元罚金收场，该案与2016年的阿姆斯特丹Vimpelcom公司的一系列案件有关。[31] 司法部在2017年对企业的罚金超过了100亿美元，但大部分都是奥巴马政府最后几周敲定的“遗产”。

排除2017年1月20日之前提交的遗留案件，在特朗普政府执政的前20个月里，公司起诉的下降更加明显：公司罚款总额降低到34亿美元，仅17家金融机构和13家上市公司被起诉。[32] 2018年公司起诉的衰退趋势也很明显，此时奥巴马政府遗留的案件更少。[33] 更令人警醒的是，在特朗普政府执政的前20个月中，大多数巨额罚金案件都是奥巴马政府时期启动和调查的。[34]

公司执法似乎正在退回十年前金融危机刚发生时的水平。虽然公司执法总体趋势在下降，但案件数量的下降趋势并非如此明显。小型公司破坏环境的刑事案件、反垄断和FCPA案件的数量稳定。[35] 然而上市公司和金融机构等大型案件的数量和罚金都有所减少。[36] 从小布什政府到奥巴马政府时期，公司起诉数据没有明显变化。

2007年至2008年，公司罚款稳步增长，在新政府成立的最初几年依旧如此。过了几年才逐渐改变。布什政府在（向奥巴马政府的）过渡中进行了非凡的合作，过渡不具有破坏性。[37]

根据现任司法部官员的发言，公司起诉的衰退在意料之中。例如，在2018年3月的一次演讲中，司法部副部长罗德·罗森斯坦公开表示，检察官应“在考虑罚金时，应避免过度惩罚伤害无辜的雇员、股东、客户和其

---

[31] Press Release，U. S. Dep't of Justice，*Telia Company AB and Its Uzbek Subsidiary Enter Into a Global Foreign Bribery Resolution of More Than ＄965 Million for Corrupt Payments in Uzbekistan*，Sept. 21，2017.

[32] Corp. Prosecutionregistry.

[33] 这些趋势随着时间的推移而形成，每年的大案要案层出不穷，常常造成罚款的波动。

[34] 本文的罚金只包括支付给美国联邦检察官的罚金。

[35] Corp. Prosecutionregistry.

[36] Corp. Prosecutionregistry.

[37] Martha J K，*The 2008—2009 Presidential Transition Through the Voices of Its Participants*，39 Presidential Studies Quarterly. 823，825（2009）.

他利益相关者”。[38] 表明司法部不再将公司的罚金刑作为优先事项。在2018年5月，司法部宣布不鼓励“堆积”罚款，即同一家公司向多个执法者支付罚款，也印证了上述言论。[39] 鉴于一家公司可能在多个司法管辖区犯下了影响受害者或公众的罪行，司法部谨慎地表示，在这些案件中公司多次支付罚款可能是合理的。[40] 然而，司法部过去从未纠正任何允许重复罚款的政策。事实上，监管机构不能像检察官在刑事案件中那样施加惩罚性罚款。例如，在FCPA案件中，美国证券交易委员会（SEC）可以实施追缴违法收益的补救措施，但无权实施非民事处罚。[41] 检察官单独施加罚款并不一定意味着罚款“堆积”，可能会使补救措施更加全面。

FCPA执法一直较为稳定。FCPA领域的研究员指出，FCPA的罚金随着时间的推移而增加，这与联邦总体的公司执法衰退趋势相反。[42] FCPA反贿赂条款规定“为获得或保留业务，向外国政府官员或企业腐败性地提供任何有价值的东西”是犯罪行为。[43] 2018年，FCPA案件的罚款创下新高，其中巴西国家石油公司，法国兴业银行和日本松下电气的处罚更堪称天价。[44]

为什么在这类案件中，公司罚金越来越多，而其他类型的案件中，公司处罚却不断下降？原因之一可能是一些案件已经酝酿一段时间。例如，巴西石油公司的案件源于2014年的“洗车行动”。[45]

体制和资源也是FCPA执法工作更加稳定的基础。司法部拥有执行FC-

㊳ Ben P, R G & Danielle I, *Trump Administration Spares Corporate Wrongdoers Billions in Penalties*, New York Times, Nov. 3, 2018.

㊴ Rod R, Deputy Att'y Gen., U.S. Dep't of Justice, *Remarks to the New York City Bar White Collar Crime Institute*, May 9, 2018.

㊵ Rod R, Deputy Att'y Gen., U.S. Dep't of Justice, *Remarks to the New York City Bar White Collar Crime Institute*, May 9, 2018.

㊶ 15 U.S.C. §7h-1 (e); 15 U.S.C. §77h-1 (g).

㊷ Lucinda L, Brittany Pr & John L, *Insight: FCPA Penalties on Track for Potential Record in* 2019, Bloomberg London, Apr. 22, 2019.

㊸ 15 U.S.C. §78dd-1（发行人）; 15 U.S.C. §78dd-2（美国人）; 15 U.S.C. §78dd-3（外国人）.

㊹ Richard L. Cassin, 2018 *FCPA Enforcement Index*, The FCPA Blog, Jan. 2, 2019.

㊺ Linda P, *The Largest Foreign Bribery Case in History*, BBC News, Apr. 22, 2018.

PA刑事条款的专属权力。[46] 司法部刑事欺诈科专设了FCPA部门。[47] 该部门在奥巴马政府末期明显扩大：2016年增加10名检察官，规模扩大了一倍，而联邦调查局（FBI）则成立了三个专攻FCPA案件的特别小组。[48] 这可以解释FCPA领域公司起诉的稳定性。新一届政府在FCPA方面的政策也未改变；唯一的变化是将奥巴马政府启动的试点项目长效化。[49] FCPA执法在政策和实践上都具有连续性。

然而，在FCPA以外的公司起诉中，联邦新政策仍要求检察官尽量减少对犯罪公司的惩罚。[50] 在司法部宣布避免“堆积”的新政策后，司法部副部长罗森斯坦表示，在打击公司犯罪时，实际行动更有价值：“司法部的言辞，如政策备忘录和演讲，得到很多关注，但实际行动才是最重要的。”[51]

（二）新的不起诉政策

公司起诉减少的一个直接原因是，在大型案件中，检察官越来越少提起指控。这不是传统的不起诉，即检察官认为他们没有足够的证据或理由来进一步追究刑事责任。这类不起诉通常不公开，因为披露已经开始调查但后来终止的消息会损害无辜者的声誉。[52]

司法部在公司犯罪领域中定义了一种新的不起诉政策，即案件有进一步审理的价值，但没有被追究。司法部解释，declination适用于“若非公司自愿披露、充分合作、补救和支付罚金、没收和/或恢复原状赔偿之外，否则

---

[46] U. S. A. M. §9 – 47 – 110.

[47] U. S. Dep' t of Justice, FRAUD SECTION YEAR IN REVIEW 2017.

[48] U. S. Dep' t of Justice, *The Fraud Section' s Foreign Corrupt Practices Act Enforcement Plan And Guidance*, Apr. 5, 2016, at 1(“［T］he Fraud Section is increasing its FCPA unit by more than 50% by adding 10 more prosecutors to its ranks.”); also Mayling C. B et al., *FCPA Under the New Administration*, Blank Romellp White Collar Watch, July 2017, at 8.

[49] U. S. A. M. §9 – 47. 120.

[50] Kadhim S, Rod R, *Leaves Lighter Burden on Companies at DOJ*, Financial Times, Jan. 21, 2019.

[51] Rod R, *Remarks to the New York City Bar White Collar Crime Institute*, supra note 45.

[52] Michael E O, *Understanding Federal Prosecutorial Declinations: An Empirical Analysis of Predictive Factors*, American Criminal Law, 1439, 1453, 1497 – 98 (2004); 另见 Richard S. F, *The Decision to File Federal Criminal Charges: A Quantitative Study of Prosecutorial Discretion*, The University of Chicago Law Review. 246, 247 (1980).

应起诉或用刑事手段解决的案件”。[53] 根据这项政策，不起诉的案件可能会公开；一些案件（截至本文撰写时有 13 起）被列在司法部的网站上[54]，其他传统的不起诉案件不公开，仅作为一项已结束的调查。[55] declination 不是简单的撤销起诉，它可以描述犯罪事实[56]，支付罚金。[57] 因此，在 NPA 和 declintion 之间存在细微的差别。

司法部公司起诉的政策的另一个变化是，不再对被控海外贿赂且充分合作的公司提出刑事指控。这项政策于 2018 年春季宣布，如果检察官认为一家公司充分合作并主动报告了罪行，可不提出指控。[58] 该政策要考虑的四个因素是：（1）自愿披露；（2）与司法部充分合作；（3）补救；（4）归还不当所得。[59] 在 FCPA 领域，这种不起诉已经开始增多，包括涉及江森自控和邓白氏等大公司的案件。[60] 在试点计划第一年 2016 年，五家公司得到 declintion。[61] 每家公司都被要求交出利润，但没有受到任何处罚。[62] 其中一些案件涉及中国子公司的行为[63]，因此美国可能难以主张管辖权。

2017 年 11 月，司法部宣布将之前的试点项目长效化。[64] 新政策将不起

---

[53] U. S. A. M. § 9 – 47. 120.

[54] U. S. Dep' t of Justice, Criminal Division, Fraud Section, Declinations.

[55] Marc A. B & James G. T, Evaluating FCPA Pilot Program: Declinations on the Rise, LAW360 (April 10, 2017). FCPA 案件的不起诉通常不会被公开；Gideon Mark, *The Yates Memorandum*, 51 U. C. DAVIS. L. REV. 1647 (2018).

[56] Bruce E. Y, Andrew M. L & Philip R, *The Difficulty of Defining a Declination: An Update on the DOJ' s Pilot Program*, NYU Compliance & ENF' Blog, Nov. 16, 2016.

[57] Bruce E. Y, Andrew M. L & Philip R, *The Difficulty of Defining a Declination: An Update on the DOJ' s Pilot Program*, NYU Compliance & ENF' Blog, Nov. 16, 2016.

[58] U. S. A. M. § 9 – 47. 120.

[59] U. S. A. M. § 9 – 47. 120.

[60] U. S. A. M. § 9 – 47. 120. 关于对试点项目的批评，见 Mike K, *Grading the DOJ' s Foreign Corrupt Practices Act 'Pilot Program'*, 11 Bloomberg BNA White Collar Crime Report, 353, 354 (2016); Gideon Mark, *The Yates Memorandum*, 51 U. C. DAVIS. L. REV. 1642 (2018).

[61] Gidcon Mark, *The Yates Memorandum*, 51 U. C. DAVIS. L. REV. 1645 (2018).

[62] Gideon Mark, *The Yates Memorandum*, 51 U. C. DAVIS. L. REV. 1645 (2018).

[63] Andrew M. Levine et al., *Early Thoughts on the DOJ' s Pilot Program, the Continued Breadth of the Accounting Provisions, and Possible Implications for Self – Reporting*, 7 Debevoise & Plimpton FCPA Update 14, 20, 21 (2016).

[64] U. S. A. M. § 9 – 47. 120.

诉范围扩大到及时报告检察官未掌握的行为的公司。[65] 这些公司必须充分合作并适当补救。[66] 副总检察长解释说："我们希望新政策能安抚那些本想做好的公司。新政策将促进自愿披露，提高我们识别和惩罚有罪的自然人的能力。"[67] 试点计划将"提高欺诈科起诉自然人的能力，那些自然人的行为（如果没有自我披露），可能无法被发现或证明"。[68] 然而，没有证据表明试点项目具有上述效果。

FCPA 的 declination 表面奖励"全面"合作，但迄今为止唯一完成不起诉的案例——Cognizant 案——涉及了个人指控。[69] 2016 年，江森自控收到了一份免责声明，称赞其"提供了对参与不当行为、应负责任的自然人的所有已知事实"。[70] 然而，其中国子公司此前已经解决了涉及其 2007 年成立的约克郡子公司的 FCPA 问题。[71] 在 2016 年的案件中，司法部指出，江森自控已经"使所有被发现参与不当行为的 16 名员工离职，包括中国子公司的高级管理人员。"[72] 也许该案中相关员工（国籍）使检察官无法获得管辖权。在巴西石油公司一案中，巴西起诉了 42 人，美国却没有起诉一人。这也许合理，因为大部分的公司罚款支付给巴西当局，而且行为也集中在巴西。[73]

2018 年 3 月，司法部似乎开始将 declination 扩展到 FCPA 案件以外的公司起诉。巴克莱银行在一起与惠普公司的外汇交易中涉及"提前交易"的

---

[65] U. S. A. M. §9 - 47. 120.

[66] U. S. A. M. §9 - 47. 120.

[67] Rod R, Deputy Att'y Gen., U. S. Dep't of Justice, *Remarks at the 34th International Conference on the Foreign Corrupt Practice*, Nov. 29, 2017.

[68] U. S. Dep't of Justice, *The Fraud Section's Foreign Corrupt Practices Act Enforcement Plan And Guidance*, Apr. 5, 2 (2016).

[69] Press Release, U. S. Dep't of Justice, *Former President and Former Chief Legal officer of Publicly Traded Fortune 200 Technology Services Company Indicted in Connection with Alleged Multi - Million Dollar Foreign Bribery Scheme*, Feb. 15, 2019.

[70] U. S. Dep't of Justice Declination Letter, Johnson Controls, Inc., June 21, 2016.

[71] Corp. Prosecutionregistry.

[72] U. S. Dep't of Justice Declination Letter, Johnson Controls, Inc., June 21, 2016.

[73] *Brazil Prosecutors Charge 42 People in Alleged Petrobras Bribery Scheme*, Reuters, Dec. 21, 2018.

案件中获得了 declination。[74] 正如一位司法部官员所解释，“如果一家公司发现了公司的不当行为并迅速举手告知我们，我们应该奖励。”[75] 然而，这没有解释为什么必须把不起诉作为自我报告的奖励。巴克莱银行近年来已多次被起诉，并在多个刑事诉讼中达成和解。[76] 自然人犯罪并不能从此类政策中获益；他们必须提供实质性的合作才能获得减刑，无法直接获得不起诉处理。[77] 该案也没有明确个人是否被起诉。在之前的审判中，一名巴克莱银行的交易员和其他银行的交易员已经被宣告无罪。[78]

迄今为止，declination 尚未进一步应用于非 FCPA 案件。是否有更多类型的公司犯罪获得不起诉处理，还有待观察。这一转变意味对公司犯罪更为宽松的 declination 正在取代 NPA。

（三）大银行的和解

2008 年金融危机后，也许没有任何刑法话题比司法部是否会追究大银行和高管们的刑事责任更受关注。[79] 在危机发生后的几年里，司法部对银行的态度明显发生了变化，起诉的银行大大增多，罚金也大幅增长。银行不像过去那样接受 DPA 或 NPA，而是认罪。[80] 法国巴黎银行因违反美国制裁规

---

[74] Benjamin D. Singer, Chief, Criminal Division, Fraud Section, U. S. Dep't of Justice, *Letter to Alexander J. Willscher*, *Sullivan & Cromwell LLP*, Feb. 28, 2018.

[75] Jody Godoy, *DOJ Expands Leniency Beyond FCPA*, *Lets Barclays off*, Law 360, Mar. 1, 2018.

[76] Corp. Prosecutionregistry.

[77] 18 U. S. C. § 3553(e)(2012); United States Sentencing Commission, United States Guidelines Manual § 5K1. 1 (2012).

[78] Jonathan S, In Rare Move, U. S. *Judge Orders Acquittal of Barclays Currency Trader*, Reuters (Mar. 4, 2019), also Bob V V, Lananh N & Chris D, *British Cartel Traders Acquitted of Rigging Currency Market*, Bloomberg, Oct. 26, 2018.

[79] Jed S. R, *The Financial Crisis: Why Have No High-Level Executives Been Prosecuted?*, The New York Review of Books, Jan. 9, 2014.

[80] Brandon L. Garrett, *The Rise of Bank Prosecutions*, 126 The Yale Law Journal Forum, 35, 39 (2016).

定而认罪，支付打破纪录的近90亿美元罚金。[81]

近年来，虽未有正式的政策变化，但实践似已发生巨变。如上所述，自2017年以来银行起诉减少。奥巴马政府执政的最后20个月，起诉了71家金融机构，而特朗普政府的前20个月，仅起诉了17家金融机构。[82]

自2015年以来，罚金明显下降。2017年的大部分案件，如瑞银、苏格兰皇家银行、巴克莱、摩根大通和花旗银行涉及操纵货币的指控，均为遗留案件。[83] 将这些案件从2017年的总数中剔除，下降幅度将更加明显。如果把2018年解决的遗留案件计算在内，罚金已经低至2011年以来的最低水平。当然，公司罚金总额仍然高于2008年之前的水平。数千万甚至数亿美元的处罚仍在征收。[84] 然而，对金融机构开出的数十亿美元的巨额刑事罚单则不属于这一范畴。[85] 比较从布什政府到奥巴马政府的过渡情况，2008年公司处罚出现了下降，2007—2008年是金融危机的高峰期。在2009年的转折后，公司处罚开始持续上升。

一个合理推测是，公司的违法行为反复发生，2008年后罚款的增加主要是为了应对金融危机。如今的公司犯罪可能比十年前要少。公司犯罪率很难统计，例如欺诈犯罪就因其特征而难以发现。[86] 在过去的两年里，按照司法部十年前的标准属于重大案件的案子，如今纷纷以一种非常宽松的方式和解。不仅案件数量和罚款下降，结案方式也渐趋宽松。2017年5月，特朗普政府的第一起刑事案件和解案件，对象就是银行。[87] 联邦检察官与花旗银

---

[81] Plea Agreement, U. S. Dep't of Justice to Karen Patton Seymour, Esq., Sullivan & Cromwell LLP, United States *v.* BNP Paribas S. A. (June 27, 2014), http: //www. Justice. gov/sites/default/files/opa/legacy/2014/06/30/ plea - agreement. pdf. 关于如何计算该罚款金额的分析，Brandon L. Garrett, *The Rise of Bank Prosecutions*, 126 The Yale Law Journal Forum, 39, 40 (2016).

[82] Corp. Prosecutionregistry.

[83] Brandon L. Garrett, *The Rise of Bank Prosecutions*, 126 The Yale Law Journal Forum, 42, 43 (2016).

[84] Corp. Prosecutionregistry.

[85] Corp. Prosecutionregistry.

[86] Corp. Prosecutionregistry.

[87] Corp. Prosecutionregistry.

行已解散的子公司 *Banamex* 达成不起诉协议，就洗钱案达成和解。[88] 在该案中，银行被没收了 9700 万美元。[89] 司法部表示 Banamex 子公司在防止洗钱方面全面失败：例如，在 18，000 笔可疑交易中，只调查了不到 10 笔，只有 9 笔交易附有必需的报告。[90] 但司法部强调了不起诉合理性的“若干因素”，例如在对个别高管和员工的调查中银行极高的配合程度。[91] 该案中（司法部）没有对银行或任何自然人提出刑事指控。

第二个愈加宽大的迹象是汇丰银行案件。汇丰银行是一家总部设在英国的大型跨国银行。2018 年 1 月，汇丰银行就操纵货币交易达成 DPA，支付 1. 015 亿美元罚款。[92] 罚款由于该银行采取“广泛的补救措施”而减轻。[93] 汇丰银行达成 DPA 的时间点令人惊讶甚至不可思议——在其因大规模洗钱和其他犯罪行为的五年考验期刚刚结束一个月之后。[94] 汇丰银行的前科令其成为焦点。在银行违法方面，汇丰银行已经成为“大到不能关”（Too big to jail）的代名词。[95] 当时，汇丰银行支付了创纪录的 19 亿美元罚金，但没有任何员工或高管被起诉，银行也没有被定罪。五年的考验期并不平静。在此

---

[88] Michael C & Ben P, *Citigroup Agrees to $97. 4 Million Settlement in Money Laundering Inquiry*, New York Times, May 22, 2017.

[89] Michael C & Ben P, *Citigroup Agrees to $97. 4 Million Settlement in Money Laundering Inquiry*, New York Times, May 22, 2017.

[90] Press Release, U. S. Dep't of Justice, Department of Justice, *Banamex USA Agrees to Forfeit $97 Million in Connection with Bank Secrecy Act Violations*, May 22, 2017.

[91] Press Release, U. S. Dep't of Justice, Department of Justice, *Banamex USA Agrees to Forfeit $97 Million in Connection with Bank Secrecy Act Violations*, May 22, 2017.

[92] Jonathan S & Sangameswaran S, *HSBC to Pay $100 Mln to Settle U. S. Probe into Currency Rigging*, Reuters, Jan. 18, 2018.

[93] Jonathan S & Sangameswaran S, *HSBC to Pay $100 Mln to Settle U. S. Probe into Currency Rigging*, Reuters, Jan. 18, 2018.

[94] Stempel & Sangameswaran, supra note 99; also Ben P & Jessica S, *HSBC to Pay $1. 92 Billion to Settle Charges of Money Laundering*, New York Times, Dec. 10, 2012.

[95] Press Release, Senator Charles Grassley, *Grassley: Justice Department's Failureto Prosecute Criminal Behavior in HSBC Scandal is Inexcusable*, Dec. 13, 2012, Press Release, Senator Jeff M, *Merkley Blasts "Too Big to Jail" Policy for Lawbreaking Banks*, Dec. 13, 2012.

期间，汇丰银行成功地反驳了企业监管人批评公司合规工作的报告。[96]

引人关注的是，在考验期结束的几周内，汇丰银行又因另一项罪行而获得了另一项优惠，甚至因其合规工作而受到赞扬。合规考验期结束时，汇丰银行 CEO 说："由于我们在过去五年中实施了重大改革，汇丰银行如今能够更有效地打击金融犯罪。"[97] 尽管司法部承认汇丰银行"履行了其在 DPA 中的所有承诺"[98]，但是新的 1 亿美元罚款并非其最后一次违法。2018 年 10 月，汇丰银行在有关危机抵押贷款中涉嫌民事违法，达成和解并支付 7. 65 亿美元。[99] 对该案，美国科罗拉多地区的检察官指出："汇丰银行选择使用其明知无效的尽职调查程序，并选择将大量有缺陷的抵押贷款纳入交易。当汇丰发现问题时，其选择将这些交易匆忙扫出门外。交易出现问题后，信任汇丰银行的投资者遭受损失。当抵押贷款失败时，全国各地的社区因取消抵押品赎回权而受到影响。要小心，做出这样的选择将付出代价。"[100]

在过去十年中，花旗银行和汇丰银行都曾多次因严重案件被起诉。它们是累犯，却没有因此受到更严厉的处罚。这并不罕见。在银行起诉蒸蒸日上的时期，就存在累犯在没有任何证据的情况下多次达成刑事和解的先例。[101] 然而，个人被告就没有这么幸运了。

（四）企业合规监管人的下降

《组织量刑指南》强调合规应经过审计或评估。[102] 2017 年 2 月，在奥巴马政府末期，司法部聘请了一位合规顾问，其发布了"企业合规计划评估"

---

[96] 例如，汇丰银行2015 年年报指出，合规监管人"对这一进展的速度、潜在的金融犯罪案例以及系统控制的缺陷表示严重关切"。*Frances Coppola*，*HSBC's Catalogue of Lawsuits*，Forbes，Feb. 28，2016.

[97] Stephen M，*HSBC Escapes Prosecution as U. S. Ends* 5 - *Year Deferred Deal*，*Bloomberg Londonondon*，Dec. 11，2017.

[98] Stephen M，*HSBC Escapes Prosecution as U. S. Ends* 5 - *Year Deferred Deal*，*Bloomberg Londonondon*，Dec. 11，2017.

[99] Press Release，U. S. Dep't of Justice，*HSBC Agrees to Pay $765 Million in Connection with Its Sale of Residential Mortgage - Backed Securities*，Oct. 9，2018.

[100] Press Release，U. S. Dep't of Justice，*HSBC Agrees to Pay $765 Million in Connection with Its Sale of Residential Mortgage - Backed Securities*，Oct. 9，2018.

[101] Brandon L. Garrett，*The Rise of Bank Prosecutions*，126 The Yale Law Journal Forum，41，43（2016）.

[102] U. S. S. G. §8B2. 1（b）（2004）.

指南[103]，旨在使合规审查更加严格。[104] 该指导意见不是一项政策或备忘录，而是一份“常见问题”和“样本话题”清单，强调检察官必须对公司合规计划是否可信进行“个性化判断”。[105] 在特朗普政府初期，合规顾问离职，至今无人继任。[106] 在2019年4月，司法部刑事司发布更为详细的指南。[107] 该文件并无根本性变动，只是对现行合规计划评估标准的细化。[108]

近年来，政策持续减少合规监管人的使用。使用合规监管人是检察官对合规需求特别急切的公司的一种监督方式。[109] 合规监管人不是公司的客户。他们对公司合规进行考察，在考验期内提出改进建议，向公司和检察官报告。[110] 合规监管人的工作通常持续两到三年。合规监管人一般是认罪协议的内容或公司缓刑的特殊条件。[111] 但合规监管人并不普遍。

研究发现，从2001年到2012年，只有四分之一的DPA和NPA要求任

---

[103] Keeping C: *DOJ Released Under - the - Radar Paper on "Evaluation of Corporate Compliance Programs"*, AM. BAR. ASS'N, March 23, 2017.

[104] Keeping C: *DOJ Released Under - the - Radar Paper on "Evaluation of Corporate Compliance Programs"*, AM. BAR. ASS'N, March 23, 2017.

[105] Keeping C: *DOJ Released Under - the - Radar Paper on "Evaluation of Corporate Compliance Programs"*, AM. BAR. ASS'N, March 23, 2017.

[106] Brian A. B, Remarks at NYU School of Law Program on Corporate Compliance and Enforcement Conference on Achieving Effective Compliance; Brian A. B, Assistant Att'y Gen., U. S. Dep't of Justice, *Remarks at NYU School of Law Program on Corporate Compliance and Enforcement Conference on Achieving Effective Compliance*, Oct. 12, 2018.

[107] U. S. Dep't of Justice, *Criminal Division*, *Evaluation of Corporate* Compliance Programs (April 2019).

[108] U. S. Dep't of Justice, *Criminal Division*, *Evaluation of Corporate* Compliance Programs (April 2019).

[109] Brandon L. Garrett, *Too Big To Jail: How Prosecutors Compromise With Corporations*, Belknap Press: An Imprint of Harvard University Press, (2014), at Ch. 7；以及 Vikramaditya K & Timothy L. D, *The Corporate Monitor: The New Corporate Czar?*, 105 Michigan Law Review, 1713, 1714 (2007).

[110] Brandon L. Garrett, *Too Big To Jail: How Prosecutors Compromise With Corporations*, Belknap Press: An Imprint of Harvard University Press, (2014), at Ch. 7.

[111] Brandon L. Garrett, *Too Big To Jail: How Prosecutors Compromise With Corporations*, Belknap Press: An Imprint of Harvard University Press, (2014), at Ch. 7.

命独立的合规监管人。[112] 这类监督机制在 FCPA 等领域更为常见。[113] 合规监管人也常出现于环境案件。[114] 但总的来说，合规监管人从未有准确定义，其作用也受到了很大的批评。公司对雇佣合规监管人团队的费用感到不满，合规监管人团队范围和责任也不明确。[115] 然而，如果检察官专门指出公司的合规计划无效，为什么不任命合规监管人呢？[116]

在没有合规监管人的情况下，检察官必须依靠公司的陈述辨别其合规计划的改善。在其他领域，检察官长期以来一直坚持以高度公开的方式监督，在法庭上提交合规监管人的同意法令，公开提供同意法令给利益相关者审查和征求意见。[117] 然而，在公司犯罪领域，监督过程通常是不透明的。[118]

2018 年 10 月，司法部副部长提出，合规监管人的选任应更有针对性[119]，并发布了相关的新备忘录。[120] 新备忘录建议，如果没有"明显需要"合规监管人"就没有必要"。[121] 只有公司存在普遍的合规问题而且没有为改善合规计划进行认真的投资，且（合规计划）经测试认定有效时，才应该任命合

---

[112] Brandon L. Garrett, *Too Big To Jail: How Prosecutors Compromise With Corporations*, Belknap Press: An Imprint of Harvard University Press, 174 (2014).

[113] Brandon L. Garrett, *Too Big To Jail: How Prosecutors Compromise With Corporations*, Belknap Press: An Imprint of Harvard University Press, 177 (2014).

[114] Brandon L. Garrett, *Too Big To Jail: How Prosecutors Compromise With Corporations*, Belknap Press: An Imprint of Harvard University Press, 178 (2014).

[115] Eileen R. L, Director Homeland Security & Justice, Gov't Accountability off., *Statement on Preliminary Observations on DOJ's Use and Oversight of Deferred Prosecution and Non-Prosecution Agreements*, June 25, 2009, at 28.

[116] Brandon L. Garrett, *Too Big To Jail: How Prosecutors Compromise With Corporations*, Belknap Press: An Imprint of Harvard University Press, 174, 175 (2014).

[117] Brandon L. Garrett, *The Public Interest in Corporate Settlements*, 58 Boston CollegeLaw Review, 1483, 1509, 1511 (2017).

[118] Brandon L. Garrett, *The Public Interest in Corporate Settlements*, 58 Boston CollegeLaw Review, 1483, 1509, 1511 (2017).

[119] Brian A. B, *Remarks at NYU School of Law Program on Corporate Compliance and Enforcement Conference on Achieving Effective Compliance.*

[120] Brian A. B, Assistant Att'y Gen., U.S. Dep't of Justice, *Selection of Monitors in Criminal Division Matters*, Oct. 11, 2018.

[121] Brian A. B, Assistant Att'y Gen., U.S. Dep't of Justice, *Selection of Monitors in Criminal Division Matters*, Oct. 11, 2018.

规监管人。[122] 激励企业投资合规计划能够防止严重犯罪。

莫福德备忘录提出了设立合规监管人应考虑的两大因素：益处和成本。[123] 新备忘录提出，检察官应该考察“改善后的公司合规计划和内控制度是否经过测试，以证明它们足以预防或发现不法行为”。[124] 增加这一因素具有价值，但备忘录没有进一步说明如何测试合规计划。相反，备忘录长篇累牍地介绍了合规监管人的遴选程序——通过司法部内部的合规监管人遴选常设委员会。[125] 合规监管人是高薪职位。遴选过程旨在纠正长期以来的裙带关系问题，即审查不充分，许多前检察官获得了利润丰厚的合规监管人职位。[126] 备忘录规定由检察官和被告人推荐候选人，由法官从中挑选并最终决定合规监管人。法官选拔合规监管人能够确保中立性，也更能代表公共利益。[127]

在司法部指导意见正式宣布前，合规监管人的适用已大幅减少。2018年，所有 DPA 或 NPA 中仅有一起协议有独立的合规监管人（松下电器违反 FCPA 案）。[128] 而在 2015 年和 2017 年，有 4 起案件有合规监管人，2016 年有 9 起。从 2005 年到 2016 年，每年合规监管人的平均数量为 6．5 名。因此，新政策或许反映了之前已然蔓延的趋势。

二、个人起诉的减少

本文第二部分重点关注一个长达 20 年的普遍现象：在重大的公司刑事

---

[122] Brian A. B，Assistant Att'y Gen.，U. S. Dep't of Justice，*Selection of Monitors in Criminal Division Matters*，Oct. 11，2018.

[123] Brian A. B，Assistant Att'y Gen.，U. S. Dep't of Justice，*Selection of Monitors in Criminal Division Matters*，Oct. 11，2018.

[124] Brian A. B，Assistant Att'y Gen.，U. S. Dep't of Justice，*Selection of Monitors in Criminal Division Matters*，Oct. 11，2018.

[125] Brian A. B，Assistant Att'y Gen.，U. S. Dep't of Justice，*Selection of Monitors in Criminal Division Matters*，Oct. 11，2018.

[126] Brandon L. Garrett，*Too Big to Jail*：*How Prosecutors Compromise With Corporations*，Belknap Press：An Imprint of Harvard University Press，178，179（2014）.

[127] Brandon L. Garrett，*Too Big to Jail*：*How Prosecutors Compromise With Corporations*，Belknap Press：An Imprint of Harvard University Press，177（2014）.

[128] Deferred Prosecution Agreement，United States *v.* Panasonic Avionics Corp.（D. D. C. 2018）（No. 18－CR－00118）（2018）.

和解中，没有任何自然人被起诉。司法部的《公司起诉基本原则》强调，“追究所有从事不法行为的自然人的责任，是打击公司不法行为的最有效方法之一。”[129] 调查自然人应该是公司案件的重点，这样有助于使指控对象涵括应受惩罚的自然人，而不仅仅是公司。[130] 然而，在公司以 DPA 或 NPA 的方式解决的案件中，关注个人的“宣言”并没有给实践带来任何明显变化。最近，司法部放松了对公司案件中个人起诉的政策，这使此前的模式更有可能持续下去。

（一）耶茨备忘录

在 2008 年之前，司法部一直表示，个人责任应是公司起诉的重点，因为任何公司犯罪，都是由高管或员工等自然人犯下罪行。然而，在金融危机之后，批评者开始担忧：随着 DPA 和 NPA 的普遍化，不起诉自然人的和解协议也变得越来越普遍。[131] 这些案件的基本流程如下：司法部宣布和解协议，公司将支付巨额罚款并承诺改善合规计划。虽然和解协议未声明个人会被免责，但实际上没有任何自然人被起诉。[132] 然而，除了通过其代理人，公司不能犯罪。联邦刑法采用的是“雇主责任”，即公司对雇员在其职责范围内，至少部分地使公司受益的犯罪行为负责。[133] 如果公司承认发生了犯罪并承担了责任，那么事实上是哪些人在负责？

为回应以上批评，司法部调整了公司起诉指南，加强对个人起诉的关注。这些变化反映在耶茨备忘录中。耶茨备忘录以当时的副总检察长的名字命名，于 2015 年秋季公布。[134] 耶茨备忘录关切“公司因犯罪而被起诉，但实施犯罪的员工和官员个人却未被起诉”这一问题。在 2015 年 9 月 10 日宣布新政策时，副总检察长耶茨说，“规则才刚刚改变。从今天起，如果公司希望其合作得到检察官的考虑，其必须交出责任个人，无论他们在公司里处

---

[129] U. S. A. M. §9 – 28. 010.

[130] U. S. A. M. §9 – 28. 010.

[131] Jed S. R, *The Financial Crisis*: *Why Have No High – Level Executives Been Prosecuted?*, The New York Review of Books, Jan. 9, 2014.

[132] Brandon L. Garrett, *Too Big to Jail*: *How Prosecutors Compromise With Corporations*, Belknap Press: An Imprint of Harvard University Press, 96 (2014).

[133] U. S. A. M. §9 – 28. 210.

[134] U. S. A. M. §9 – 28. 210.

于何种位置。"[135]

耶茨备忘录改变了公司起诉的许多基本规则。备忘录指出，民事和刑事调查将优先调查员工和高管的个人责任。[136] 公司必须鉴别参与相关不法行为的所有责任人。[137] 备忘录还规定，除非公司提供有关个人责任的全部信息，否则无法获得合作的奖励。[138] 备忘录明确指出，与公司的和解不能替代对责任人，特别是高管或领导的单独指控。[139] 任何公司的和解都不能使个人免于承担民事或刑事责任。[140] 这种变化某种程度上只是一种宣言。2003 年汤普森备忘录已经强调个人指控应该作为优先事项，并指出"即使面对公司认罪的提议，也极少不追究可证明罪责的个人。"[141]

许多人预测，这些变化将给公司带来巨大压力，使公司放弃特权[142]，而个人雇员将在公司案件中面临更多起诉。[143] 另一些人对耶茨备忘录不太

---

[135] Sally Q. Y, Deputy Att'y Gen., U. S. Dep't of Justice, *Remarks at New York University School of Law Announcing New Policy on Individual Liability in Matters of Corporate Wrongdoing*, Sept. 10, 2015.

[136] U. S. A. M. §9 – 28. 210.

[137] U. S. A. M. §9 – 28. 700.

[138] U. S. A. M. §9 – 28. 700.

[139] U. S. A. M. §9 – 28. 700.

[140] U. S. A. M. §9 – 28. 700.

[141] Marry D. T, Deputy Att'y Gen., U. S. Dep't of Justice, *Memorandum to Heads of Department Components and United States Attorneys*, Jan. 20, 2003.

[142] 译者注：此处的特权（privilege）结合上下文看，含义主要是公司享有的律师—委托人特免权和工作成果保护。

[143] Katrice B C, *The Yates Memo: Looking for "Individual Accountability" in All the Wrong Places*, 102 Lowa Law Review, 897, 1925 (2017).（"耶茨备忘录使弃权文化回归"）Gideon Mark, *The Yates Memorandum*, 51 U. C. DAVIS. L. REV. 1611 (2018)（耶茨备忘录可能会导致继续放弃律师—委托人特免权和工作成果保护。即使司法部没有提出明确的要求，也可能导致继续放弃律师—委托人特免权和工作成果保护）Scott R. Grubman & Samuel M. Shapiro, *The "Yates Era" in Full Force: The DOJ Fully Implements Yates Memo*, 31 Crim Just, 17, 19 (2016)（"作为一个实际问题，耶茨备忘录和 USAM 的修订可能会诱使许多公司放弃律师—委托人特免权。"）Joseph W. M & Robert S. H, *Individuals Face New Challenges Following Yates Memo*, New York Law Journal, Apr. 25, 2016.（司法部的声明...... 可能导致公司披露...... 有特免权的...... 通信和文件。）无论是在备忘录本身还是在随后的讲话中，司法部都明确表示不会要求弃权。Leslie R. C, Assistant Att'y Gen., U. S. Dep't of Justice, *Remarks at the Second Annual Global Investigations Review Conference*, Sep. 22, 2015.

乐观。[144] 由于当时耶茨备忘录刚发布不久，很难通过实证研究衡量其影响。[145] 现在，自耶茨备忘录发布已经过去足够的时间，可以评估其影响。[146]

（二）对个人起诉的实证研究

2001 年至 2012 年 DPA 和 NPA 的实证研究表明，在 255 起公司协议中，有 89 起案例存在个人起诉。[147] 两年后，一项更详细的实证研究搜集了 2014 年的数据，显示上述情况没有改变。[148] 在与公司签订的 306 项暂缓起诉和不起诉协议中，共 104 家公司（占比 34%），414 名领导或员工被起诉。[149] 大多数被起诉的人不是高管。在所有被起诉的人中，有 13 名总裁，26 名首席执行官，28 名首席财务官，59 名副总裁。

在后耶茨备忘录时代，上述情况没有明显变化。在 2015 年至 2018 年的四年中，共 59 人被起诉。

在 2001 年至 2018 年的整个期间，在 497 项暂缓起诉和不起诉协议中，

---

[144] Garrett, *Metamorphosis of Corporate Criminal Liability*; Rena S, *White - Collar Reset: The DOJ's Yates Memo and Its Potential to Protect Health, Safety, and the Environment*, 7 Wake Forest Journal of Law & Policy 39, 56 (2017)（"不幸的是，耶茨备忘录没有试图处理 DPA，以及关于 DPA 的主要用途的破坏性看法——作为执行太大而不能入狱的工具。如果司法部继续在公众监督强烈的情况下使用它们，它可能会牺牲它所寻求的缓解效果，重新强调个人起诉"）. Gideon Mark, *The Yates Memorandum*, 51 U. C. DAVIS. L. REV. 1631 (2018)（"耶茨备忘录未能解决 DPA 或 NPA 的问题，再加上修订后的 USAM 继续认可这两种手段，有可能破坏司法部追究个人责任的新政策的有效性"）.

[145] Brandon L. Garrett, The Corporate Criminal as Scapegoat, Virginia Law Review, 1789, 1853 (2015). Gideon Mark, *The Yates Memorandum*, 51 U. C. DAVIS. L. REV. 1670 (2018).

[146] Brandon L. Garrett, *Too Big to Jail: How Prosecutors Compromise With Corporations*, Belknap Press: An Imprint of Harvard University Press, 83 (2014)（"在大约三分之二的案件中，没有自然人因相关罪行被起诉。而在大约三分之一的暂缓起诉或不起诉协议中(35%，即 255 个中的 89 个)，对自然人进行了起诉。这一趋势并没有随着时间的推移而改变；随着暂缓起诉和不起诉协议的普及，个人起诉的比例一直相当稳定"）.

[147] Brandon L. Garrett, The Corporate Criminal as Scapegoat, Virginia Law Review, 1789, 1853 (2015).

[148] Brandon L. Garrett, The Corporate Criminal as Scapegoat, Virginia Law Review, 1789, 1791 (2015).

[149] Brandon L. Garrett, The Corporate Criminal as Scapegoat, Virginia Law Review, 1789, 1791 (2015).

有134项涉及个人起诉，共有447人被起诉。其中，34名首席执行官（通常是前首席执行官），30名首席财务官，17名总裁。因此，自2014年底以来，又有30个公司暂缓起诉和不起诉协中存在自然人起诉。从2001年到2018年，在与公司达成的497项协议中，有134项存在个人起诉，个人起诉率为37%。

如果仅关注2015—2018年，个人起诉的下降更加明显。主要原因是2015年美国为奖励自我报告和合作，与瑞士银行达成的大量不起诉协议。[150]但出于实际情况和管辖权的限制，这些案件都不涉及个人起诉。[151]

然而，仅关注2017—2018年的情况，就会认为个人起诉的下降不那么明显。2017—2018年有47份暂缓起诉或不起诉协议，其中有15件，即32%存在个人起诉。[152] 如果把没有个人起诉的8件declinations算进去，个人起诉率将低至28%。[153] 因此，耶茨备忘录通过前后，均未产生任何有意义的变化。如果非要说区别所在，那就是在备忘录通过后的几年里，个人起诉率有所下降。

本次实证研究的范围不仅包括DPA和NPA，还包括认罪协议（plea agreements）。毕竟，耶茨备忘录的出台预示着个人起诉在所有涉及公司犯罪的案件中变得更加普遍。从2001年到2012年，被起诉的上市公司中，有25%的公司的员工被起诉。[154] 在2001年至2018年的案件，169家上市公司中，有48家公司的员工被起诉，占比28%，这一差异可忽略不计。

这些数据证实了一些早期预测，即随着时间推移，检察官对耶茨备忘录的态度会在"全有或全无"的严格态势下"退缩"。[155] 同样，包括笔者在内的一些评论家认为，耶茨备忘录给实践带来的变化并不像它所宣称的那样引

---

[150] U. S. Dep't of Justice, Swiss Bank Program.

[151] Brandon L. Garrett, *Too Big to Jail*: *How Prosecutors Compromise With Corporations*, Belknap Press: An Imprint of Harvard University Press, 37, 38 (2014).

[152] Corp. Prosecutionregistry.

[153] U. S. Dep't of Justice Declination Letter, *Cognizant Tech. Solutions Corp.*, Feb. 13, 2019.

[154] Brandon L. Garrett, *Too Big to Jail*: *How Prosecutors Compromise With Corporations*, Belknap Press: An Imprint of Harvard University Press, 84 (2014).

[155] Chris B, U. S. Will Retreat on Yates Memo, *Former Justice official Predicts*, Bloomberg London, Nov. 23, 2015.

人注目，它很大程度上只表达了一种愿景。[156] 起诉个人所面临的实际挑战使这一政策无法严格执行。[157] 事实上，在2018年秋季宣布改变政策时，司法部副部长罗森斯坦就直言耶茨备忘录未严格执行。“我们了解到，该政策在一些案件中未严格执行，因为（严格执行）会阻碍达成和解，浪费司法资源。”[158] 这些观点得到数据支撑。在《联邦检察官手册》的严格规定背后，耶茨备忘录从未得到充分执行。司法部的政策只是指导方针，对检察官没有约束力，只能提供一定参考。耶茨备忘录的经验表明，如果存在实践和资源上的障碍，这种指导性政策就无法充分实施。

（三）放宽耶茨备忘录的限制

2018年秋季，时任司法部副部长罗德·罗森斯坦宣布，耶茨备忘录不会被废止，但将被予以修正和放宽。[159] 司法部的新方针侧重于更迅速地解决案件，只关注值得指控的重要个人。司法部副部长罗森斯坦说：“调查不应为了收集那些参与程度不高、不可能被起诉的人的信息而延误。”此次修改纳入了《联邦检察官手册》，正如耶茨备忘录以及之前数次对公司起诉原则的修改一样。[160]

表面上看，这次对个人起诉的改动仅仅是重点之一。与一家公司达成和解，显然比耗费时间调查所有自然人要更有效率。重点可能仅在于与犯罪有最多牵连的个人。事实上，如上所述，在宣布耶茨备忘录时，时任司法部副部长耶茨就强调，（检察官）指控自然人时不应仅关注那些遵循主管命令的低级员工。然而，（这次修改允许检察官）在对个人的调查仍未完成的情况下就肯定公司合作，使人怀疑合作的有效性。耶茨备忘录没有得到严格执行，可以解释为什么DPA和NPA中的个人起诉没有明显变化。现在，司法部的个人起诉政策进一步放宽。

---

[156] Garrett, *The Metamorphosis of Corporate Criminal Prosecutions*.

[157] Garrett, *The Metamorphosis of Corporate Criminal Prosecutions*, Virginia Law Review Oline, 65, 67 (2016).

[158] Rod R, *Remarks at the American Conference Institute's 35th International Conference on the Foreign Corrupt Practices Act*.

[159] Rod R, *Remarks at the American Conference Institute's 35th International Conference on the Foreign Corrupt Practices Act*.

[160] Rod R, *Remarks at the American Conference Institute's 35th International Conference on the Foreign Corrupt Practices Act*.

新的不起诉的政策（declinations）可能以一种不太明显的方式影响个人起诉。对一家公司提出不起诉，意味着没有理由指控公司的自然人。不起诉造成了没有不法行为的表象，可能使起诉员工或高管更加困难。然而，在新政策下，即使犯罪行为确实发生，检察官仍然可以提出不起诉，尽管不起诉奖励的是公司的合作，而不是非罪行为。评论家指出，出于对实质性合作的关注，declination 将瞄头对准个人不法行为者。[161] 然而在特朗普政府期间，迄今为止仅有一项 declination 存在个人起诉。虽然这可能体现了 FCPA 背景下谈判的实际挑战，但缺乏个人起诉削弱了 declination 的正当性。[162]

因此，耶茨备忘录的理念似乎并没有深入人心，也从未产生其预期的效果。对此的解释可能是，在复杂的公司环境中调查个人需要大量司法资源。没有足够的资源支撑，期望个人对公司犯罪负责是不现实的。要想在诉讼时效期满前与公司达成和解，就需要更多专门的公司犯罪调查资源。下一部分将讨论这一迫切需求。

三、对公司责任制的影响

2007—2008 年的金融危机十周年引发了人们的思考：哪里出现了问题？对危机的应对是否充分？危机如何持续影响今日的政治和政策？不出所料，其中一些内容关乎检察机关对危机的应对。金融危机调查委员会主席 Phil Angelides 说“我相信，没有追究应负责之人的责任，是奥巴马政府的一个重大失败。”[163] 如果说在危机发生后没有立即追究公司责任是一个错误，那么十年后的今天，情况依旧。加强公司刑事责任的措施在很大程度上被弱化了。

（一）公司刑事执法政策的倒退

实践中公司刑罚的衰退趋势，对应了司法部的一系列政策改变。本文第一和第二部分共描述了司法部书面政策的六大变化：

第一，司法部表示不参与“堆积”财政处罚，即一家公司向多个执法

---

[161] U. S. A. M. §9 - 28. 210.

[162] David W. B et al., *DOJ Issues New FCPA Corporate Enforcement Policy*, Paul Weiss, Nov. 30, 2017, at 1.

[163] Lydia D, 10 *Years After the Financial Crisis, Have We Learned Anything*?, CNN, Sept. 2018.

者支付处罚金。司法部认为过去罚款过度，现在应减少罚款。

第二，司法部扩大了最初在 FCPA 方面的试点政策，即对被指控违反 FCPA 且完充分合作的公司不起诉。根据这项新政策，如果检察官认为一家公司已经充分合作并报告了他们的罪行，就不会起诉公司。

第三，2018 年 3 月，司法部开始将这种新的不起诉扩展到所有公司犯罪类型。

第四，耶茨备忘录已经在 2017 年秋季被放宽，变化包括允许检察官在个人调查未决时与公司和解，关注罪行更严重的个人，放宽对配套民事案件的自由裁量权。

第五，司法部不再续用合规监管人。合规监管人是具备专业知识，可以评估公司是否具有良好的合规计划，是否努力完善合规计划等问题的人员。

第六，司法部发布了关于公司合规计划和合规监管人的新准则。新的合规监管人准则包括一些有益的（选任合规监管人的）基本规则和程序，但司法部建议，除非基于某种“已证明的需要”；否则往往“没有必要”设立合规监管人。

如上文所述，这些变化应该属于公司执法的整体方针的一部分。许多变化单独来看只是细微的变化。有些变化相当合理，如延长 FCPA 试点项目，或声明罚款不应“堆积”。但这些规定叠加在一起，则象征为公司起诉提供更多宽大处理。

（二）司法部的过渡和职位空缺

2017 年 4 月，时任司法部长杰夫·塞申斯上任之初强调，日后工作重点在对移民、毒品和暴力犯罪提出更严厉的指控，但企业的不法行为仍将作为核心优先事项。[164] 此番言论没有实现。如上所述，司法部采取了一系列措施，放宽了公司起诉。然而，非公司案件的起诉却采取严厉导向。2017 年 5 月，塞申斯宣布了一项政策，要求所有联邦检察官对所有犯罪在可证明范围

---

[164] Matt Z, *Sessions: Focus on Violent Crime Doesn't Mean Lax Enforcement for White-Collar offenses*, The washington Post, Apr. 24, 2017.

内提出最严重的指控，并披露所有能证明罪行的事实。[165] 非公司起诉政策的简洁与公司起诉准则的复杂形成了鲜明的对比。

事实上，在2018年10月《纽约时报》进行相关报道时，公司犯罪的宽大处理和个人犯罪的严厉追责的差异已经非常明显。[166] 司法部发言人回应称："司法部长设定了明确的目标：减少暴力犯罪、凶杀案、阿片类药物处方和药物过量死亡。"[167] 发言人补充道："在他的领导下，我们已经开始实现这四个目标，暴力犯罪和枪支案件的起诉达到历史最高水平。"[168] 就罪犯人数而言，毒品、移民和枪支的起诉可能已经达到了历史最高水平。2018年秋季，司法部提出，移民非法再入境指控增加了38%，非法入境指控增加了86%，暴力重罪指控增加了15%。[169] 然而，这些案件可能已经挤占了处理重大公司犯罪的资源。

特朗普政府时期，司法部职位的填补速度极慢，在特朗普第一个任期的前两年，关键职位就出现了空缺。例如，2018年初第三指挥部副检察长离职后，几个候选人都拒绝被纳入任命考虑，司法部决定推迟该职位选任。[170] 截至2019年初，包括刑事司在内的几个司长职位空缺仍未填补。截至2019年年中，主要司法部门的欺诈科仍有两名代理长官，副高级长官的职位依然

---

[165] Jeffrey S, U. S. Att'y General, U. S. Dep't of Justice, *Memorandum for All Federal Prosecutors*, Department Charging and Sentencing Policy, May 10, 2017 ("一个核心原则是，检察官应该指控和追究最严重的、容易证明的罪行"). 这样一来，这项政策就废除了2013年和2014年的政策。过去的政策包括：司法部关于在某些毒品案件中指控强制性最低刑期和加强累犯的政策（2013年8月12日）；以及关于认罪协商中的第851条增强条款的指导意见（2014年9月24日）。

[166] Ben P, Robert G & Danielle I, *Trump Administration Spares Corporate Wrongdoers Billions in Penalties*, New York Times, Nov. 3, 2018.

[167] Ben P, Robert G & Danielle I, *Trump Administration Spares Corporate Wrongdoers Billions in Penalties*, New York Times, Nov. 3, 2018.

[168] Ben P, Robert G & Danielle I, *Trump Administration Spares Corporate Wrongdoers Billions in Penalties*, New York Times, Nov. 3, 2018.

[169] Press Release, U. S. Dep't of Justice, *Justice Department Smashes Records for Violent Crime, Gun Crime, Illegal Immigration Prosecutions, Increases Drug and White collar Prosecutions*, Oct. 17, 2018.

[170] Sadie G & Aruna V, *Trump Administration Puts on Hold Search for Justice Department No.* 3, Wall Street Journal, June 5, 2018.

空缺。[171] 2019年7月，司法部才任命欺诈科长官。[172] 2018年初，缉毒局和美国法警署等附属机构也有空缺的领导职位。[173] 前监察长评论，“我此前从未见过在一届政府刚上台时，司法部如此多的关键职位都空缺了如此之久。”[174] 这些职位空缺可能会影响公司执法。[175] 上述人员配置问题并非司法部独有，而是特朗普政府下的所有机构的共同问题。[176]

此外，特朗普总统多次就独立顾问罗伯特·穆勒的调查问题，攻击司法部、时任司法部长塞申斯以及调查一线的检察官。[177] 任何有意愿填补高层职位的人都会受到质疑。[178] 空缺、周围的不确定性和潜在的冲突可能会影响司法部协商解决复杂案件的能力，而一个动荡性更低的政府，更能保障部门的现任负责人的稳定。

（三）对公司责任的影响

我们或许可以理解“公司起诉会更加愈发严格”的天真想法。这是金融危机后几年的趋势。奥巴马政府以一些有意义的举措回应了对“大到不能入狱”的担忧。副司法部长萨利·耶茨宣布了新政策，重点关注公司的领导层和员工。新政策收紧了认定公司合规计划和合作的标准。银行在重大案件中认罪而非接受庭外交易。总统候选人希拉里·克林顿批评了此前对公

[171] U. S. Dep't of Justice, Fraud Section, About the Fraud Section, https: //www. Justice. gov/criminal - fraud.

[172] Kadhim S, *US Justice Department Appoints Robert Zink As Fraud Section Chief*, Financial Times, July 30, 2019.

[173] Carrie J, *Key Vacancies at Justice Department 'Not A Recipe For Good Government'*, National Public Radio Jan. 2, 2018.

[174] Carrie J, *Key Vacancies at Justice Department 'Not A Recipe For Good Government'*, National Public Radio Jan. 2, 2018.

[175] John F. S, et al., *White Collar and Regulatory Enforcement: What to Expect in* 2018, NYU Compliance & ENF'T Blog (29 January 2018).

[176] Abigail Tracy, *There's a Good Reason Nobody Wants to Work for Jeff Sessions*, Vanity Fair, June 6, 2018.

[177] Abigail Tracy, *There's a Good Reason Nobody Wants to Work for Jeff Sessions*, Vanity Fair, June 6, 2018.

[178] Abigail Tracy, *There's a Good Reason Nobody Wants to Work for Jeff Sessions*, Vanity Fair, June 6, 2018.

司犯罪的做法，呼吁增加白领犯罪的资源，转移执法重点。[179] 然而，在2016年的总统竞选中，与此相关的政策纲领和演讲并没有引起人们的注意。候选人特朗普对华尔街的银行发起了攻击，包括使用反犹太主义的闭幕广告，描述“数万亿美元处于危险之中”，并展示金融家乔治·索罗斯和高盛首席执行官劳埃德·布兰克费恩的画像。[180] 然后，候选人特朗普承诺在税收和法规方面给予企业优惠[181]，现在，特朗普政府已经兑现了部分承诺。[182]

公司犯罪执法缺乏对公众利益的关注。相反，执法重点是与如何公司协商，减少公司解决重大刑事案件的成本，减轻检察官的负担，更迅速地解决案件。这些变化可能有利于检察官和公司，但忽略了公众利益。

（四）公司刑事责任立法

国会偶尔审议近年来很少通过公司犯罪相关立法。笔者曾主张，通过立法加强 DPA 的司法审查，包括修订《快速审判法》《组织量刑指南》，确保罚款具备威慑力，并提高公司案件的公开程度。[183] 2015 年，美国参议院通过了有关企业和解案件公开的立法，但法案基本上没有颁布实施。[184] 唯一落实的措施是在与公司签订暂缓起诉协议时，加强犯罪受害者的权利保护。[185]

要建立调查和执行公司犯罪的常设机构，增加侦查白领犯罪的资源，如美国证券交易委员会的吹哨人办公室[186]。参议员伊丽莎白·沃伦提出了《负责任的资本主义法案》，意义重大。法案要求联邦特许公司从根本上改变公

---

[179] Hillary for Am. , Factsheet, *Hillary Clinton: Wall Street Should Work for Main Street*.

[180] Jonathan D. S, *Trump criticized for anti - Semitic memes in closing ad*, NewJersey Local Newa, Nov. 7, 2016.

[181] Chris Matthews, *Donald Trump Says He Can Slash Corporate Taxes*, Fortune, Aug. 8, 2016.

[182] U. S. Sec. and Exch. Comm’n (SEC), Implementing the Dodd - Frank Wall Street Reform and Accountability Act.

[183] Brandon L. Garrett, The Corporate Criminal as Scapegoat, Virginia Law Review, 1839, 1846 (2015).

[184] Truth in Settlements Act of 2015, S. 1109, 114th Cong. (as passed by Senate, September 21, 2015)

[185] 18 U. S. C. § 3771 (a) (9).

[186] SEC, office of the Whistleblower, *Claim an Award*, http: //www. sec. gov/about /Offices/owb/owb - awards. shtml.

司治理，要求40%的公司董事会由员工选举产生，严格限制政治开支，并要求董事会承担企业社会责任义务，增进公共利益。[187] 在公司犯罪方面，该法案将撤销存在多次不法行为或严重不法行为的公司执照。[188]

只有建立独立的公司起诉机构和司法资源，才能使复杂的个人和公司案件处理工作长效运行。可以在司法部设立一个公司起诉司，并在纽约南区、弗吉尼亚东区和加州北区等关键地区设立分支机构，专门负责公司起诉工作。反垄断部门一直以来具有政策的独立性和实践的稳定性，它也同样设有外地分支机构。[189] 近年来最稳定的 FCPA 起诉，正是因为其获得了更多的资源，才能不受政策波动的影响。[190] 鉴于所涉罚金，美国财政部将从这一职能的加强中受益。参议员沃伦提出了《2019 年结束“大到不能关”法案》，该法案思路同样是建立一个常设调查机构。法案将把问题资产救助计划特别监察长，改为金融犯罪问题特别监察长，扩大其管辖权，并使该机构常设运行。[191]

可以肯定，如果政策是在总统或司法部长这一级提出的，这些改变都无法阻止公司起诉的衰退。美国检察官办公室的独立性和自由裁量权的惯例，可以避免执法受司法部的政策波动的影响。[192] 反垄断部门既有中央办公厅，也有分支机构的模式，可能最符合实际。

其他国家已经建立了独立的公司犯罪执法机构。例如爱尔兰颁布了新的公司犯罪立法，设立了独立的公司执法机构，调查潜在的公司犯罪，可以启动简易程序或将案件移交给检察机关。[193] 2016 年秋季，法国颁布了《萨宾第二法案》，该法设立了一个新的国家反腐败机构以发布反贿赂合规条例，

---

[187] Accountable Capitalism Act, S. 3348, 115th Cong. § §4 (a), 6 (b) (1), 8 (2018).

[188] Accountable Capitalism Act, S. 3348, 115th Cong. § §8 (c) (2), 9.

[189] U. S. Dep't of Justice, Antitrust Division, Sections and Offices, https: //www. Justice. gov/atr/sections - andOffices.

[190] U. S. Dep't of Justice, *The Fraud Section's Foreign Corrupt Practices Act Enforcement Plan And Guidance*, Apr. 5, 2016.

[191] Ending Too Big to Jail Act, S. 1005, 116th Cong. (2019).

[192] Daniel C. R, Federal Criminal Law, *Congressional Delegation*, *and Enforcement Discretion*, 46 UCLA Law Review, 757, 780 - 81 (1999).

[193] General Scheme of the Companies (Corporate Enforcement Authority) Bill of 2018 (Ir.).

同时通过了刑事案件中司法审查和批准暂缓起诉协议的具体规定。[194] 法国没有采用美国模式，《萨宾第二法案》规定，由监督反腐败工作的行政机构对公司进行持续监管，而非和检察官达成庭外和解。加拿大通过立法建立暂缓起诉制度，要求“矫正协议”符合公共利益并得到法官的批准。[195] 加拿大的新制度引发了 SNC Lavalin 公司为获得更宽松的解决方案而推动立法的争议。检察官最终没有对该公司提出暂缓起诉，现在该公司面临刑事审判。[196] 其他国家，如澳大利亚和新加坡，正在考虑将司法审查纳入新制定的企业犯罪法律。[197]

一些国家建立独立机构的原因可能是它们缺乏司法部已有的经验丰富、资源充足的公司起诉小组。特定类型的独立机构可以确保调查和决策在一段时间内更具稳定性。独立性的机构也可以汇集更多资源，也可以变成一个显眼的“靶子”被削弱，就像这些年的税务局和证监会一样。此外，该机构可以与司法部的公司起诉部门协调，确保政策、法规和公司行为调查的稳定性。如今，这一职能由一个临时特别工作组承担。[198]

其他国家更多依赖法定准则和司法审查。2013 年，英国颁布了《犯罪和法院法》，允许与公司签订暂缓起诉协议。[199] 然而，该法规定了司法监督和审查。皇家检察署和严重欺诈办公室（SFO）额外为该法制定了详细指

---

[194] Loi 2016 - 1691 du 9 de'cembre 2016 relative a'la transparence, a'la lutte contre la corruption et a'la modernisation de la vie e'conomique (1), Journal of Ficiel De La R'epublique France, Aise, Dec. 10, 2016 ("Sapin II"); see also Frederick T. D, *A French Court Authorizes the First - Ever "French DPA"*, NYU Compliance & ENF'T Blog (24 Nov. 2017).

[195] Criminal Code, R. S. C., 1985, c. C - 46, §715.37 (1).

[196] The Canadian Press, *SNC - Lavalin posts $2.1 billion loss as assets revalued*, Daily News (Aug. 1, 2019), https://canada.constructconnect.com/dcn/news/economic/2019/08/snc - lavalin - posts - 2 - 1 - billion - loss - assets - revalued.

[197] Crimes Legislation Amendment (Combatting Corporate Crime) Bill 2017 (Cth) (Austl.).

[198] Press Release, U. S. Dep't of Justice, Department of Justice, *Bureau of Consumer Financial Protection, U. S. Securities and Exchange Commission, Federal Trade Commission Announce Task Force on Market Integrity and Consumer Fraud*, July. 11, 2018.

[199] U. K. Serious Fraud off., *Deferred Prosecution Agreements*, https://www.sfo.gov.uk/publications/guidance - policy - and - protocols/deferred - prosecution - agreements/.

南。[200] 协议一旦达成，将被提交到刑事法院，法官将审查协议是否“公平、合理和相称”。[201] 迄今为止，英国只签订了4份DPA。[202]

我们的公司刑事司法系统一直深刻依赖一线检察官的自由裁量权，检察官们根据冗长、复杂、无约束力且不断修改的公司起诉原则，来决定如何解决这些最重大的刑事案件。我们的DPA、NPA和declinations中，司法审查几乎完全空缺，这些协议根本没有提交到法庭。[203] 2009年，政府问责办公室批评司法部在决定DPA和NPA时缺乏标准，但其并未改变。[204] 2015年，联邦地区法官理查德·J·莱昂拒绝批准一起海外行贿的DPA，指出不仅“没有起诉自然人”，而且“允许一些直接参与交易的员工留在公司。”[205] 然而，华盛顿特区巡回上诉法院推翻了这一裁决，认为地区法官在拒绝批准DPA时滥用了自由裁量权。[206] 任何一个健全和理性的监督部门都不会选择这样一种制度——仅以检察机关的自由裁量权和不具约束力的方针为基础，防止严重的公司不法行为。在危机发生十多年后，是时候将公司执法规范化，取代非正式的特别行动小组和《联邦检察官手册》中不断变化的、无约束力的指导方针。

结论

金融危机发生十年后，回应“大到不能关”以及相关的公司起诉的衰退、公司执法政策的弱化等问题几乎没有任何公众压力。随着政府更迭，联邦一级的公司刑事处罚急剧下降。尽管司法部声明将努力追诉个人，但个人起诉仍然少见且边缘化。司法部出台了一系列政策以减少公司的刑事处罚，不再把个人起诉作为优先事项，避免使用独立的合规监管人等等。联邦公司

[200] *Deferred Prosecution Agreements Code of Practice*, Serious Fraud Office, https: //www. sfo. gov. uk/? wpdmdl = 1447.

[201] *Deferred Prosecution Agreements Code of Practice*, Serious Fraud Office, https: //www. sfo. gov. uk/? wpdmdl = 1447.

[202] *Deferred Prosecution Agreements Code of Practice*, Serious Fraud Office, https: //www. sfo. gov. uk/? wpdmdl = 1447.

[203] Garrett, *Public Interest in Corporate Settlements.*, Boston College Law Review, 2017.

[204] U. S. GOV't Accountability off., GAO – 09 – 636T, *Preliminary Observations On The DOJ's Use And Oversight of Deferred Prosecution And Non – Prosecution Agreements*, 2009.

[205] U. S. V. Fokker Servs. B. V., 79 F. Supp. 3d 160, 166 (D. D. C. 2015).

[206] U. S. V. Fokker Servs., B. V., 818 F. 3d 733, 742 (D. C. Cir. 2016).

起诉优先权的变化非常明显，结果也显而易见。在实践中，司法部以各种手段不断探索宽大处理大公司严重刑事犯罪的新形式、新程度。

近年来在全球范围内，各国都更加重视对公司的起诉。一些国家已经颁布了新的公司犯罪法规，并建立了新的行政机构，专注公司刑事执法。美国可以学习这种形式，减少对检察机关自由裁量权的依赖，更多运用司法和行政审查。像反托拉斯部门和 FCPA 专门小组一样，将公司诉讼职能集中在司法部内的一个专门的专家小组将有助于公司起诉。美国公司起诉政策和实践的不稳定性，正是几乎不受约束的起诉自由裁量权导致的结果。越来越多的不具约束力的指导方针影响着日益复杂的美国的公司起诉，案件最终结果取决于政策和检察官的态度。美国的协商制度没能为企业带来确定性，也没有很好地为公众利益服务。检察官没有对金融危机作出有效回应。然而，美国至今仍然依靠不同的检察官团体的自由裁量权，以及他们有限的资源，来处理最为严重的公司犯罪。十年过去了，如果我们仍未吸取上一次金融危机的教训，下次危机将不会遥远。

（责任校对：陈　颖）